Gaming
The
Vote
Why Elections Aren't Fair

选举中的谋略与博弈
——为什么选举不是公平的
（And What We Can Do About It）

【美】威廉·庞德斯通（William Poundstone）著
刘国伟 译

全国百佳出版社
中央编译出版社
Central Compilation & Translation Press

目 录

序 言 ·· 1

致 谢 ·· 1

问 题 篇

第一章　博弈论 ·· 3
第二章　大爆炸 ·· 29
第三章　选票分散的简史 ·· 46
第四章　美国最邪恶的人 ·· 89
第五章　拉尔夫,参选吧,参选吧! ······································ 109
第六章　搅局者之年 ·· 127

方 案 篇

第七章　基里巴斯的麻烦 ·· 143
第八章　牛津大学的新钟塔 ··· 162

第九章　排序复选制 ·················· 177
第十章　谁害怕那个该死的循环？ ·········· 189
第十一章　巴克利与复制品 ·············· 207
第十二章　邪恶的圣诞老人 ·············· 225
第十三章　笑到最后的人 ··············· 248
第十四章　我漂亮吗？ ················ 262
第十五章　在场但不投票 ··············· 285

现　实　篇

第十六章　民主政体的理想状况 ··········· 299
第十七章　蓝色怪人的政变 ············· 322

术语表 ·························· 328

提　示 ·························· 334

参考文献 ························· 336

序言：巫师与变色龙

即使在做三K（Ku Klux Klan）党大祭师（Grand Wizard）的时候，戴维·杜克（David Duke）也觉得自己命中注定要干一番更大的事业。杜克加入过很多组织，并积极参与活动，但当那个组织不再符合他的目标时，他便会离开，三K党只不过是那些组织中的一个。

为了读懂德文版《我的奋斗》（Mein Kampf），杜克在路易斯安那州立大学（Louisiana State University）就学时专门学习了德语。每年的4月20日，他都要开办一个聚会庆贺希特勒的生日。他在宿舍里挂上卐字旗，穿着纳粹制服，在校园里招摇过市。

杜克同样也很喜欢预备役军官训练团（ROTC）发给他的学员制服。在他参加的那一期训练营中，他的成绩在3000人中名列前茅。他的一位指导教师称赞他，认为他"具有出类拔萃的领导能力"，但是后来，"我们从国防部那里听到了一些关于他的负面消息……这个19岁的年轻人接收来自德国的资金。"

这笔资金是专门用于支持美国纳粹活动的。五角大楼因此驳回了杜克参加高级培训项目的申请，并拒绝任命他为军官。

军队大门的关闭迫使杜克另谋出路，他卓越的领导才能在三 K 党中得到了充分发挥。只是经过短短数年，1975 年时杜克就升任了党内的最高职位——大祭师。这种火箭式的晋升可以说是机缘巧合，前任大祭师在一个汽车旅馆停车场被枪杀，刚好给他留出了位置。

如同在大学里一样，杜克在三 K 党内很快就开始崭露头角。和一般教众不同，他不喜欢穿长袍和戴头套，而习惯穿西服，打领带，以一身干净利落的形象示人。他使用了一个听起来像公司职务的头衔"全国主管"。令人吃惊的是，身为一名三 K 党徒，杜克居然以穆罕默德的假名写了一本书，书名是《非洲人艾托》(*African Atto*, 1973)。杜克在黑人报纸刊登广告，标题为："上一次白人叫你黑鬼是什么时候？"人们可以通过邮购的方式买到该书，这本书其实是一本武术教材。据杜克自己透露，他卖书真正用意是收集购买黑人的名字与住址——它们是三 K 党想要的资料。

1980 年，杜克突然离开了三 K 党。据他自己的说法，那是因为他认识到，人们永远不会把三 K 党当作一股值得认真看待的政治力量。白种人的捍卫者这时候从穷乡僻壤走进敞亮的议事厅堂中了。然而，党内与杜克相熟的人有不同的说法。杜克的前助手卡尔·韩德（Karl Hand）是这样说明的："我们必须开除戴维。他是害群之马，总在打别人老婆的主意……肆无忌惮地引诱其它会员的妻子和女友。最后受过的总是我，只不过因为我是他国内活动的总策划人。"

杜克曾经试图轻松地捞上一笔，开价 3.5 万美元，向一个名叫比尔·威尔金森（Bill Wilkinson）的神秘人物兜售作为最高机密的党员名单，这次失败的投机行为才是他脱党的直接原因。威尔金森找到杜克，自称是一名三K党信徒，想建立属于自己的分支组织。事实上，他的真实身份是FBI的一名线人。威尔金森把杜克与自己讨价还价的整个过程都偷拍了下来，并威胁说要在党会上公开这段录像。有可能整件事是FBI设下的圈套，也可能是威尔金森随机应变，抓住了一个难得的机会。总之在这件事发生后，杜克离开了三K党。

杜克从未从事过任何固定的职业，也不打算那样做。的确，像他这样的人投身政治是再自然不过了。他给自己做了整形手术，弄了一个新发型，使自己看起来像一个游戏节目主持人。从1975年起，他开始竞选路易斯安那州的地方职位。1980年，杜克成立了他自己的组织——全国白人协进会（the National Association for the Advancement of White People）。他发现，某些边缘性的非营利事业往往能给他带来丰厚的回报。杜克和他的三K党同伙在佐治亚州福赛斯县（Forsythe County）进行游行示威，他们遭到了逮捕，他以此为由向全国的白人种族优越论者发起募捐，筹集到19000美元，而他支付的罚金仅仅是55美元。

1988年，杜克开始竞选美国总统。他以民主党人的身份参加了几次初选。不过，除了几个关注猎奇新闻的小报记者，几乎没人把他当一回事。于是杜克改变了策略，又以平民党人的身份参加竞选，这次他得到了47047张选票。

1989年，杜克适当调低了自己的野心，参与竞选路易斯安那州的立法委员（州议员）。他不仅击败对手成功地当选了，更重要的是，他的这位对手是前共和党州长戴夫·特林（Dave Treen）。这次获胜使得杜克信心高涨，在随后的1990年，他参选了美国参议院议员，不过没能成功。1991年，杜克终于做出决定，是向路易斯安那州州长的位置发起进攻的时候了。

埃德温·爱德华兹（Edwin Edwards）"像演奏小提琴那样熟练地操纵制度，他具有一种不可思议的天赋，人们瞧着他朝着悬崖边缘猛冲，料定他会跌得粉身碎骨，可他偏偏能够精确地计算时机，在千钧一发之际把脚收住……他自信到了胆大妄为的程度，甚至不屑于隐瞒自己的劣迹。"这段话是检察官小斯坦利·巴德威尔（Stanley Bardwell, Jr.）对埃德温·爱德华兹的评语。许多检察官对爱德华兹提起过公诉并眼看着他从自己手里溜走，巴德威尔就是其中之一。也有人认为，爱德华兹是这个腐败国家里最腐败的政客。

爱德华兹出生在一个一贫如洗的农民家庭，连家里的柏木屋都是父亲亲手建造的。他顺利地考入了路易斯安那州立大学，毕业后成为法国移民后裔地区的一名成功的律师。爱德华兹作为一位坚持平民主义的民主党人进入了政界。1972年，在法国人后裔和黑人的共同支持下，他在州长竞选中获胜。走进州长大楼，金钱和权力（它们是最有效的春药）不再遥不可及，成了他手里的玩物，爱德华兹就像一个走进糖果店的小孩，兴奋异常。

爱德华兹虽然上了年纪，仍不改自己的流氓本性，和爱德华兹接触过的人都会有这种印象：一张贵族老爷般红扑扑的胖脸，永远充血的大鼻头，有些灰白的头发，还喜欢不时说几句下流的俏皮话。爱德华兹有句著名的语录："十个女人中或许只有两个会跟你上床，不过你必须试试其它八个。"爱德华兹过着帝王般的生活，他知道如何用手中的权利谋利——这是路易斯安那州的悠久传统。他最奢侈的习惯是赌博。新奥尔良的《花絮报》(Times-Picayune)报道：

> 爱德华兹只要写张字条，赌场就会为他预支20万美元的赌资……他最常光顾的一家酒店赌场——凯撒官（Caesars Palace）——将他归为0.25%的特殊顾客之列。这家赌场将爱德华兹视作最重要的顾客，将它对爱德华兹的预支政策作为最高机密，不让任何其它同行知道。只要是爱德华兹下注，赌场会为他取消投注的上限……赌场买单，让他在拉斯维加斯大道（the Strip）最豪华的饭店享用大餐。赌场提供游艇，让他在太浩湖（Lake Tahoe）晒日光浴。在城里活动时，他坐的是赌场的豪华轿车。他和随从出行时住的是高档酒店的豪华套房。这一切都是免费的。
>
> 爱德华兹从拉斯维加斯的赌场究竟捞到了什么好处？凯撒官的一名前职员说："他想要的任何东西。"

爱德华兹公开承认："我喜欢赌博。"尽管他肆意妄为，但每次都能安然脱身，这要感谢他身上那种市井气味浓厚的坦率，他的独特性格吸引了新闻记者、选民，甚至还有大陪审团的团员。有传闻说他从一名韩国的院外游说者朴东宣（Tongsun Park）那里收取了2万美元的贿赂，曾有一名记者质问他这是否违法。爱德华兹的回答是："我只知道别人向我行贿是违法的，但我收钱并不犯法。"有一次爱德华兹反问道："赚钱有错吗？"

爱德华兹对路易斯安那州的政治生活的影响中，最让人疑惑的是公开初选——它更为人熟知的名称是"开放式初选"

（jungle primary）。任何党派的候选人都可以参加选举，在一场没有任何规则限制的比赛中以近乎原始的方式一决高下。得票最多的两位候选人将进入最后的直选环节。

爱德华兹的支持者认为，公开的初选能赋予选民更多的权力，重要的决定将不再由会议室里的少数人制订。恰恰是这种冠冕堂皇的理由让人困惑，人们很难相信，像埃德温·爱德华兹这样一个老奸巨猾的家伙居然会支持一项高尚的改革，而把自己的利益放到一边。

1972年，路易斯安那州登记在册的民主党员是共和党员的20倍。在这种情况下，再借用其它州的初选办法就显得荒谬了。民主党内部的提名才是竞选的关键。而民主党与共和党的最后竞争不过是走走过场，白白耗费了人们的时间和金钱。而引入公开初选制度后，无论是开始的初选，还是最后的直选，意义都会更加重大，竞争也会更加激烈。

没人相信这是真实的理由，这种方式的不利之处太明显了。爱德华兹是一名民主党人，他的开放式初选显然对共和党有利。

只要看看下面的事实就清楚了：一般而言，会有许多民主党人参加第一轮的初选，而共和党的候选人往往只有一名。所有保守派的选票当然都会集中到唯一的共和党候选人那里，而众多民主党候选人却会为了每一张自由派的选票（以及自由派的竞选资金）而斗得不可开交。这样，民主党人的内斗几乎能确保共和党候选人进入最后的直选。而且，一旦进入到一对一的终选，共和党总能最大效率地利用他们的竞选资金。

既然如此，爱德华兹，一个自由派的民主党人，这么做究竟有何目的？答案马上就要揭晓了——他不愧是当代的马基雅维利。根据路易斯安那州的法律，州长不能连续三次参加竞选。爱德华兹已经在 1976 年连任过，当他的第二届任期在 1980 年结束后，他是无法参加下一届州长选举的。法律并不禁止人们第三次当选（甚至更多次），只要不是连续任职。

事实上，爱德华兹是在为自己 1984 年的东山再起提前布局。他认为在竞选中战胜一名在任的共和党人要比击败一名年轻而有朝气的民主党人更容易。爱德华兹很清楚民主党内不会指定某个特定的参选人，民主党的选票会比以往更加分散。而分散的选票会导致共和党候选人的当选——在爱德华兹眼中，此人不过是为他暂时看管州长宝座的过渡者。于是到 1983 年，爱德华兹可以重新团结民主党人，轻松迎来第三次胜利。

如果爱德华兹的确是这么想的，那么，这将是一场比他玩过的任何一次牌局都大得多的豪赌。自从路易斯安那州的政治版图发生了变化之后，还从来没有共和党人当选过该州的州长。

其后发生的事几乎和爱德华兹预想的完全一样。1979 年，分别有 5 名民主党候选人和 1 名共和党候选人参加了竞选。路易斯·兰伯特（Louis Lambert）在初选中处于领先位置，他是民主党候选人中最具自由派色彩的。不过爱德华兹知道，僵化、不愿放权的机制一定会使民主党选择某个比兰伯特更温和的人。正如他所料，兰伯特与共和党人戴维·特林进入了直选，最终获胜的是特林。特林成为了路易斯安那州 1877 年以来的首任共和党人州长。

时间来到 1983 年，爱德华兹开始筹备新一届选举，他充满信心，特林的第一个任期将是他的最后一个任期。爱德华兹打起他擅长的宣传战，他告诉媒体，特林"反应迟缓，看一期

《60分钟》(60 Minutes)节目,他要花上一个半小时"。在选举日到来之前,爱德华兹甚至夸下这样的海口,他一定会获胜,除非"有人在他的床上发现少女的尸体或裸体的男童"。结果他拿下了63%的选票,以大幅领先的优势赢得了终选。

爱德华兹是否在当初推动公开初选的改革计划时,就预见到了后来发生的一切?专栏作家约翰·麦金尼斯(John Maginnis)回想起1978年爱德华兹曾在共和党的一次妇女集会上说了一句有些让人莫名其妙的话。当时,看到公开初选的新政策有望帮助共和党人当选,党员们都很高兴。爱德华兹却这样说:"现在你们可以欢庆这项新的政策,不过将来的某一天,你们会为此感到哀伤的。"没有做任何更多的解释,他就离开了房间。

爱德华兹用飞机将600名支持者送到巴黎,庆贺自己的大胜,他们将在那里吃吃喝喝,十分惬意地度过一个礼拜。不过,这次欢庆之旅并不是免费的,每张机票的价格是1万美元。这次庆功宴的收入偿清了爱德华兹400万美元的竞选债务。除此之外,爱德华兹还在蒙特卡洛的赌场里赢了15000美元。他对赌场荷官说:"这些钞票太沉了,给我准备一辆手推车。"

好时光很快过去了。20世纪70年代,燃油税一直是路易斯安那州的主要收入来源,然而随着石油业的衰退,现在已经不足以继续维持州里的低水平个税,也无法满足爱德华兹及其亲信的胃口了。随着经济形势的恶化,选民们不再宽容爱德华兹出格的行为。联邦检察官也开始找他的麻烦。

1981年,在爱德华兹夺回州长大权之前,政府对他的一名私人助理查尔斯·鲁默二世(Charles Roemer II)提起过诉讼。联邦调查局(FBI)在一次扫黑行动中有了惊人的发现,鲁默正在收受新奥尔良的一名叫做卡洛斯·马塞洛（Carlos Marcello）的黑帮头目的贿赂。检察官在审讯中播放了一盘秘密录制的磁带，马塞洛在里面大肆吹嘘他与爱德华兹团伙的高层人员的关系有多么密切。马塞洛是这样评价爱德华兹的："他是我见过的最混蛋的州长，一个好色嗜赌的家伙，只是不喝酒。你不这样觉得吗？"

不过爱德华兹最终免于起诉，鲁默做了他的替罪羊。鲁默在牢里关了15个月，其间FBI探员曾数次提议，只要他揭发爱德华兹，就能立即获释。可是直到刑期结束，鲁默什么都没说。

1985年，爱德华兹以州长的身份站到了被告席上。起诉书中说，爱德华兹利用手里行医执照的审批权，共向四家医院索取了190万美元的贿金。当时爱德华兹已累计欠下内华达赌场200万美元的赌债，所以急需这笔钱。凯撒宫的一名主管在法庭上作证，他曾经专程赶到爱德华兹的州长大楼，离开时带走了满满一手提箱的钞票。

由于陪审团最终未能达成一致意见，法庭无法给爱德华兹定罪。此后，检察官再次对爱德华兹提出起诉，可他仍被判无罪。

1986年，爱德华兹提出一项旨在大力刺激路易斯安那经济的计划，就是引入博彩业。可是州议会对此不以为然，驳回了这项提案。

1987年，爱德华兹开始竞选他的第4个任期，他发现自己身上曾有过的光环已不再耀眼了。约翰·麦金尼斯写道："过去捐给爱德华兹10万美元，人们会把它看做一种投资，可现在这么做，只会让你惹上官司。"

具有讽刺意味的是，正是爱德华兹引入的开放式初选规则让他尝到了失败的滋味。他败给了一个年轻的民主党挑战者，这位年轻人恰好是替他坐牢的查尔斯·鲁默的儿子，查尔斯·巴迪（Buddy，有"小孩子"之意）·鲁默三世。鲁默三世得到了33%的选票，而爱德华兹得到的选票只是28%。大街的墙上写满了反对爱德华兹的标语，他黯然退出了竞选。大部分人认为他的政治生涯就此结束了。《什里夫波特日报》（Shreveport Journal）的专栏作家兰尼·凯勒（Lanny Keller）写道："除非他的对手是阿道夫·希特勒，爱德华兹才有可能再次当选。"

凯勒此时还不知道，他的话将会怎样得到应验。

巴迪·鲁默比爱德华兹小16岁，是哈佛大学的高材生，生就一张漂亮的脸孔，尽管年轻，对于政治他知道的并不比别人少。他甚至在爱德华兹第一次州长竞选的团队中工作过。上世纪70年代中期，鲁默是路易斯安那州最成功的政治顾问之一。他还连任过四届国会议员。1987年，鲁默开始竞选州长，他将美国最好的政治谋士之一、雷蒙德·斯特罗瑟（Raymond Strother）招入麾下，把整个选战的运作都交给斯特罗瑟打理。斯特罗瑟老练地让巴迪·鲁默与爱德华兹和他父亲的不良记录保持距离。1987年，鲁默的团队推出这样一则电视广告："埃德温·爱德华兹还是巴迪·鲁默，贪污腐化还是改革拓新，选民们，你们自己决定吧。"

鲁默说他将彻底改变爱德华兹治下让人诟病的道德状况，这一主张让他赢得了选民的支持。鲁默兑现了他大部分的承诺。他对政府进行了全面整顿，力度之大，超出了许多人的想象。他适度地削减了政府开支，在那个不景气的年代，这无疑是恰当的做法。斯特罗瑟说过，在他协助过的所有候选人中，唯一可与鲁默相比的只有一个人——阿肯色州州长比尔·克林顿（Bill Clinton）。他回忆道："我曾同时替他们两人打理事务，在巴吞鲁日与小石城之间来回奔走。鲁默身上几乎集中了一个政治人物所需要的所有优点，甚至比克林顿还要全面。与克林顿一样，他也十分精明，或许还更胜一筹……在政治手腕、智慧和远见上，鲁默甚至强于克林顿。克林顿欠缺的不是聪明才智，不是强闻博记，而是创造性。克林顿是个循规蹈矩的人，而鲁默则喜欢革新。"

1989年10月，鲁默和妻子帕蒂（Patti）离婚，妻子带走了9岁的儿子达科塔（Dakota）。鲁默遭遇了媒体所说的中年危机。州长大楼仿佛一下子变空了。鲁默的手腕上套着一个橡皮圈，每当他感到紧张或烦躁时，他会一面配合自己的脉搏有规律地弹击手上的皮圈，一面自言自语："镇静，镇静。"这种在灵魂深处进行探索的办法似乎在他的政治生涯中也引起了共鸣。1991年3月11日，鲁默有了一个"创造性"的想法。他宣布要以共和党人的身份参选。

南方曾经是民主党稳定的票仓，不过现在很多选民的政治立场正在逐渐右转。鲁默意识到，爱德华兹的开放式初选实际上挤压了中间候选人的选票。他说："我几乎能肯定共和党人会指定一名党内候选人，如此一来，他就能多拿15%的选票，而这部分选票原本是我的份额。"基于这种考虑，他认为以共和党人的身份参选会更加有利，能在维持中间派票源的基础上吸引更多保守派的选民。

鲁默改换门庭还有另一个原因，就是他竞选总统的野心。

他曾向朋友透露过自己的这个想法。鲁默认为，乔治·H. W. 布什会在1992年再次当选。因此对于一名共和党参选者，1996年才是真正的时机。现在党内还找不出合适的人选接替布什，鲁默对副总统丹·奎尔（Dan Quayle）不屑一顾，他认为奎尔远不够聪明，不足以担当领袖的责任。鲁默的想法是，他会成为一匹黑马，在初选中赢下许多漂亮的战役，并由此获得1996年共和党党内的提名。入主白宫的美好前景似乎正在向鲁默招手，然而他犯了一个严重的战术错误：他得罪了比利·南杰塞尔（Billy Nungesser）。

南杰塞尔是个怪人，他留着一头油亮的向后梳的红发，总穿着一件与头发颜色相衬的红色外套。他在新奥尔良有自己的餐饮业生意。他还是路易斯安那州共和党的主席。

鲁默的错误在于，他无视了南杰塞尔的漂亮的背头，直接与白宫办公室主任约翰·苏努努（John Sununu）商讨共和党的权力交接问题。南杰塞尔认为鲁默这么做实属对他个人权威的蔑视。他决心让鲁默知道自己的厉害。南杰塞尔控制的共和党的州党团宣称，并不因为鲁默是州长，他就一定是共和党提名的州长候选人。南杰塞尔还规定，所有的共和党候选人，包括鲁默在内，都要签署一份保证书，承诺一旦没有获得党内提名，就会退出竞选。

鲁默拒绝签署这样的保证书。尽管如此，州里的党团大佬们还是举行了一次会议，来确定最终的党内提名。或许是出于报复，他们提名国会议员克莱德·霍洛威（Clyde Holloway）为共和党的州长候选人。霍洛威是一名顽固的保守主义者，他的支持者只限于一小部分正统派人士。几乎没人认为他能赢得选举。

埃德温·爱德华兹是少数公开谈论霍洛威当选机会的人之一，他预测说："如果克莱德参选，鲁默没机会进入最终的决选"，"克莱德才是真正的共和党人"。不过，爱德华兹很难说得上是一名公正的评论者。他打算再次参选，第四次竞逐鲁默从他手里抢走的州长宝座。

与鲁默相比，霍洛威显然是个更容易对付的对手。爱德华兹的"专门对策"小组挖出了一条不利于鲁默的陈年消息，并把它透露给霍洛威。三年前，鲁默告诉《巴吞鲁日建言报》(*Baton Rouge Advocate*)，他投票给了民主党总统候选人迈克尔·杜卡基斯（Michael Dukakis）。报纸引用了鲁默的原话："帮我做出这个决定是丹·奎尔。"①

鲁默所属的共和党并不愿重提丹·奎尔不光彩的旧事。作为一名民主党人，爱德华兹无法直接利用这种事，但霍洛威可以。任何可以帮助霍洛威从鲁默那里夺走选票的事，都会增加爱德华兹获胜的机会。

尽管有爱德华兹的暗中相助，以及比利·南杰塞尔的并非那么坚定的支持，克莱德·霍洛威的竞选之路仍走得十分艰难。在各次初选中，他的得票率从未达到过两位数。表现引人注目的另一个共和党候选人是戴维·杜克。

杜克此时已改换门庭，以一个共和党人的身份参加选举。和鲁默一样，他也是单打独斗，没有得到党内的支持。杜克的

---

① 老布什任总统期间，丹·奎尔担任副总统。此处暗指丹·奎尔与时任总统的老布什之间存在矛盾。——译者注

最大挑战来自于他称之为自己"过去"的东西。他曾制造过最轰动的新闻事件,和其它竞选者相比,他永远都是个话题人物。不过他宣称自己现在已经是一名虔诚的基督教徒了。

杜克的政治基础主要是那些对现状不满、低收入的白人。这个人群中的许多人——即使不是绝大部分——都在一定程度上认同杜克的坏小子形象。另一方面,对于那些不太习惯一名曾信奉过纳粹主义的前三K党员当州长的人们,杜克也有自己的说辞。他希望人们能表现出宽容,卐字符(纳粹的标志)和燃烧的十字架(三K党的标志)都是他成为基督教徒之前的事,不过是大多数人都经历过的年少轻狂。如果说人们对此还有疑虑,那是因为他们不了解上帝的感召力有多么强大。

事实上,杜克很早就开始为选举做准备了。20世纪80年代中期以前,他还会当着记者的面大谈自己偏激的观点,诸如犹太人遭受屠杀不过是个骗局,有色人种之所以劣等是由遗传决定的,他最愿意与之共进晚餐的历史人物是阿道夫·希特勒……不过类似的话他再也不说了,现在他的新形象是一个大声疾呼取消多余的福利支出和积极行动的民权斗士。

"我这个人的是非感太强了",杜克曾有一次在拉里·金(Larry King)的电视访谈节目上说,"不应该责怪我们的福利系统,问题出在那些黑人身上"。不过杜克知道怎样根据形势的需要适时地做出改变。在基瓦尼斯(Kiwanis)俱乐部①的一次论坛上,有过这样一段问答:

---

① 基瓦尼斯俱乐部是美国工商人士为促进社区服务于1915年创办的一个组织。——译者注

问：你认为黑人天生比白人低劣吗？

答：没有高下之分，只是有所不同。我认为黑人有不同的天赋。

问：你是否相信所谓犹太人的阴谋论？

答：不，我不认为有什么阴谋。

问：那你认为针对犹太人的大屠杀确实发生过吗？

答：是的，我认为它发生过，事实上，基督徒在历史上也遭到这样的屠杀。

问题在于，除了杜克自己，没人能知道他的真实想法。一些记者不相信杜克真的改变了想法，但这只是他们的猜测。他们最大的理由只是杜克不光彩的"过去"并没有过去很久。一段80年代中期的采访录音被人翻了出来，杜克在里面谈到了对犹太人的看法，他说犹太人"或许应该被扫进历史的垃圾桶"。类似的物证还包括一张拍摄于1989年的照片，其中他和美国纳粹党的副主席正在握手。

杜克最大的一次失言是在一次电视访谈中，当时主持人问他在哪所教堂做礼拜。他说是福音圣经教堂。但是经记者调查，当地没有任何一个教堂的名字叫"福音圣经教堂"。

杜克还有自己特别的"嗜好"，这在路易斯安那州的政客们中间并不罕见。曾在杜克的参议员竞选班子中工作过的吉姆·麦克弗森（Jim McPherson）说："每次集会后，女人们都会把他团团围住，他要做的只是挑选自己喜欢的女孩。"杜克特别喜好年轻的雅利安女孩。即使在路易斯安那，和未成年少女发生关系也是背德的。杜克担任州议员时，一位愤怒的父亲曾警告杜克离他17岁的女儿远点,否则对他不客气。

杜克的助手琳达·梅尔顿(Linda Melton)因为无法忍受他的某些行为,退出了竞选团队。据她说,有一次杜克错过了重要的集会,因为"他在西门罗(West Monroe)的一个最下流、最低级的色情场所和一个难看的要命女孩鬼混到凌晨三、四点钟。"

一名CNN的记者在采访爱德华兹时向他暗示,在对付女人上,杜克的手腕要比他更加高明。爱德华兹立刻做出了回应:"你错了,不是女人,杜克的目标是那些小女孩。"这名记者说得不无道理。不过此时,64岁的爱德华兹正在和他26岁的女友肯迪·皮考(Candy Picou)试验一夫一妻的新生活。

杜克在什里夫波特的协调员戴维·塔奇斯通(David Touchstone)是一名前三K党组织者,他也为杜克约会对象的年纪烦恼。他希望杜克不要招惹25岁以下的女孩子。竞选团队中的比利·汉金斯(Billy Hankins)持相同的观点。"我当时这么对他说,'戴维,20岁的女孩或许太小了,并不适合你。'可他不想听这种话。他坐在地板上揉他的眼睛。看得出他觉得很累,并且情绪低落。他冲我大喊'嘿,我不是正在为拯救我们的白人同胞而战斗吗?难道我没有权力和自己喜欢的人约会?'"

为了说服杜克,他自己的工作人员捏造了一则消息,说管道工工会打算栽赃陷害杜克,他们要让一个未成年女孩接近杜克,然后把迷幻药放进他的住所。听到这个消息后,杜克总算是有所收敛。汉金斯说:"这多少让我们放心了一点。"

布什总统的民意调查员罗伯特·提特(Robert Teeter)早前做的一份调查显示,巴迪·鲁默以33%的得票率暂时领先。爱德华兹和杜克的得票率分别是27%和12%。霍洛威和其他实力较弱的候选人则被远远地抛到了后面。

对身为州长的鲁默而言，与一个在人品上遭到人们广泛质疑的对手竞争，却只获得了如此微小的领先，实在不是什么值得夸耀的事。说起来，这还得归功于开放式初选。鲁默、杜克和霍洛威分摊了共和党的选票，而民主党方面只有爱德华兹一个强势的候选人。

为了对最后决选做出预测，选情分析员维尔纳·肯尼迪（Verne Kennedy）对选民做了抽样调查，问题是在鲁默和爱德华兹之间选择，他们会投谁的票。8月上旬的调查结果显示，爱德华兹以51.7%对48.3%的支持率领先于鲁默。而一个月后，形势发生了逆转，鲁默以46%的支持率领先，而爱德华兹的支持率仅有42.7%。

两位候选人在最后一次抽样调查中获得的支持率加起来远低于100%。这是件让人吃惊的事，多达24%的选民仍在犹豫。人们究竟在犹豫些什么？鲁默是现任州长，爱德华兹曾经三次担任州长职务，而杜克，近来频频在电视节目中露面，甚至获得了更高的曝光率——这些节目把他当做怪物展示给观众。人们对他们难道还不够了解吗？

爱德华兹以33.8%的得票率在初选中排名第一。杜克紧随其后，获得了31.7%的选票。现任州长鲁默只得到了26.5%的选票，这意味着他已经提前出局了。

此时竞选已进入了真正反常的病态阶段。路易斯安那人必须在爱德华兹和杜克之间做出抉择。对一些人来说，这等于把他们扔进捕熊陷阱，然后让他们决定，是在陷阱里慢慢等死，还是切掉自己的一条腿逃生。

　　爱德华兹将国内顶尖的政治顾问詹姆斯·卡维尔（James Carville）请来为自己助选。和爱德华兹一样，詹姆斯·卡维尔本身就是一个卡津人①，宣誓也和卡津人一样。詹姆斯·卡维尔绝非浪得虚名，和大多数成功的专业人士一样，他在业内取得过骄人的战绩。过去的五年里，卡维尔成功地帮助了宾夕法尼亚州、肯塔基州和佐治亚州的民主党候选人当上了州长。不过，此时选战在其它的各个州也正在激烈地进行着，许多人都需要卡维尔的帮助。他没法在爱德华兹和路易斯安那的事务上投入太多的精力。让爱德华兹感到欣慰的是，卡维尔表示他坚信爱德华兹会最终获胜。不仅如此，爱德华兹将以最大的优势取胜，路易斯安那会拒绝接受杜克的表里不一。

　　虽说如此，一个令人不安的事实是无法回避的。大部分白人都支持杜克。只有获得黑人的选票，爱德华兹才可能赢得多数。卡维尔建议爱德华兹尽量不要让人看见他和大群黑人选民待在一起。因为态度犹豫的中间选民中有许多都是多少带有一点种族主义倾向的白人。他们不喜欢在电视上看到爱德华兹被一群兴高采烈的黑人像英雄一样围在中间，这一点很重要。

　　不久，原先憎恨爱德华兹的人对他表示支持，甚至向他提供竞选资金——相比之下，他们对杜克痛恨更甚。一名替爱德华兹筹款的犹太人说："戴维·杜克说他现在讨厌犹太人，好吧，看看我们是怎样送他滚蛋的。"前州长特林——爱德华兹曾拿《60分钟》打比喻，讽刺他反应太慢——也公开支持爱德华

---

　　① 卡津人是路易斯安那州的法国移民后裔。——译者注

兹。一直批评爱德华兹道德败坏的新奥尔良《花絮报》也转变了风向，向他抛出了橄榄枝。这家报纸甚至为爱德华兹争取到了乔治·H. W. 布什总统的支持。要知道，爱德华兹可是一个名声向来不佳的民主党人。尽管如此，布什总统表示，如果他是一个路易斯安那人，他会把票投给爱德华兹。

现任州长巴迪·鲁默在万圣节发表了一段悲痛的声明，这个日子和他讲话的调子倒是十分相称。"我整晚都坐在办公桌旁，这样的失败让我无法接受。我哭过了，我感到愤怒、震惊还有羞愧。但是即使我有一万次投票权，也绝不会投给戴维·杜克。我要提醒路易斯安那的选民们，如果有人投票给杜克，那等于是在自掘坟墓。现在只剩下了两个选择，尽管我不赞成爱德华兹，但我会投票给他。"

初选后的第二天，爱德华兹对别人解释说："我来告诉你昨天发生的事。计票结束后，鲁默告诉我，他还在和人商量接下来该做些什么。这不是很蠢吗，因为他很清楚他什么也做不了。我们开了个会。不久，他打电话回来，说他还在和人讨论对策。很好，没问题。最后，我亲自跑去见他。他随身带着一个记事的小本子，上面写满了各种没用的小伎俩和琐碎的条例，我们到的时候，他还在仔细地看那个小本，那种专注的样子就好像他正在写见鬼的联合国宪章。他说他还没准备好。我说，'好的，你想做什么都没问题。'他在晚上又给我打来电话，说'我写了份声明，你可以听听'。我说，'巴迪，我根本不想听'。他说，'不，我只是想把事情做好'。我没有说话，于是他把那几句废话念给我听了。我说不错，他说他还想再做一点改动。"

随着戴维·杜克逐渐为人们所知，他所面对的问题也越来越尖锐了。在一次媒体见面会上，蒂姆·卢瑟特（Tim Russert）问他："杜克先生，你能说出路易斯安那州三家最大的制造企业的名字吗？"

杜克无言以对，尴尬地沉默了一会后，他说："要知道，我们州有很多公司。我没法立刻说出它们的名字。"

下一个问题是，路易斯安那州有多少人生活在贫困线以下。杜克同样不知道答案，他答复道："我不能把年鉴带在身上。"

在一次路易斯安那公共电视网主办的电视辩论中，爱德华兹出示了一张在杜克的全国白人协进会简报上出现过的地图。在这张未来美国的地图上，少数族裔被迁移到白人协进会认为适合于他们居住的地区。让人怎么也想不到的是，卡津人被重新迁回佛蒙特州。爱德华兹说："作为一个卡津人，我想替他们说句话，我们不打算离开。佛蒙特实在是太冷了！"

杜克那些怪诞的故事被人们越传越离奇。杜克以前的竞选主管鲍勃·霍克斯（Bob Hawks）向媒体透露，除了在竞选期间，杜克从不祈祷，也不谈论宗教。三K党员卡尔·韩德（Karl Hand）声称他曾见过杜克收藏的大量色情藏品，包括黑人男性与白人妇女交媾的图片。最让人吃惊的一条传言是，美国纳粹党1981年企图控制加勒比岛国多米尼加，并那里建立一家可卡因工厂，据说杜克间接地参与了这次阴谋。

贴在汽车保险杠上的两条竞选标语很好地总结了这场有些怪异的选举：请把票投给骗子吧——除了他你们别无选择，宁可投票给变色龙,也不要投给巫师①。这两条竞选标语对爱德华兹的帮助甚至比卡维尔所做的工作还大。人们都清楚,爱德华兹身上的确找不到什么可以夸耀的优点,不过杜克比他更糟。

不过一些中立的选民并不这么看,艾略特·斯科特(Elliot Scott)在自己的博客中写道:"很多聪明、怀着善良意愿的人都认为,拿这两个祸害作比较,杜克的危害可能要小一些。不是因为他比爱德华兹高尚,而是人们都知道他的德行,这样反而让人放心一些。杜克不过是疯狂(当然,他不是好人);埃德温·爱德华兹则是个恶棍,一个手眼通天、精明强干的坏蛋。"

路易斯安那州能源公司的执行官 L. L. "巴德"·菲柯特(L. L. "Bud" Feikert)对《新闻周刊》说:"我打算把票投给埃德温·爱德华兹。不过投票的时候,我会捂住自己的鼻子,握紧投票的那只手——它会抖个不停的。"

决选日设在 11 月 16 日,爱德华兹的得票率刚刚超过 61%,他第四次当上了州长。尽管爱德华兹以巨大的优势获胜,仍有 55% 的白人选民把票投给了杜克。巴迪·鲁默事后聪明地做出了评论:"24 年来,正直诚实这些品质一直与爱德华兹无缘,可他偏偏遇上了一个道德更加败坏的对手,这让他最终获胜。"

这是埃德温·爱德华兹的最后一届州长任期,人们对他的所作所为并不感到意外。他恢复了被鲁默一度中止的赞助制度。爱德华兹上任后做的第一件事是任命罗伯特·哈维(Robert Harvey)为新奥尔良防洪委员会——该委员会负责维护新奥尔良各

---

① 英语中蜥蜴有狡猾,不诚实,擅于玩弄手腕的人的意思。杜克做过三 K 党的祭师,在英语中和巫师是同一个词。——译者注

处的防洪堤，以保证该州免遭洪水侵袭——的新负责人。罗伯特·哈维是一名律师，在竞选期间为爱德华兹开过一张5000美元的支票，爱德华兹此举可谓投桃报李。

鲁默在任时期，防洪委员会对国民警卫工程队做了大量工作，使他们同意修高堤坝。而自罗伯特·哈维担任委员会主席后，对堤坝工程的监管逐渐松懈了。爱德华兹有其他更重要的事需要考虑，例如怎样将博彩业引入新奥尔良。很快，州议会通过了新的博彩提案。罗伯特·哈维说服了百利斯（Bally's）在委员会所属的一个码头上开办了一家游艇赌场。联邦调查局开始调查哈维是否向防洪委员会虚报了工资单。

接下来的10年中，FBI的反腐败调查和与国民警卫工程队之间琐碎的争执几乎消耗了防洪委员会的所有精力。2005年，卡特里娜飓风袭击了路易斯安那，灾难性的决堤无可避免地发生了。超过1500人丧生，飓风几乎将新奥尔良从地图上抹掉了。

飓风袭来时，爱德华兹正在联邦监狱服刑。2000年，因被指控收受游艇赌场经营者的贿赂，爱德华兹被判处10年徒刑。那时他已经与肯迪·皮考结婚了，他向皮考提出离婚，让她不要等他。皮考拒绝了，并说她要为爱德华兹生个孩子。爱德华兹告诉媒体："我做了输精管修复手术，并取出了一些冷冻精子，当我服刑时，皮考可能会使用它们。"

入狱时，爱德华兹在公众面前做出他的最后一次承诺："我曾经是一个模范公民，现在我会成为一个模范犯人。"

戴维·杜克在1992年以共和党人的身份参与竞选总统。不过他很快就风光不再，神秘地从人们的视野中消失了，正如他当初神秘地兴起一样。杜克跟他的前竞选主任合伙在梅塔里

(Metairie)开了一家酒吧,并打算做一名保险商。

2002年,联邦法院判处杜克犯有逃税和邮件诈骗罪。他寄了数千封求助信给白人种族优越论者和纳粹的支持者们,说他正处于困境中,法院打算罚没他的房产和全部积蓄。很快他就收到了数十万美元的捐款。实际上,杜克已通过出售房产大赚了一笔,并拥有多个投资账户。假如杜克的财政状况真的有什么问题,那也得归咎于他在赌场的挥金如土。

只是在这种意义上,美国的政治制度才发挥了作用。现在,爱德华兹和杜克都已被正式定罪,他们再也不能竞选公职了。

如今,路易斯安那的政治舞台也许更让人眼花缭乱,不过1991年的州长竞选绝不是一起特例。如果三个共和党人候选人与一个民主党人候选人在同一次选举中竞争,民主党的候选人自然会占到很大的便宜,这与他的品格、意识形态以及能力无关。支持共和党的选民不能同时投票给三个候选人,他们只能把票投给其中一人。这样,每个共和党候选人都拿不到他本来应得的票数,这就是所谓的"选票分散"。如果在党内初选后直接进行普选,就会发生这种情况;如果没有党内初选,那就只进行一场选举,得票最多者获胜。在美国的两党制中,人们最熟悉的一种选票分散形式被称作"搅局者效应"(spoiler effect)。两个主要的候选人正在进行难分高下的激烈竞争,此时一个我们称之为"搅局者"的第三党的候选人突然加入战局,必定会从其中一人那里拉走一部分选票,从而导致他的对手获胜。2000年的总统竞选中就发生过这种情况。当时,艾尔·戈尔(Al Gore)本已占据上风,绿党候选人拉尔夫·纳德尔(Ralph Nader)在弗罗里达州突然加入,却使得胜利的天平偏向了乔治·W. 布什。以此为契机，布什最终赢得了大选。选票分散就像使整个选举过程误入歧途的看不见的手，它削弱了人民被赋予的选举权力，打击了人们对于民主决策过程的信心，浪费了公民的财富——有时甚至是人们的生命。

这里提出了一个简单的问题：有可能找到一种能避免选票分散的公平办法吗？至少到目前为止，任何一位博学之士都告诉你这是绝对不可能的。他们常常引述诺贝尔经济学奖得主肯尼斯·阿罗（Kenneth Arrow）的著作和他著名的不可能性理论。1948年，阿罗想出了一套理论，它能从逻辑上证明（非常粗略地）没有哪种选举制度是完美的。阿罗要讨论的不是没能从选票上剪掉的标印[①]、让人犯糊涂的票样设计、老旧的电子计票器，或者是任何直接的欺诈行为。的确，这些问题广泛存在，并带来了许多麻烦，但并不是不能解决。阿罗谈论的是没法解决的问题。他向我们证明，选票分散与由此引起的恶果会破坏几乎任何合理的投票方法。

几十年来，对于投票选举所能取得的效果，人们即使没有完全绝望，也不敢抱有太大的希望。大幅改善现有的投票制度似乎是不可能的。不过近几年来，学者们已经不那么悲观了。更好的投票方法已经出现，其中一些甚至完全跳出了不可能性理论的框架。最被看好的一种投票制度是计分投票制。坦普尔大学（Temple University）数学家瓦伦·D. 史密斯（Warren D.

[①] 美国的选票在特定的地方都有一个小标示，凡是点过的选票都要将带有这个标示的地方剪掉，留下一个小孔，而有些选票上这些标示没有被完全剪掉，仍和选票连在一起，就被当做了废票。——译者注

Smith）用计算机模拟方式对各种投票办法的优点进行了全面的比较，并于 2000 年 12 月发表了研究报告——同一个月中，最高法院在布什和戈尔之间确定了总统人选。该报告显示，在几种大力提倡的投票制度中，计分投票制是最让选民们满意的——其支持率大幅领先于其它投票方式。同样重要的是，在防范人为的操纵投票上，它比其它任何的投票方法都更有效。

对于计分投票制，我们都已经很了解了。许多网上"投票"和消费者意见调查都使用了这种方法。我们用计分制评价电影、餐馆、运动员、易趣网上的卖家。经济学家克劳德·希林格（Claude Hillinger）说："除了一处地方之外，我们在所有的重要领域中都使用了计分制，那就是它最能发挥作用的地方——政治选举中。"无论是从科学还是政治的角度看，研究投票制度的几代学者们居然一直对在流行文化中早已得到实际应用的计分制视而不见，这的确是一件怪事。

人们从未像现在这么迫切地希望找到一种更好的投票方法。分流选票日益成为选举战略的重要组成部分。2004 年，共和党的赞助者们干了件轰动媒体的事，他们进行了全国性的动员，确保拉尔夫·纳德尔在各个州都获得总统候选人的资格。① 他们希望纳德尔能从民主党候选人（约翰·克里）那里分走一部分关键的选票，甚至替乔治·W. 布什在一两个州取得胜利。要想深入地了解这次行动背后的意义，就要跳出单一的共和党人或

---

① 在美国，公民要想成为总统候选人，必须在每个州都得到官方承认的总统候选人资格，而这对一些无党派人士或小党竞选者来说并不容易。——译者注

民主党人的思维模式，而以一名政治观察家的角度考虑问题。也就是说，要密切关注资金的来源和起到的作用。约翰·克里（John Kerry）为2004年的竞选花费了3.1亿美元，乔治·W.布什的支出是3.45亿美元，拉尔夫·纳德尔只用了450万美元。可仅用这么一点代价，纳德尔却改变了竞选的走势，不仅如此，他声称2004年还会这样做。对共和党而言，这么做可谓一本万利。布什只需将极小一部分竞选基金分给纳德尔，就能分流对手的大量选票。这样成本低廉而且十分保险的办法谁会不用呢？尽管从结果来看可能不需要搅局者的参与——在没有纳德尔参与的情况下布什依然赢得了重选——但说到底，政治和赌博一样，都是需要仔细谋算的。

2004年以后，选票分散的现象越来越普遍了，民主党和共和党都开始在选举中使用"搅局"策略。2006年，在不少于5场关键的选举中，民主党都向"搅局者"提供了资金，让他们拉走共和党的选票，共和党也采取了相同的做法。这些资金不仅帮助"搅局者"取得了正式竞选人的资格，还帮助他们在电视、无线广播以及平面媒体上大打竞选广告——而他们本来是无此财力的。

竞选顾问是一群工作努力、有奉献精神的人，因为工作的原因，他们遭受了许多不公正的指责。但在分流投票这件事上，很难说他们没有起到坏的作用。就像恐怖分子会采用政府自己列出的软目标清单一样，如今的竞选顾问们也在利用投票制度本身存在的数学统计上的漏洞。[1] 他们所做的并不是劝说人们投

---

[1] 软目标是指只有很少或没有防御，易受攻击的目标。——译者注

票给自己服务的候选人，相反地，他们鼓动人们投票给其对手——这种策略有时却能让他们支持的候选人获胜。然而现实情况是，一颗转基因的番茄都比这些新的选举伎俩更容易受到人们的关注。公众、媒体以及除了竞选顾问和他们的客户外的所有人，几乎都对竞选中出现这些反常现象视若无睹。

选票分散的例子体现了政治冷酷的一面，不过它也同样是人们利用逻辑学来改善世界的一种尝试（尽管极少能够生效）。无论是哪种情况，它都可以追溯到肯尼斯·阿罗的毁誉参半、长期遭到误解的不可能性理论。

致　谢

任何一本书的篇幅都是有限的，而争论却是不可能穷尽的。至少在涉及投票问题时是这样。作为作者，我还需要同时扮演仲裁人的角色。我必须时时做出决定，以谁的观点作为一个争论议题的结束。对任何认为我在不适当的地方结束某个论题的读者，在这里我提前向他们致歉。

我要感谢每一个抽出时间与我交谈，为我介绍其他访谈对象和资源，以及看过我的手稿并提出意见的人。我要特别感谢：肯尼斯·J. 阿罗、斯蒂文·J. 布拉姆斯、特里·范维里、保罗·海格、詹姆斯·洪、劳伦斯·胡萨尔、皮特·凯利、托马斯·勒比恩、盖·奥特维尔、珍妮特·菲尔普斯、杰拉德·M. 庞帕、罗伯·里奇、唐纳德·萨里、亚瑟·弗拉明戈、赛因特·奥宾、华伦·D. 斯密斯、宝琳·泰斯特曼、罗伯特·J. 韦伯、约瑟夫·维斯诺维斯基、叶家平以及维基百科中未署名的撰稿人。

戴夫·列普极有价值的著作《美国总统选举图集》为我对总统选举中的搅局者的研究提供了极大的帮助。

问题篇

第一章 博弈论

库尔特·哥德尔（Kurt Godel）是20世纪最有才华的逻辑学家。他对政治不感兴趣，希特勒成为德国总理并没有引起他明确的警觉（1936年哥德尔甚至在一封信的结尾处加上了狂热的"嗨，希特勒"敬语）。1938年，德国吞并了奥地利，他同样没觉得有什么不妥。1939年，战争爆发了。哥德尔住在维也纳，那里的情况迅速恶化了。这一年的十一月，哥德尔遭到了一帮年轻纳粹党徒的袭击。哥德尔本身并不是犹太人，但他有股子书卷气，相信世界主义，看起来像是犹太人。哥德尔当时和自己的女友阿黛尔·波克特（Adele Porkert）住在一起，她在一家名声不怎么好的夜总会工作，不像他那样书生气十足。她用雨伞撵走了那些纳粹分子。

不久，哥德尔收到了入伍通知书。他这时已和波克特结婚了，不想去打仗，他们从德国逃了出来。哥德尔有美国签证，新泽西州的普林斯顿大学一直想请他到该校的高级研究所工作。于是，哥德尔和妻子去了美国，计划在普林斯顿度过他们的后半生。

数年后的1947年，哥德尔决定加入美国国籍。取得国籍需要两名与他相识的美国公民为他担保。他最好的两位朋友愿意提供帮助，他们是阿尔伯特·爱因斯坦（Albert Einstein）和著名的经济学家奥斯卡·摩根斯坦（Oskar Morgenstern）。任何想要入籍的移民都必须了解美国的政治制度，于是哥德尔专门读了美国宪法。出人意料的是，生平第一次，哥德尔对政治流程产生了兴趣。

入籍考试的前一天，哥德尔告诉摩根斯坦，他在美国宪法中发现了一处逻辑错误。摩根斯坦还以为他是在开玩笑——直到他意识到哥德尔是认真的。

哥德尔的特长是寻找数学中的逻辑错误。自从欧几里德时代以来，数学家们就一直追求把逻辑和数学放进同样整齐的包装里面。先给出一套毫无疑问的公理，有了这些公理，就有可能证明所有正确的数学公式，并证明所有虚假的理论是错误的。用这种方法（据推测）也可能证明系统的一致性。如果可以表明"$2+2=4$"是正确的（它应该如此），那么就肯定不可能证明同一个公式是错误的。

几乎在所有人看来，这个标的似乎都是合理的。因此在1931年，哥德尔大大地扰乱了人们长达千年的美梦。他论证，任何符合逻辑的包含算术的系统都不可能证明其自身的无矛盾性。哥德尔证明的要点大致可以转述成这样：任何声称自己只说真话的人都是在说谎。哥德尔表明，这个公式不仅适用于卖二手轿车的商人和政客，也适用于最抽象的逻辑结构。

正是这个成果带给了哥德尔声望和在研究所中受人尊敬的地位。摩根斯坦和爱因斯坦私下里说，他担心哥德尔会在入籍考试时大谈他的关于美国宪法中的"逻辑错误"的宏论。审批人员可能会为此拒绝他的入籍申请。爱因斯坦表示赞同，认为他们要设法提醒哥德尔，以避免发生这种情况。

入籍考试的日期定于1947年的12月5日，考试地点在特伦顿（Trenton）。曾经有一次，哥德尔在驾车的过程中思考起问题来，甚至忘记了自己正在开车，因此阿黛尔不让哥德尔亲自驾驶，于是摩根斯坦主动接过了司机的职责。他们去接爱因斯坦，他上车后扭头问了哥德尔一句话："这是你的倒数第二个考验，准备好了吗？"

"'倒数第二个'是什么意思？"哥德尔不太明白。

"很简单"，爱因斯坦答道，"死神向你招手时，就是人生的最后一道考验了。"

爱因斯坦这话有点黑色幽默的意味。他是想在考试之前用其它的事吸引哥德尔的注意力，让他不再想着考试。他们很快就到了特伦顿，爱因斯坦认出了考官菲利普·福尔曼（Philip Forman），爱因斯坦宣誓成为美国公民时的考官同样是他。福尔曼把爱因斯坦和他的朋友们领出队列，把他们带到办公室。福尔曼先和爱因斯坦聊了起来，哥德尔只是坐在旁边，静静地听着。福尔曼称赞哥德尔离开德国和它"邪恶的统治者"是个聪明的决定。"你认为在美国可能出现德国那样的独裁政治吗？"福尔曼问哥德尔。

"哦，要说独裁政治，我非常清楚它是怎么发生的！"接着哥德尔试图做进一步的解释，不过让摩根斯坦和爱因斯坦宽慰的是，福尔曼截住了哥德尔的话头，告诉他没有必要说得那么详细。

哥德尔顺利地通过了考核。1947年4月2日，他再次来到特伦顿,在那里宣誓成为美国公民。福尔曼在宣誓仪式上发表了赞扬美国价值观的洋溢着爱国热情的演说——这样的演说他已经在相同的场合说过多次了。哥德尔被深深地打动了(他在给母亲的信里对此做了详细的描述)。他终于成为了一个美国公民,对他而言,这种感觉是奇特而美妙的。哥德尔有着矛盾的性格,他会毫无预兆地从一个逻辑严密的思考者变成一个多愁善感的性情中人,没人能解释怎么会有如此突然的转变。他喜爱迪斯尼动画的《小鹿斑比》,《白雪公主》他至少看了三遍。

哥德尔在美国宪法里发现的"缺陷"主要涉及到宪法修正案的第五条,其开头如下:

第五条

国会在两院的三分之二议员认为必要时,应提出本宪法的修正案,或根据各州三分之二州议员的请求,召开制宪会议提出修正案。无论以何种方式提出的修正案,若经各州四分之三州议会或四分之三州制宪会议的批准,即实际成为本宪法的一部分而发生效力;关于采用何种批准方式,须由国会提出建议……

在哥德尔眼里,宪法条款就是一组数学公式。一个理想的数学系统中的公式应当能帮助人们推导出其它正确的公式,同样,在一个完善的政治体制中,人们能通过有效地利用修正案程序,在原有宪法的基础上制订出更公正、更符合现实要求的法律。如果宪法有可能将国家引向纳粹政权、奥威尔（Orwell）的《1984》中描述的集权政府以及任何类似的糟糕统治，我们大概不会喜欢。

哥德尔认为宪法第五条的缺陷在于，它允许对任何法案提出修正案，因此什么也保证不了。原则上，连《人权法案》都有可能被未来提出的某条宪法修正案废除——正如根据第21条宪法修正案，《禁酒令》（第18条修正案）被废除一样。人们也许会认为，严重侵害个人自由的法案永远不会获得参众两院三分之二议员的多数支持。但他们或许忽略了，第五条宪法本身也是可以修正的。如果有人提出只需简单多数就能修正宪法的新提案，理论上，只要三分之二的国会议员同意，这条新提案即可获得通过。修改宪法的门槛越低，动机强烈的少数人就越有可能玩弄手腕，设法通过人们原本认为不可能通过的荒唐提案。

20世纪40年代，很多美国人认为他们的政治制度要优于德国、意大利和苏联的极权政治，并以此为傲。战时的宣传也不吝赞美之词，将民主说成是美国的专利。然而哥德尔却发现，美国人的"这里不会出现专制政府"的想法是缺乏说服力的。

1932年，阿道夫·希特勒在民主选举的制度下参选了德国总统。他排在了第二位，仅仅获得了30.1%的选票，远远落后于陆军元帅保罗·冯·兴登堡（Paul von Hindenburg）。按照德国的选举制度，第一次选举后，得票最高的三个候选人将进入最后的决选。在最后的选战中，希特勒表现得比初选时稍好，获得了36.8%的选票，兴登堡以53.0%的得票率赢得了大选。

希特勒的政治顾问约瑟夫·戈培尔（Joseph Goebbels）写道："我们失败了，败得很惨。"不过戈培尔大概不会料到希特勒居然如此之快就能时来运转。1933年1月30日，兴登堡总统任命希特勒为总理。兴登堡之前还有两次任命，不过这两个提名人都没有任职，兴登堡大概以为，除了希特勒他已经没有可用的候选人了。

不到一个月后，有人放火焚烧了国会大厦。但在实施过程中，他们可能得到了纳粹党的帮助。德国的各派系将他们的分歧抛到了一边，联合起来共同应对危机。国会考虑出台一项法案，暂时中止宪法，赋予希特勒独裁的权力。他们并不认为这是一个疯狂的想法。原因在于，一个开明的独裁者能比行动迟缓的立法机关更快更好地处理危机。该议案以441票赞同84票反对获得了通过。这是希特勒第一次获得多数赞成，也是他最后一次需要这样的赞成。

毫无疑问，是希特勒让哥德尔、爱因斯坦和摩根斯坦最终成为了美国公民。如果不是他的独裁和极端民族政策，这几个人谁也不会离开德国。

1955年，爱因斯坦去世后，哥德尔几乎就没有了社交生活，摩根斯坦或许是他在这个世上剩下的唯一的朋友了。他患上了多种精神疾病，并成为整个普林斯顿谈论的话题。他害怕病菌，为了避免传染，即使在街上散步，他也要戴上滑雪面具。他晚年试图从数学中推导出上帝的存在。他开始相信真的存在鬼魂、恶魔、心灵感应、来生以及时间旅行——根据他对爱因斯坦场方程的计算，时间旅行是可能的。

　　1935 年，约翰·哈特菲尔德（John Heartfield）① 制作的一张合成相片，照片上希特勒正在训斥他满脸泪水的宣传部长，下面配有这样的文字："戈培尔，戈培尔，把我的几百万马克还给我。"当时，戈培尔的手下人被指控贪污了数百万马克，希特勒不受欢迎的政策使他失去了几百万支持者。希特勒的成功让人们看到了一个令人不安的悖论：一个多数人都讨厌的政治人物仍有可能在选举中获得最多的选票。（乔治·伊斯门·豪斯 [George Eastman House]）

---

　　① 约翰·哈特菲尔德，德国著名的制作集锦相片的艺术家，他的德文原名是 Helmut Herzfeld。——译者注

与自己多年的好友哥德尔相比，奥斯卡·摩根斯坦看上去还算正常。但摩根斯坦同样从未真正融入到他所生活的社会环境中。和哥德尔一样，摩根斯坦曾经是战前维也纳引人注目的知识精英圈子中的一员。他的日记里（现存于杜克大学）充斥着反犹太主义的言论；但他并不认同纳粹党的极端做法。摩根斯坦逃到了美国，他后半生的大部分时间一直与一些杰出的犹太人保持着密切的往来。在普林斯顿，他把自己打扮成一个老于世故的君子，一个懂得葡萄酒、女人、音乐和艺术的风雅之士。他自称是德皇威廉二世（Kaiser Wilhelm II）的后裔——当然，是非婚生的。然而，对于很多普林斯顿人而言，摩根斯坦只不过是一个爱慕虚荣、没有幽默感、微不足道而又自以为是的家伙。因为他僵硬的旧世界做派，学生们称他为教授"先生"（Herr Professor）。① 一次，摩根斯坦接待了一位欧洲访问学者，并将他引见给和自己一起工作的四名学生——他们中两个已有博士学位，另两个正在攻读博士。摩根斯坦做介绍时，将这四人称为威汀（Whitin）博士、舒比克（Shubik）博士，"und zwei Studenten"（德语的'以及两个学生'）。对那两个尚无学位的年轻人，他甚至懒得说出名字。此后，"und zwei Studenten"成了普林斯顿办公室里的笑谈。

社交上的笨拙并不妨碍摩根斯坦在科学领域发挥重要作用。他是各领域最新研究成果的热心"传播者"。一旦摩根斯坦碰到了一项新颖而重要的发现，他往往会把自己的工作扔到一边，

---

① 北美人将欧洲看做是"旧世界"；此处的先生（Herr）是德语——译者注

像一位"竞赛母亲"①一样四处推广这个新成果。他会锲而不舍地给人们做工作,让他们重视这项新的发现。而最先提出概念的人却往往因为事务繁忙或欠缺社会实践力而无法做到这一点。

如果智慧女神能给摩根斯坦更多的才智,让他不时涌出伟大的思想,他或许会无暇推广别人的成果。一个只关心自己成就的人不可能像摩根斯坦这样卖力地替别人做嫁衣。

最让人印象深刻的是摩根斯坦对博弈论(game theory)所做的推广工作。这一理论主要是出生在匈牙利的数学家约翰·冯·诺依曼(John von Neumann)的研究成果。尽管它的名字叫博弈论,实际上却和象棋、大富翁、极光(Halo)一类的游戏没有多大关系。②更准确的说,它是一门与决策方法有关的精确科学。它研究的主要内容是在竞争环境中,有思考能力的个体在试图预测和欺骗对手时,如何做出决策。1928年,冯·诺依曼发表了证明博弈论基本理论的论文,从而宣告了博弈论的正式诞生。和冯·诺依曼的其它学术成果一样,人们公认这是一个了不起的发现。不过在那之后,冯·诺依曼的工作转向了其它方面。

摩根斯坦认为,博弈论一旦应用到经济学中,将会发挥重要作用。摩根斯坦来到美国后,之所以选择普林斯顿,而不是其它大学,就是因为冯·诺依曼在附近的高级研究院工作,在这里他有机会见到这位科学奇才。他们之前从未谋面,这样的

---

① "竞赛母亲"指的是热衷于为自己的孩子报名参加各种竞赛的母亲,常用于比喻那些喜欢干涉孩子生活的家长。——译者注

② 博弈论的英文直译是'游戏理论';极光是一款用在Xbox 360上的射击游戏。——译者注

迁移几乎有些类似跟踪狂的行动。

1939年2月，冯·诺依曼去听了一次摩根斯坦关于经济周期的报告。报告结束后，摩根斯坦追上冯·诺依曼，向他做了自我介绍，并告诉他自己正考虑撰写一篇关于博弈论应用于经济学的论文。冯·诺依曼表示他很高兴拜读这篇文章并提供自己的意见。

摩根斯坦让冯·诺依曼看了论文的部分草稿。数学家委婉地告诉摩根斯坦，文章还需要一些润色。冯·诺依曼提议他们进行合作。

在两人的共同努力下，这篇"论文"终于写完了。可它的篇幅实在太长，没法在任何一种期刊上发表。于是他俩找到普林斯顿大学出版社，希望论文能以专著的形式出版——一本100页的小册子。出版社答应了。可是1943年初，这两位作者送到出版社的稿子已经变成了1200页。

1944年，《博弈论与经济行为》（Theory of Games and Economic Behavior）一书问世了。冯·诺依曼大方地表示两位作者的名字可以按字母顺序排列。不过摩根斯坦坚持冯·诺依曼的名字应该列在第一位。

"摩根斯坦在博弈论的发展中所起的作用受到了许多人的质疑。"马丁·舒比克承认，他是摩根斯坦的学生，也是他的坚定支持者之一。大多数普林斯顿人都认为，摩根斯坦明显够不上冯·诺依曼、哥德尔、爱因斯坦的水平——从他们平常的闲谈中就能够看出端倪。摩根斯坦在他有时参加的数学研讨会中的发言似乎也印证了人们的这种评价。

舒比克讲过这样一个故事，他曾去听过摩根斯坦的讲座，摩根斯坦花了3个小时来还原"自己的"博弈论著作中的某个结论,可他失败了。无论对他本人还是听众,整个过程都是一种折磨。舒比克的结论是:"如果他当时不是试图完成整个证明,情况会好得多。

有时人们会就摩根斯坦的问题向约翰·冯·诺依曼求证,他很清楚自己该怎么回答。

问:"约翰尼(约翰的昵称),究竟哪部分成果是摩根斯坦完成的?照实说吧,我们想知道。"

答:"没有奥斯卡的帮助,我永远写不出《博弈论与经济行为》。"

对于这样的问题,没有哪一位政治家能比诺依曼说得更好了。

那是个晴天的下午,我在斯坦福教员俱乐部(the Stanford Faculty Club)遇到了肯尼斯·阿罗。他已经84岁了,可精力还是那么充沛,依然保持着朴素的作风,自己骑自行车来吃午餐。他将头盔放在一旁,在我们前面坐下,开始吃饭。我向他做了自我介绍,开始依次问他事先准备好的问题。当我提到奥斯卡·摩根斯坦的名字时,他突然抖了一下,显然是有些吃惊。他轻声说:"我一直弄不清他对博弈论究竟了解多少。"阿罗和摩根斯坦相识已经是50多年前的事了。他听到摩根斯坦名字后的强烈反应似乎说明了什么。

阿罗因为一系列机缘巧合才遇到摩根斯坦。1921年8月23日,肯尼斯·约瑟夫·阿罗生于纽约,父母是哈里·阿罗

(Harry Arrow）和莉莲·阿罗（Lillian Arrow），都是在城市下东区长大的犹太移民。老哈里开了一家银行，阿罗 10 岁以前一直过着优裕的生活。可在大萧条时期，银行倒闭了，一家人在贫困中度过了 10 年。

在家里有钱的时候，阿罗的父母花许多钱购买了大量的书籍，包括全套的世界文学名著和大百科全书。母亲发现，由于肯尼斯如此喜爱读书，她很难找到有效的办法惩罚他。每次因为淘气被母亲关进自己的房间时，小肯尼斯都会从书架上抽出一本百科全书，兴致勃勃地一直读下去。母亲发现，有时她甚至不得不强迫儿子离开房间，到外面去玩。

阿罗的父母经常在餐桌上谈论政治，二人都是富兰克林·德兰诺·罗斯福（Franklin Delano Roosevelt）的忠诚支持者。由于家里没钱，父母只能让阿罗去读纽约城市大学（City College of New York），这所学校对纽约人是免费的。该校的许多教师都深受马克思主义思想的影响。在城市大学学习期间，肯尼斯对逻辑与统计学产生了强烈兴趣。

阿罗说："当时教师中有一位著名的逻辑学家，阿尔弗雷德·塔斯基（Alfred Tarski）。1939 年 8 月底，他到纽约参加国际会议，由于战争爆发，被滞留在了美国。"让阿罗和他的同学们伤脑筋的是，塔斯基的带有独特外国口音的英语着实有些难懂。塔斯基教授的一个词"不可递性（intransitivity）"和他的发音一样令人费解。这一概念后来成为了阿罗的不可能性理论的基础。

理解不可递性的最好办法莫过于先弄懂它的反义词，可递性（transitivity）。如果比尔·盖茨的财富多于唐纳德·特朗普

(Donald Trump)，而特朗普又比你有钱，那么可以得出结论，比尔·盖茨比你富有。任何允许进行类似推导的关系，我们都认为它具有可递性。我们还可以找到其他许多符合可递性条件的关系——"比…重"、"比…高"、"是…的姐姐"。很多数学关系也具有可递性，例如"大于"、"小于"和"等于"。如果A在数量上等于B，而B又等于C，A必定等于C。

所有这种简单模式无法适用于其中的关系都是不可递性关系。不可递性关系在我们的生活中同样比比皆是，只不过绝大多数都被我们所忽视了。例如，雷蒙德是约翰的儿子，凯斯是雷蒙德的儿子。很显然，不能由此做出推论，凯斯是约翰的儿子。卢卡斯爱玛格，玛格爱克里斯，也不能由此认为卢卡斯爱克里斯。这些都是不可递性关系。

尽管研究深奥的逻辑学给阿罗带来很大乐趣，但他承认，"我从未想过要靠它维生。那时还是大萧条时期，工作并不好找，我最大的奢望是当一个中学数学老师。如果这个愿望能够实现，我就很满足了。问题是，根本没有这样的机会。"

由于就业前景的黯淡，阿罗选择去哥伦比亚大学读研究生。他决定把主要的兴趣放在统计学上。经济学院的一位统计学专家哈罗德·霍特林（Harold Hotelling）愿意向阿罗提供奖学金，只要他把专业转成经济学。

霍特林的兴趣非常广泛。1929年，他提出了一个著名的经济学假设，该假设在政治理论中具有同样重要的地位。霍特林的设想是这样的：在一条线上——这条线可以是一个城市的主干道，也可以是横穿美国的铁路线"，选择两个"做生意的地点"。或者换成今天的例子，在夏季拥挤的海滩上选择两个地方摆放卖冰激凌的摊点。把地点选在哪里，生意才会最好？

（假设）海滩从左至右总共长 1000 码。两个摊点的唯一区别只是它们所处的位置。来海滩的人当然会选择自己最近的摊点。

一种方法是将海滩的两头看做线段的两个端点，两个摊点分别安置在离左边的端点（海滩的最左端）250 码和 750 码的位置上。这样，对于左边一半海滩（从左端起 0 到 500 码处）的每个人来说，250 码处的摊点将是最近的。对右边一半海滩上的游客而言，750 码处的摊点是最近的。假定游客均匀地分布于整条海滩上，两个摊点将各卖出 50% 的冰激凌，销量相当。

可是这并不能解答霍特林的问题。下面说明一下原因，假设你把摊点设在 250 码处，而另一个人的摊点设在 750 码处。你打算怎样阻止对手闯进你的地盘呢？他可以把他的摊点移到离左端只有 300 码处，这样一来，他依然可以保住整个右边海滩的生意（他的顾客将不得不走更长的距离，但他们没有别的选择）。移到新位置后，对于从左端起 275 码一直到 1000 码顶头位置的每个人来说，他的摊点都将是最近的。他将抢走这笔生意的大部分份额。

对他的这种举动，你也无需示弱。你完全可以越过他的摊点，抢走他的大部分地盘。他可以再用相同的手段进行报复……能不能找到一种理性的解决办法，让双方都感到满意，而无需再让两个摊点移来移去？

霍特林认为这是可能的。最好的办法是把两个摊位都挪到海滩的正中间，让它们靠在一起。一个摊点刚好在海滩中点的左边一点，可以照顾到左边一半的游客。另一个摊点恰好位于海滩中点的右边一点，整个右边的生意全是它的。

或许这个办法会让你感到吃惊。但霍特林并没有说他要找一个对顾客最方便的方案——与最初的安排相比，海滩两头的顾客要走更多的路。霍特林强调这才是自由经济运作的模式。如果政府不强制规定两个摊点之间必须间隔一定的距离，经营者最后一定会移到海滩中间，因为争取最大利益的动机是客观存在的。

很多经济学家认为霍特林创建的模型——"外围企业集聚趋向"——解释了现实世界中某些容易被人忽视的"巧合"。为什么另一家高档咖啡店的街对面总会有许多星巴克店面？为什么所有的SUV看上去都大同小异？为什么电视台都在同一时间播放新闻？为什么最流行的两种软饮料都是嘶嘶冒泡的棕色甜液，喝到嘴里也是同样的味道？为什么各航空公司上座率最高的航班的起飞时间彼此之间只相差几分钟？这些看似不同的现象或许能找到同一种解释，商家正在争夺份额有限的同一块市场的"领土"。远离中心区域等于将大部分利益拱手让给对手。"任何地方的消费者都会遇到过于相似的问题"，霍特林认为，"卫理公会和长老会的教堂几乎看不出差别；苹果汁的味道也千篇一律"。

霍特林相信同样的原理可以应用在政治上。在美国，意识形态从左到右的所有选民都是两大政党的争取对象。选民通常会支持与自己的意识形态最为接近的候选人。因此，两党的候选人都会向中间靠拢，以迎合中间选民。"每位候选人都显得十分小心"，他写道，"因为害怕失去选票，他们回答问题时总是模棱两可，在任何辩论中都避免明确的表态。"

不过该模型并不能解释选举中的所有现象。民主党和共和党并不是一模一样,也不会毫无保留地选择"中间"立场。原因之一是选民可以不投票,赞助人也可以停止捐款。还有一点,如果你想要冰激凌,你会选择最近的摊点。可如果两位候选人的政见完全相同,你大概不会有兴趣关心谁赢谁输。

虽然是第一次接触经济学,阿罗吸收新知识的能力惊人,1942 年,他就完成了所有的博士必修课程。可此时他却惊讶地发现,自己还没想好博士论文要写些什么。阿罗过了相当一段时间"专职学生"的生活(奥斯卡·摩根斯坦大概会用"一个学生"① 来形容)。

阿罗换了许多份工作。此时恰逢太平洋战争,阿罗在军队的天气预测部门干了一段时间。这段经历让他懂得了物理学不一定比社会学更精确。阿罗打算放弃自己的学术梦想,到保险公司谋一个精算师的职位。他听说这是份赚钱的工作。

霍特林在芝加哥著名的经济研究机构考利斯委员会(the Cowles Commission)为阿罗找到了一份工作。在那里,阿罗遇到了许多同时代伟大的经济学家。尽管没拿到博士学位,阿罗在芝加哥大学找到了他的第一份正式工作。他还获得了另一个终生职位,成为赛尔玛·施韦泽(Selma Schweitzer)的丈夫,赛尔玛是他在考利斯的同事。他们于 1947 年 8 月 31 日完婚。在此期间,阿罗仍在寻找合适的论文题目。

"1946 年,约翰·希克斯(John Hicks)在哥伦比亚做了一场讲演",阿罗回忆道。"他想要一个明确的定义:A 比 B 更幸

---

① 原文是德文。——译者注

福,这句话究竟该怎么理解?"① 对于经济学家来说,这是一个看似简单却又藏有陷阱的不易回答的问题。一名不得不长时间待在海上钻井平台、时薪50美元的石油工人和一名在休斯顿过着正常生活、时薪25美元的小职员相比,谁对自己的生活更满足?充满了艰难竞争的技术社会和更重视家庭的第三世界文明中的人们的总体幸福感,我们该如何比较?

希克斯提出了一个初步的判定方法:想要确认A和B之间究竟谁更幸福,有必要获得两人的一致赞同。事实上,希克斯想到的是一个投票做决定的办法,只有双方一致同意,得出的结论才具有决定性。

阿罗并不同意这种观点:"我觉得说不通的是,如果的确有一个关于'更幸福'的明确定义,下面的推理应该可以成立:A比B幸福,B又比C幸福,因此A比C幸福。可事实上并非如此。我可以立刻找出反例!"阿罗指的是可递性,而希克斯并不清楚这一概念。

"一年以后,我还在写我的论文",阿罗说道。"我很欣赏希克斯的《价值与资本》(*Value and Capital*, 1939)。但我这个人一向注重经验,在他的书里发现了几处问题。我认为自己的论文有助于解决这些问题。"

其中有这样一个问题,公司的股东如何投票选出一位新董事长。阿罗意识到,假设候选人有三个或三个以上,投票的结果可能是不可递的。他提出一个现在被人们称作"投票悖论"

---

① 原文中的形容词'better off',可以理解为更幸福,也可以理解为更有钱。——译者注

（paradox of voting）或"阿罗悖论"（Arrow paradox）的简单设想。

假设参加竞选的三位候选人分别叫做剪刀、布、石头。投票者三派，每派掌握三分之一的票数。第一派首先支持剪刀，其次支持布，最后支持石头。第二派首先支持布，其次支持石头，最后支持剪刀。第三派首先支持石头，其次支持剪刀，最后支持布。

	第一选择	第二选择	第三选择
派系 A	剪刀	布	石头
派系 B	布	石头	剪刀
派系 C	石头	剪刀	布

这就会产生一种奇怪的悖论：每个候选人都可能赢得两派的选票，也有可能失去两派的选票。

我们可以看一下，如果竞争在剪刀与布之间展开，会发生什么情况。派别 A 和 C 都喜欢剪刀甚于布。因此，剪刀将以三分之二的多数票获胜。

如果竞争在布和石头之间进行，布则会获胜——同样是三分之二的多数。

现在，剪刀击败了布，而布击败了石头，按照常理推断剪刀应该会击败石头。但事实却并非如此。在剪刀与石头的竞争中，石头将得到三分之二的多数票。结果和小学生在操场上玩的游戏一样，剪刀击败了布，布击败了石头，而石头击败了剪刀。

就像 M. C. 埃舍尔（M. C. Escher）① 所画的没有尽头的瀑布或楼梯一样，由这种假设导出的结果让几乎所有的人都觉得不合逻辑。投票选举制一向被视作自由社会的重要基石，它居然被证明缺乏逻辑依据，人们很难接受这一点。

阿罗写博士论文的这段时间，投票悖论一直困扰着他。他这样描述当时的心境："我并没有把这一新的理论的发现看作是一个机会，相反地，我认为它'十分讨厌'，给我的工作带来了麻烦。"由于突然出现这么一个"悖论"，创建任何一种合理的企业行为的模型都变得不可能了，它简直是一道无法逾越的障碍（他当时仍在研究股东投票）。同时，谈到这个"悖论"，阿罗总有一种似曾相识的的感觉。他说："我总觉得自己以前在哪里见过它，不过直到今天，我仍然不能确定从前是不是见过类似的理论。"想到自己可能不是第一个发现该悖论的人，这在一定程度上影响了他深入研究这一问题的积极性（实际上，孔多塞侯爵［Marquis de Condorcet］在 18 世纪就对这一悖论进行了描述，只不过被人们遗忘了而已）。

"不过事情并没有就此结束，我开始思考，如果按政治立场对政党做一个从左至右的排列，会有什么结果？"阿罗把投票悖论用到了霍特林的政治模型中。他意识到，当持有不同政治观点的人们正好在从自由主义到保守主义的范围中呈线性分布时，投票悖论就不会发生。

假设三个候选人是拉尔夫·纳德尔、阿尔·戈尔和乔治·

---

① 译者注：荷兰艺术家（1898—1972）擅长描绘让人产生幻觉的异次元空间，被称为错觉图形大师。

W. 布什，就有六种可能的方式来评估这三位候选人，尽管这些方法不是都有政治意义。无论政治倾向如何，大概所有人都会赞同，纳德尔的立场是最左的，戈尔是中间稍微偏左，布什则在中间偏右更远一点的地方。

假设在这场选举中，阿罗悖论真的成立，必须有三分之一的选民喜欢纳德尔甚于戈尔，喜欢戈尔又甚于布什。另外三分之一的人喜欢戈尔甚于布什，喜欢布什甚于纳德尔。这种可能性是存在的。而最后三分之一的人必须喜欢布什甚于纳德尔，喜欢纳德尔甚于戈尔。但这实际上是说不通的。很难想象，布什的支持者会更喜欢纳德尔，而不是戈尔。

阿罗得出的结论是，当人们的意识形态呈线性分布时，"剪刀—石头—布"那样违反逻辑的情况是不会发生的。他立刻意识到了这是一个值得发表的全新的发现。

阿罗回忆道："我记得一次午餐时，我正在向某人介绍这一理论。我随手拿起一本《政治经济学月刊》（*Journal of Political Economy*），看到了邓肯·布莱克（Duncan Black）的一篇文章，文章中讨论的恰好是我刚介绍给客人的问题！"

邓肯·布莱克是唯一可能与阿罗竞争现代选举理论创立者荣誉的人。布莱克在格拉斯哥大学任教，住在靠近悬崖边缘的一幢房子里，和学术圈内的重要人士基本没什么来往。即使是布莱克在格拉斯哥的同事也不清楚，是什么让他对选举理论产生兴趣的（布莱克说："由于之前几年自己专注的工作没有什么明显的成果，投票理论开始引起我的注意）。

这篇抢走阿罗风头的文章源自于战争中的一次"意外"经历，当时布莱克正待在沃里克城堡（Warwick Castle）华丽的绿色客厅里,密切关注着德军的空袭。"完全在不经意的情况下,我随手画了一张图,让我震惊的是,在这张图表上我看到了最优中值的特性。"

布莱克的中间选民定理(median voter theorem)就是由此而来的。顾名思义,"中间选民"是指政治上保持中立的选民,一半选民比他们保守,另一半选民比他们自由,他们刚好处于中间位置。

为了找出中间选民,有必要将每一位选民看做一个固定的点,依照政治观点将他们排列在一条从左至右整齐的直线上。当然,由此得出的结果不一定完全符合实际情况。只要存在中间选民,将候选人的得票进行两两相比,他们之间的关系是可递的,令人讨厌的阿罗悖论也不会出现。布莱克的定理表明,"中位选民"是最具代表性的人群。两位候选人无论谁得到了中间选民的支持,都将在这场由两个人竞争的比赛中获胜。

这一结论印证了人们关于政治的常识性看法。民意调查员查德·斯卡蒙(Richard Scammon)和政策分析家本·沃藤伯格(Ben Wattenberg)曾经半开玩笑地说,最有影响力的选民是"俄亥俄州代顿(Dayton)市的一名机械工的47岁妻子"。获得她选票的总统候选人能赢得整个大选。这其实没什么好奇怪的,中间选民和其它所有人一样,会支持与自己观点最接近的候选人。也就是说,在一场主要由两个人竞争的选举中,赢得中间选民支持的那个人将获得最终的胜利。

尽管只是一个研究生,阿罗在多所学校都干过兼职的工作,这样的生活持续了6年。① 此后，他接受了一份不同寻常的工作。他来到了加利福尼亚，加入了曼哈顿计划。

值得一提的是，兰德公司（The RAND Corporation）对冯·诺依曼和摩根斯坦的博弈论的发展起到了无可估量的作用。兰德（RAND）这个名称是空军研究与开发项目（Air Force's Project Rand (for Research and Development)）的简称，它起初是与道格拉斯飞机公司签约的一家科学咨询机构。曼哈顿计划那时还被人们看做一个和平时期的项目，兰德公司在该项目的名义下集中了美国最优秀的一批科学家。正是有了这批人，美国才能对即将到来的核时代做好充分的准备。

阿罗是从他妻子的前雇主阿贝·基尔希克（Abe Girschick）那里听到有关兰德公司的信息的。阿罗说："对科研人员而言，兰德公司当时是最自由、最不受限制的地方，它容纳所有大胆的想法。公司认为，由于战争，特别是原子弹具有和之前完全不同的新特点，所有旧的观点都是错误的……这表明人们可以展开各种疯狂的想象了。"

兰德公司值得钦佩的一项举动是，它请来了不同领域的专家们，为他们搭建平台，使他们相互之间能进行充分交流。多年以来，在兰德公司工作过的学者和顾问包括了从著名经济学家约翰·纳什（John Nash）到美国国务卿康多莉扎·赖斯（Condoleeza Rice）在内的各种优秀人才。然而，在最初的10年里，公司的精神领袖无疑是约翰·冯·诺依曼。

"所有的人都敬畏他，当他讲话时，大家都坐得直直的，聚

---

① 阿罗直到1951年才拿到博士学位。——译者注

精会神地听他的发言",阿罗回忆道。从政治上看,诺依曼是一个保守主义的鹰派。他认为博弈论为核威慑与军备竞赛提供了有用的模型。兰德公司的科学家需要考虑这样一些问题,如果美国的反击能保证2000万人的杀伤能力,苏联还会不会首先对美国发动攻击?制造氢弹会增强还是削弱美国的安全?

在兰德公司,阿罗的身份是统计学家和数学家。他的工作是研究战略核潜艇部署策略。美国的核潜艇永远都在移动,而且从不沿着固定的路线航行,这使得苏联人无法确定它们在某个特定时间点上的准确位置。在无法精确定位的情况下,苏联不可能在首轮攻击中摧毁美国所有的战略核潜艇。核威慑政策的基石就在于——使苏联意识到即使他们先发动核打击,美国的战略核潜艇也能够发起有效的反击,同时要让他们知道,这恰恰是美国的战略意图。

现在回头想想,阿罗不知道他的研究成果最终有多少是能对美国的国防事业起到帮助的。"每个人都想贡献自己的力量",他说,"实际上,我们在交流中提出了一些新的军事课题。"兰德公司的许多具有广泛影响的研究成果已经远远超出了当初的科研人员投身于其中的某个国防项目的范畴。不可能性定理就是一个最典型的例子。

"这种宽松的环境的确有助人们考虑问题,有一天赫尔默(Helmer)在喝咖啡时——公司的咖啡非常难喝——突然说道,联邦政府不过是个抽象的概念。美国是由许许多多不同的个体构成的,每个人都有不同的利益和政治观点。即便你能找到一个适用于所有人的价值体系,可对整个美国而言,无论从哪种意义来看,都很难拥有一个统一的价值体系。"

奥拉夫·赫尔默（Olaf Helmer）是一个哲学家。兰德公司按照兼容并蓄的方针挑选人才，认为哲学家们对国防战略的制定是有助益的。赫尔默认为博弈论中的"参与者"都应具有非常明确的动机。哈里·杜鲁门（Harry Truman）总统或约瑟夫·斯大林（Joseph Stalin）总书记的一切言行都能代表本国人民的意志吗？

不错，杜鲁门是民主制度下选出的总统。可他能代表那些没有投给他票或者仅仅认为托马斯·杜威（Thomas Dewey）比他更糟而把票投给他的人吗？美国既有希望尽快造出氢弹的鹰派，也有呼吁立即单方面裁军的和平主义者。几乎任何一件一部分美国人赞成的事，都有另一部分美国人表示反对。苏联的情况也是一样，尽管那里的人民不能公开地表示异见。

阿罗立刻答道："哦！这不算什么，埃布拉姆·柏格森（Abram Bergson）写过这方面的文章。"柏格森当时在哥伦比亚大学任职，对苏联经济很有研究。他的工作面临很大的挑战，因为苏联的计划体制与资本主义经济完全不同，无法通过市场价值来计算苏联的国民生产总值。柏格森提出了"社会福利函数"（social welfare function）的概念，为测算一个社会的总体福利提供了一种数学方法。然而，柏格森没有完全讲清楚社会是如何做出选择的。赫尔默认为，阿罗可以把投票理论作为研究课题。

"我开始只是抱着试试看的心态，"阿罗客气地说，"我花了差不多两天的时间，才意识到自己的思路错误了，我试图寻找某种解决方法。我当时并没有想到，它是无法解决的。"

第一章 博弈论 | 27

沃尔特·凯利（Walt Kelly）1948年的一幅政治讽刺漫画，其中的隐喻给了肯尼斯·阿罗灵感：冷战就像哈里·杜鲁门与约瑟夫·斯大林之间的一盘棋。一个是民选的总统，一个是专制体制的独裁者，他们都掌握着数百万人的命运，谁会先移动棋子呢？

阿罗最终的结论是，不可能性定理表明投票选举中的某些问题的确是无法解决的。1948年秋天，该定理首次发表在兰德公司的研究报告中，立刻在学术界引起了轰动。1951年，阿罗拖了好久的博士论文终于以专著的形式出版了，书名是《社会选择与个人价值》（*Social Choice and Individual Values*），书的主题就是不可能性定理。

许多人初次接触阿罗的闻所未闻的新理论时，都感到困惑和无法理解。阿罗的论文被送到哥伦比亚大学经济学家阿尔·哈特（Al Hart）那里审阅。西奥多·安德森（Theodore Anderson）还记得当时发生的事，哈特走进他的办公室，大声说："特德（西奥多的昵称），看看这个。先别管它说的对不对，我想知道它重不重要？"

第二章 大爆炸

世界花样滑冰锦标赛是一项规模不大但竞争激烈的赛事。直到今天,人们仍在议论1995年发生在该赛事中的一次离奇事件。在比赛进入最后阶段时,排名前三位的选手分别是中国的陈露(第1名)、美国的妮科尔·波贝克(Nicole Bobek,第2名)和法国的苏里娅·波娜丽(Surya Bonaly,第3名)。三个人都完成了自己的比赛动作,评委也给出了自己的评分,大屏幕上显示出她们的临时排名。下一个上场比赛的是14岁的美国选手关颖珊(Michelle Kwan)。关颖珊在之前所有上场的选手中排名第四。然而奇怪的是,关的得分出来以后,波贝克和波娜丽的排名逆转了。波贝克滑落到第3名,只拿到一枚铜牌,而波娜丽上升到第2位,获得了银牌。

这就是说,在关颖珊上场前,评委们认为波贝克比波娜丽的表现更好。不过在那之后,同一批评委的观点发生了变化,认为波娜丽比波贝克滑得更好了。然而,实际上没有哪位评委改变了自己的看法——他们给选手打出的分数是不可更改的。

读者也许会认为,有问题的是需要处理多个裁判评分的复杂计分方式。① 请相信我，计分方法本身并没有毛病。如果我把整个计分过程详细地解释一遍，你一定会觉得它是公平的。

1997年花样滑冰欧洲锦标赛的男子比赛中，发生过几乎相同的情形。这一次，排名前三位的滑冰选手分别是阿列克谢·乌曼诺夫（Alexei Urmanov）、维亚舍斯拉夫·扎戈罗德柳克（Viascheslav Zagorodniuk）和费利佩·坎德罗洛（Philippe Candeloro）。最后上场的选手是安德列斯·弗拉申科（Andrejs Vlascenko），他在所有六名选手中排名最后。可是弗拉申科的得分出来之后，坎德罗洛的排名升到第2。这样看来，坎德罗洛能把银牌带回家，要感谢裁判们给弗拉申科打出的低分。而扎戈罗德柳克掉到了第3位，丢掉到手的银牌，应承担责任的同样是倒霉的弗拉申科。

这次出人意料的"大逆转"对花样滑冰界造成的影响不啻于一场风暴。国际滑冰联盟（International Skating Union，ISU）的主席奥塔维奥·辛奎塔（Ottavio Cinquanta）迅速做出了回应，他承认评分体系存在问题，并承诺改进评分办法。冰上项目的专栏作家桑德拉·鲁斯莫尔（Sandra Loosemoore）则持有不同看法，她认为旧的评分方法没有多大问题，国际滑联应该做更多的宣传工作，让公众了解在极少数的情况下，排名的确可能发生变化。鲁斯莫尔建议在每本比赛项目手册中都加入一

---

① 当时的计分方式是，8位裁判参与打分，最后去掉一个最高分和一个最低分，剩下的6位裁判的给分的平均分是选手的最终得分。——译者注

份说明评分办法的宣传材料，利用广播向观众讲解评分办法，媒体方面的解释工作则由专门的"技术联络官"负责。她的观点是，这种偶然出现的"逆转"应被视作一种积极因素，因为它能使赛事显得"更有悬念"。

尽管如此，国际滑联还是在1998年出台了一套新评分办法。辛奎塔许诺："按照新的评分方法，两名选手的相对位置在比赛过程中不会发生改变！"

事实上，辛奎塔的承诺是无法实现的。显然，辛奎塔不知道阿罗的不可能性定理。如果他对这一理论有所了解，他会明白自己刚好在做肯尼斯·阿罗已经证明是不可能完成的事。鲁斯莫尔很快提出一个实例，这个例子能够证明国际滑联的新方法在计分时会出现严重错误。她还引用了一份统计报告，该报告声称新的计分办法比老方法更糟。

在很多情况下，一个人并不能完全按照自己的愿望行事。任何集团都会有一个其所有成员都必须服从的决定。做出这种决定最好的方式是什么？很久以前，政治家和哲学家们就开始思考这个问题了。阿罗提供了一种新的思路，把它当作一个纯粹的逻辑问题来考虑。他注意到，社会决定通常都是由一组规则引出的——例如一部宪法，一套议会规则，或者是一个完整的文化体系。这些规则都有明确的法律意义，能最大限度地减少社会冲突。

阿罗会用专门的术语称呼自己提出的一些概念，他认为任何能够形成社会决定的系统都可以称之为"建构系统"。你可以把阿罗的建构系统和计票机使用的软件进行对比。计票机将选民在选票上做的标记视为输入信息，它会根据一套精确的、事先设定的算法统计不同候选人得到的选票数量，然后输出获胜者的名字。

一个建构系统不一定能体现公正性或民主精神，甚至不一定是合理的。它产生的结果可能与一名黑客操纵计票软件达到的效果相同，使选举朝有利于某个特定候选人的方向倾斜。人们最为关心的是，如何建立一个公正而合理的建构系统。这正是阿罗试图解决的问题——可他最后发现，这是一个无法完成的任务。

"一人一票"的观念在美国人的头脑中已经根深蒂固了，以至于他们习惯性地认为，这是唯一合理的投票方法。但这么说并不准确（通过下面的分析，我们将会看到它大概是最不合理的投票方法！）。因为是以票数的多少来决定选举的结果，获胜的候选人得到的票数也是最多的，所以"一人一票"也被称作多数投票制。其他许多投票方法，例如排序优选制（instant run-off voting），使用的都是排序计票的形式。排序优选制与多数投票制有所区别，在你最支持的候选人的选票上写上"1"，而不是"一票"制时的"X"，在你第二人选的选票上写上"2"，第三人选写"3"，以此类推。① 这样，尽管这种排序或优选的投票制度在世界范围内都得到了使用，在美国却很少见。

---

① 在排序优选制中，如果第一轮没有候选人得到多数选票，就把排在最后的候选人的资格取消，将他得到的选票按投票者的优先意愿分配给其它候选人。这个过程将一直重复到某个候选人的票数达到多数为止。——译者注

多数投票	排名投票
☐ 亚当斯	② 亚当斯
☐ 布什	③ 布什
☒ 克莱	① 克莱
☐ 德怀特	④ 德怀特

阿罗的证明都是在排序投票的基础上进行的。因此，人们熟悉的多数投票制在他的体系中反而成了特例。他把多数投票制的"建构系统"看做一种特殊的排序投票：在多个选项中保留第一位，去掉其后的所有选项。因此，阿罗的分析实际上涵盖了自由世界的几乎每种投票系统，以及我们今天甚至想象不到的投票系统。

然而，阿罗的分析漏掉了投票的一种重要特征——策略性投票（strategic voting）。人们有时会有意将票投给那些并非他们真正属意的人选。例如，如果一个选民支持的候选人仅仅代表一个排在第三位的小党派，他多半会把票投给两个主要政党的候选人中他更能接受的那个。他虽然自称支持该主要政党的候选人，但实际情况是他不愿在一名虽然他喜欢但没有机会获胜的候选人身上"浪费"自己的选票。

阿罗假设每一张选票都反映了选民的真实意愿。既然这样，人们自然会想到，为了确定谁是选民最属意的人选，可以用测谎仪来代替投票，因为它更加准确。如果我们清楚地知道每个人内心的真实想法，就能设计出一套完美的投票制度吗？这正是阿罗一直思索的问题，他最终的结论是"不能"。

为了让这一论断显得更有说服力，阿罗认为有必要设定一些特定的条件。他首先预设了一个大的前提，任何合理的投票制度（建构系统）必须满足若干常识性条件。阿罗的原始证明中包含五个条件。我将它简化为四条（但其效果是相同的）。

第一条是可递性。政治科学家威廉·H·里克尔（William H. Riker）曾经说过："某人可以说他喜欢共和党胜过民主党，喜欢民主党胜过共产党，可是如果他还说喜欢共产党胜过共和党，我们就会认为他真的很奇怪。"阿罗认为，每一位选民的选择都具有可递性。如果某人喜欢共和党甚于民主党、喜欢民主党甚于共产党，那么他一定喜欢共和党甚于共产党。

我们已经知道：在只有两名候选人有希望获胜的情况下，虽然选民的选择具有可递性，但有时会产生"不可递"的结果。因此，阿罗要求选举的结果也是"可递的"。一个能发挥作用的投票系统必须是令人信服的，能够明确地指出谁是胜利者。阿罗进一步要求，投票结果必须是所有候选人的完整排名。我们不仅要知道谁获得胜利，还要知道谁排在第二，谁排在三名，及其他参选者的排名。

第二个条件是一致性，即选民的一致决定必须得到尊重。假设一种不太可能发生的情况，如果每个独立的选民都选择候选人亚当斯而不是布坎南，最后的计票结果就应该显示亚当斯战胜布坎南当选。除此之外，其他任何结果都是荒谬的。

在数以百万的选民参加的实际选举中，大家作出同一种选择的几率几乎为零，你也许会想知道我们为什么需要这样一个条件。更有可能发生的情况是多数选民选择亚当斯，而不是布坎南。将多数性作为一个条件不是更有意义吗？

可是请注意，任何尊重"压倒性多数"意见的投票系统，一定也会尊重全体的一致决定。实际上，一致性只是我们所提出的最低限度的条件。但它最大限度地扩大了阿罗的结论所产生的影响。

第三个条件是任何人都能想到的：非独裁体制。你可以设想这样一种情况，现在需要人民做出一项重大决定，每个公民都去了投票站，按自己的意愿投出一票。可这完全是走过场，因为最终的结果只由一个人的投票决定，此人名叫约瑟夫·斯大林。这就是独裁（即使每个人都完成了投票的程序）。非独裁的定义很好理解：不应有这样一个领袖，他能不顾其他所有人的意见独自做出决定。

非独裁体制对于阿罗的理论是必不可少的，如果没有这一限制，很容易设计出符合他的其它条件而行独裁之实的投票制度。假设斯大林清楚自己的意图，上文所说的投票制度也具有可递性，再加上一个永远尊重人民意见的独裁政权，如果所有人（包括斯大林）都投票赞成增加伏特加的配给量，那人们就会得到更多的伏特加。当然，如果所有人都赞成，而斯大林不同意，那就是另一回事了。

阿罗的第四个条件听上去有些啰嗦："不相关选择的独立性"。让我们举例来说明这一概念。最有趣的一个例子是发生在哥伦比亚大学的哲学家西德尼·摩根贝瑟（Sidney Morgenbesser, 1921—2004）身上的一件事，他是那种特别罕见的天才型人物的代表，人们对他的记忆更多的是他的机智而不是他发表的作品。故事是这样的，有一次摩根贝瑟在纽约的一家餐厅就餐，并点了甜点。女招待告诉他，他们供应两种甜点，苹果馅饼和蓝莓馅饼。"我要苹果馅饼"，摩根贝瑟说。

几分钟以后，女服务员回来告诉他，他们还有樱桃馅饼。

"如果是这样，那我要蓝莓馅饼。"摩根贝瑟说。

樱桃馅饼就是阿罗所说的"不相关选择"。说它不相关是因为，当摩根贝瑟有机会选择樱桃派的时候，他拒绝了它。你无论如何都不想要的某个东西不应该改变你原来的选择。摩根贝瑟原本只有两个选择，苹果馅饼和蓝莓馅饼，他选择了苹果馅饼。好的，现在我们为他增加一个选项，樱桃馅饼。如果摩根贝瑟改变主意，选择樱桃馅饼，我们能够理解。如果他坚持原来的选择，还是要苹果馅饼，也没有问题。而现在他改选了蓝莓馅饼，这就完全不合逻辑了！

花样滑冰世界锦标赛上选手排名发生变化就是一个投票系统没能满足"不相关选择的独立性"的明显例子。不能仅仅因为一名选手获得了第 6 名，就使得排在第 2、第 3 位选手的名次发生逆转，这是不合情理的。因此阿罗提出，候选人 A 能否击败候选人 B 不应该取决于任何"不相关的"第三方，这是一项常识性的条件。最后再举一个明显的例子：阿尔·戈尔能否击败乔治·W. 布什不应该取决于拉尔夫·纳德尔是否参加了竞选。花样滑冰和政治竞选的两个例子表明，如果不能满足不相关选择的条件，就可能出现令人困惑的结果。

读者或许会认为，以上几个条件并不能满足公平选举的所有要求。的确是这样。但阿罗的条件和欧几里得定理一样，都具有最简单的形式。重要的是，对于任何合理的民主制度来说，这些规定都是必须具备的前提条件。阿罗做出的结论至今对学术界仍有深刻的影响，他证明了想要设计出一套满足这些常识性条件的投票制度是不可能的。就像人们永远无法设计出永动机,无法将一个圆变成同等面积的四方形一样。因此,阿罗所描述过的所有投票系统几乎都存在着严重的问题。

阿罗把这一结论称之为"不可能性定理"。不过"当我在考利斯经济研究所使用这个名称时,所长佳林·库普曼斯(Tjalling Koopmans)认为它听上去太悲观了"。根据库普曼斯的意见,阿罗在论文中用了一个不那么悲观的名称"通常可能性定理"。在那以后,包括阿罗在内的几乎每个人又开始使用那个更准确——也更令人沮丧——的叫法:"不可能性定理"。

很快,人们就把阿罗和哥德尔的理论比较,认为它们同样大胆,具有极度的怀疑精神。"从古至今,伟大的思想家们一直在寻找一种完美的民主制度,可到头来,他们不过是把生命耗费在了一个不合逻辑、自相矛盾的空想上。"这是麻省理工大学的经济学教授保罗·萨缪尔森(Paul Samuelson)在1952年的一段评论,"世界上所有接触到这一新理论的学者——包括数学、政治学、哲学和经济学领域的——都试图找到破解它的方法,尽可能地减少它带来的灾难性后果。这与1931年库尔特·哥德尔发现不完全性定理,对数理逻辑造成重大打击时人们的反应几乎一样。"

社会契约居然建立在与数学本身一样不牢靠的基础上,20世纪之前的科学史上或许从未有过这么令人震惊的发现。① 这一理论让阿罗获得了1972年的诺贝尔经济学奖(他与约翰·R·希克斯共同获奖),"以奖励他们在总体经济均衡理论与福利理

---

① 作者认为至今仍有许多数学问题没有得到解决,因此数学是不可靠的。——译者注

论上的开创性贡献"。诺贝尔颁奖委员会的新闻公告说，不可能性定理"或许是阿罗对福利理论的最重要的贡献"。阿罗本人也将该定理视为自己最重要的成就。这一定理被引用的次数要超过他漫长而涉猎广泛的学术生涯中所写的任何其它一篇经济学的文章。

和西斯廷教堂的米开朗基罗的壁画一样，不可能性定理展示出的创新性让人惊叹，使得投票理论的其它所有学说都显得过时了。这一理论的推出或许还让另几个人的学术生涯变得黯淡无光。其中之一是埃布拉姆·柏格森，正是他的一些观点为阿罗的理论奠定了基础，他列席了阿罗的博士论文答辩小组。"很明显，他有些懊恼"，阿罗回忆道，"不过仍表现得十分公正"。一些人认为，正是阿罗让柏格森失去了获得诺贝尔奖的机会。

一个更不幸的例子是邓肯·布莱克，他始终未得到应有的重视。布莱克声称，他在 1942 年就发现了投票悖论。可是直到 1949 年，布莱克和 R. A. 纽因（R. A. Newing）才将第一篇论述投票悖论的文章投给《计量经济学》（*Econometrica*）杂志。该杂志又花了 18 个月才决定采用这篇文章。编辑坚持认为，布莱克引用了阿罗的论文（阿罗的论文无疑要深刻得多）中的某些观点。布莱克认为杂志这么做是不承认他的首创权，收回了自己的文章。最终他个人出资，以专著的形式出版了自己的论文，书名叫《集体决定中的互补价值》（*Committee Decisions with Complementary Valuation*）。很少有人读过这本书。直到布莱克去世时，家里还留着 20 本这样的书。封皮上的题词应该是布莱克自己加上的："无论你是否赞成书中观点，书中论述的问题绝对是任何人都不曾涉足过的。"

但是布莱克并没有完全被人们所遗忘。1948年12月,兰德公司的约瑟夫·高尔森(Joseph Goldsen)写信给布莱克,信上说"一个由美国的数学家和政治学家组成的团队"对他的成果很感兴趣,并希望他能把自己的论文寄一份给他们。布莱克从未听说过兰德公司,他向英国驻旧金山的领事打听该公司的情况。他们告诉他"兰德公司的活动是高度保密的",不仅如此,"如果你愿意的话,美国空军愿意帮你与高尔森先生进行联系"。布莱克大概是不想和兰德公司以及任何高机密的事务扯上联系。他此后一直没有回复高尔森。

在过去的半个世纪里,学者和记者们都竭力想弄明白不可能性定理是怎么一回事。库伯勒—罗丝(Kubler—Ross)所定义的拒绝、愤怒、挣扎、沮丧、接受这五个阶段正是人们面对不可能性定理时的生动写照。[①] 库伯勒—罗丝告诉人们他们将会怎样迎接死亡,阿罗则毁掉了所有理想的民主概念。不可能性定理简直是对人类的一种恶毒攻击:按照这种理论,人类是一种脑筋顽固、各行其是、难以相处的生物。

历史学家S. M. 阿玛达(S. M. Amadae)在《资本主义民主的理性分析》(*Rationalizing Capitalist Democracy*,2003)一书中写道:"20世纪30到40年代,西方知识分子圈中弥漫着一种强烈的挫败和不安的气氛,大部分人认为,无论是在国内还

---

① 伊丽莎白—库伯勒—罗丝,美国精神病学家。1969年出版了《论死亡与临终》(*On Death and Dying*)一书,书中提出著名的库伯勒—罗丝模型。该模型认为人在面临死亡时都会经历五个阶段,五个阶段分别是拒绝、愤怒、挣扎、沮丧、接受。——译者注

是国外，法西斯或是共产党迟早会战胜民主的资本主义，这是无可避免的事。"专制国家采用了由上至下的计划经济。这是未来的发展趋势，而且它的确取得了显著的效果（这是林肯·斯蒂凡斯（Lincoln Steffans）的观点）。情况已经严重到了这样的地步，美国国内的许多人都急着为西方价值观声辩，证明它是合理的，而在这以前，美国人对于自己的价值观一直是自信的。民主的不确定性运作和尊重个人选择能与有科学基础的计划经济相抗衡吗？

兰德公司的成立是美国集体恐慌的集中体现。它试图证明美国的民主政治与理性的、科学的政治决策之间没有矛盾，能在对方的领域上击败苏维埃计划体制的使用者。这意味着，兰德公司的精英们必须找到一种方法，而通过这种方式作出的决定总是符合美国公众利益的。阿玛达称之为"合理选择"。他在自己的著作中写道："可以毫不夸张地说，所有与理性选择有关的理论几乎都起源于兰德公司。"阿玛达认为"人们不应害怕得到大多数人支持并由公众授权的强力政府，需要防范的是法西斯主义和集权政治"，阿罗的定理恰好能够帮助人们理解这一点。

数学不会因为意识形态而有所偏向。阿罗最后得出的结论对民主并不太有利，这种客观性反而给人留下更深的印象。它反映出了那个时代的人们最关心的一个问题，即在深层意义上，集体主义和集权政治是否要比民主和个人主义更加强大。

《社会选择与个人价值》（*Social Choice and Individual Values*）于1951年出版，那也正是约瑟夫·麦卡锡（Joseph McCarthy）在参议院召开的反共产主义的听证会次数最多的一年。

所有批评美国制度的知识分子都成了怀疑对象,在这样的政治气候中,阿罗的理论自然得不到应有的重视。"我在计量经济学协会1948年12月召开的一次会议上做了报告,谈到了自己新著中的某些观点。"阿罗回忆道,"给我留下印象的是一个叫做戴维·麦科德·奈特(David Mccord Wright)的加拿大经济学家,他指责我的报告里没有任何地方提到了自由的价值。当他离开会场的时候,对肯尼斯·梅(Kenneth May)——他是一个数学家,对经济也感兴趣——说:'看到了吗!阿罗和克莱恩都是共产主义分子!'"劳伦斯·克莱恩(Lawrence Klein)是这次会议的主席。阿罗并不感到生气,只是觉得好笑,因为奈特肯定不了解梅。"梅才是真正的左派分子,"阿罗说,"他或许还是共产党。"

就起到的效果而言,阿罗对不可能性定理的阐述更多的是让人们接受现实,而不是试图打破旧有的制度。1947年,温斯顿·丘吉尔(Winston Churchill)在国会下院曾做过一次经常被人引用的充满机智的讲话,阿罗的理论常常让人想到丘吉尔的这次发言:"为了消除这个世上的罪恶和不幸,人们已经试过了,并还将尝试许多种政治制度。没有人夸口说民主是完美和全能的。事实上,除去那些经过我们反复验证,最终被淘汰掉的制度以外,民主的制度要算是最糟的了。"

这代表了一种乐观的观点。换一个角度看,阿罗的定理认为选举结果既可能取决于投票程序中的偶然性,也可能由选民的真实意愿决定,两者的几率是相同的。这很容易让人想到约瑟夫·斯大林说过的一句话:"最终决定结果的不是投票的人,而是计票的人。"

1972年，诺贝尔奖评审委员会宣布阿罗为该年度的诺贝尔经济奖得主，获奖人选公布后，保罗·萨缪尔森说了一句感言——听上去和今天标准的新闻评语差不多——"肯尼斯·阿罗一劳永逸地替我们解答了一个问题，我们是不可能找到……一个理想的投票方案的。"

在某种程度上，阿罗的定理反驳了"人民的意志"的观念。我们都相信公众意志，并按自己理想的政治概念来理解它——也就是说，我们认为公众意志是坚定和有条理的。这种信念很容易让我们对民主抱有乐观情绪。投票成了让公众意志得以显示的一种方式。选票设计和计票有许多不同的方式，我们可以把它们看做是同一地区的不同版本的地图。尽管从表面上看，它们有所不同，实际上代表的却是同一片区域。因此，无论我们使用哪种地图（投票制度），都能抵达最终目标。

我们都清楚，地图不等于某一块具体区域。如果根本就没有这块区域，还可能有地图吗？① 阿罗的定理认为，有些时候，"人民意志"并不是一个准确的定义，因为由理性的个体组成的集体常会做出不理性甚至错误的决定。可能出现这样的情况，在候选人相同的情况下，一种令人信服的投票制度和另一种看来也公平合理的投票制度可能选出不同的获胜者。这表明，民主程序产生的结果并不总是一样的。

有什么办法能解决民主制度中的这种不确定性呢？阿罗的理论只适用于三个或三个以上候选人参加的选举。当然，只有

---

① 作者把"人民的共同意志"比作"区域"，把反映这种民意的规定或制度比作"地图"。——译者注

两个候选人参加的多数投票制的选举是人们所能期望的最公平的选举形式。

在很多情况下，投票者都只有两种选择。在表决国会提案和进行全民公决时，要么投赞成票，要么投否定票。在竞选政府职位时，美国的两党政治使得选民们事实上只能在两个选项中做决定。

事实上，在阿罗之前很早就有人意识到两党政治在避免产生投票悖论上起到的作用了。未来的总统伍德罗·威尔逊（Woodrow Wilson）在1885年写过一本书《议会制政府》（*Congressional Government*），他主张两党制度能让选民进行目标明确的选择，减少他们犯错的机会。威尔逊是亲英人士，将维多利亚时代的英国政治视为榜样。威尔逊的著作忽视了英国政治本身的混乱和缺点，他认为美国缺乏的正是英国那样具有高度组织性的政党，英国的两党政治为美国选民们提供了一个显然值得效仿的榜样。威尔逊想知道，为什么民主党与共和党就不能学一学托利党与工党呢？

然而威尔逊没有想到的是，正是因为两党政治的失败，他日后才当上了美国总统。1912年，前总统泰迪·罗斯福（Teddy Roosevelt）① 以独立候选人的身份参选，分散了共和党选民的选票，使威尔逊最终当选。如果只有一名共和党候选人参选，威尔逊几乎没有获胜的机会。

如果细心观察，人们会发现，只有两个选择的政治活动很少出现。常常会有两个以上的人为获得一个重要职位而进行角

---

① 西奥多·罗斯福的昵称。——译者注

逐。只是在没有获得所在党提名的情况下,大部分人都会选择退出。每一项可以直接投票的议案或全民公决的主题,都是从无数个被人提出的议题中筛选出来的。某些更有权力的人为我们规定一个二选一的题目,然后普通的选民再在这两个选项中选出一项。

哈佛大学的经济学家阿玛蒂亚·森(Amartya Sen)将阿罗的不可能性定理形象地称为"大爆炸"。它像是被魔术师凭空变出来的,让所有的人都大吃一惊。有关社会选择的理论开始不断地发展壮大——就像大爆炸后的宇宙那样。学者们迅速行动起来,试图找到合理的方式阐释阿罗理论,并以此为基础发展自己的理论。关于不可能性定理的难以捉摸的特性,在后面我还会做进一步的说明。这里我想说的是,细节是决定成败的关键,这一点阿罗想必深有体会。本书前文对阿罗为投票理论设立的条件做过非正式的总结。从阿罗论文的精密的公式化表述来看,他的理论更多是纯粹的逻辑体现,而与哲学主题无关。1957年,朱利安·布劳(Julian Blau)发现首批出版的《社会选择与个人价值》中有一处小错误,并通知了阿罗。在该书的第二版中,这个错误被更正了过来。如果不是这次修改,阿罗的不可能性定理很可能会变成"没有哪种投票制度是完美的"那样的普通论述。

奥斯卡·摩根斯坦长了恶性肿瘤,已经命不久长了,疾病正在削弱他的身体和精神。尽管自己的身体越来越糟,摩根斯坦仍坚持照顾同样来日无多的库尔特·哥德尔,他已经神志不清了。这位逻辑学家坚信他被人下了毒。他暗示有位医生给他开了毒药。他还问另一位医生是否是冒充"真医生"的骗子。

摩根斯坦询问负责治疗哥德尔的一位医生,哥德尔是否有生命危险,他对别人会不会构成威胁?这位医生认为,只要哥德尔还能进食,他目前尚无性命之忧。而这个时候,哥德尔的食量已经非常小了,他的体重减到了 60 磅。

实际上,先离开人世的反而是摩根斯坦。

有一个叫做乔治·A. W. 波姆(George A. W. Boehm)的杂志编辑,他本人是一个数学爱好者,而且认识摩根斯坦,1976 年,他给摩根斯坦寄去了一篇论文。经常有人把文章送给摩根斯坦,希望他审查后推荐给更权威的学术机构。波姆在论文中提出了一种新的投票系统,声称该系统能有效地预防"搅局者"效应,鼓励诚实投票。更重要的是,它能保证在大多数民众反对的情况下,决不会让希特勒这样的独裁者取得政权。

该投票系统让人吃惊的地方在于,它非常简单。一个打印张就能将它全部解释清楚。

摩根斯坦直接把波姆天才的设想锁进了书柜。他这时已经病得很重,无力再看这份稿子了。

第三章 选票分散的简史

人们对待不可能性定理的最常见的态度是接受现实。没有完美的投票制度——那么由它去吧!

尤其当"搅局者"参加选举,分流选票时,投票制度中的缺陷最充分地暴露了出来。加州大学欧文分校的数学家唐纳德·萨里(Donald Saari)认为,2000年的总统选举是"阿罗的理论在现实生活中的一次漂亮展示"。

在一场总统选举中,由于"搅局者"的加入,最终"不适合的"候选人获得了胜利,这种情况究竟有多普遍?无论是选举团的投票方式,还是我们"重新设计"的历史中的不确定性因素,都会增加这个问题的复杂性。[①] 专家们的惯性思维是,2000年的大选中大部分支持拉尔夫·纳德尔的选民"本来"会把他们的选票投给戈尔的。他们做出这样的假设,如果纳德尔刚好在进行选举的前几天遭遇飞机失事,他的大部分支持者会转而把票投给戈尔。但他们忽视了一个不可否认的事实:如果

---

① 作者的意思是,人们习惯于提出一些类似"如果没有希特勒,世界会变成怎样"的历史假设。——译者注

纳德尔没有参选,许多支持他的选民根本就不会去投票。民主党和共和党都使出了浑身解数来吸引选民。在某一位候选人缺席和不进行积极的投票动员的情况下,许多人根本就不会去投票。

"如果某某搅局者没有参选结果会怎么样?"这样的问题并无实际意义。我们可以将作为假想对象的那场选举移到另一个历史背景中,候选人、选民和助选活动依然不变,唯一不同的只是投票方式,看看结果会有什么变化。假定每个支持代表第三政党的候选人的选民都必须在排在前两位的候选人中做出一个"第二选择"。一旦需要,代表第三政党的候选人的得票能转到支持他的选民的"第二选择"那里,而不至于浪费(这大致上符合"排序复选"制的工作原理)。再由这种经过调整的普选得票决定选举团票数,这和我们今天的程序是一致的。

最初的几届总统选举并没有采用普选制。1828年的总统竞选才第一次使用现代选举制度:普选和选举团相结合的两党竞选制。这种选举制度实行之后,在1844年的总统选举中,"搅局者"的参选首次左右了最终的结果。

1844年,代表两大政党参选的总统候选人都是奴隶主。民主党的候选人是不太知名的国会议员詹姆斯·波尔克(James Polk),他还是田纳西州的一名律师。波尔克和民主党支持一条打算把得克萨斯划归蓄奴州的议案。辉格党提名亨利·克雷(Henry Clay)为总统候选人。[①] 这是克雷第四次竞选总统了,

---

① 美国辉格党始创于19世纪30年代,后于19世纪50年代瓦解,存续约26年。——译者注

他既是一名奴隶主,又是一名废奴主义者。他反对把得克萨斯变成蓄奴州,并呼吁将释放的奴隶送回非洲。克雷在当时广受尊敬,有很高的声誉。如果不是詹姆斯·伯尼(James Birney),他很可能会赢得大选。

伯尼是一名律师、出版商、废奴主义者,代表自由党参选。在所有候选人中,只有他主张立即废除奴隶制。最终,克雷、波尔克和伯尼在普选中获得的票数分别是 48.1%、49.5% 和 2.3%。伯尼得到的票数要多于波尔克领先克雷的票数。这一点很重要,因为绝大部分支持伯尼的选民们本来会把票投给克雷的。

波尔克赢得了 170 张选举团选票,克雷只得到了 105 张,而伯尼一张也没有得到。仅仅在几个州,伯尼的选票可能会改变局面。纽约州算是其中的一个,克雷大约需要伯尼 67% 的选票就能在纽约州战胜波尔克。① 如果采用"排序复选"制,伯尼的支持者们能够把他列为第二选项,伯尼的确可能在纽约州获胜。这样一来,纽约州的 36 张选举团选票将从波尔克转到克雷那里。波尔克的得票将减少到 134 张、克雷的得票将增加到 141 张,最终获胜的将是克雷。同样的道理,在密歇根州克雷也有机会赢下选举——不过这一次需要伯尼的几乎所有支持者都将票转投给他。

尽管他的当选或许得益于一名废奴主义者,波尔克对待废奴运动的态度一直都很坚决。他在日记中指责道:

---

① 美国的选举制度是这样的,先在各州进行所有选民都参与投票的普选,获胜的候选人将获得该州的全部选举团选票。——译者注

"鼓吹废奴运动的都是些卑鄙和不怀好意的家伙,他们没有一点爱国之心。废奴只是一个纯粹的政治议题,是许多夸夸其谈的政客和野心家借以提高自己政治地位的卑劣手段。为达到个人目的,这些家伙不惜破坏社会的安宁——即便他们不是存心把联邦搞垮。"

布奇霍尔泽(Buchholzer)创作的反映1844年总统竞选的漫画。亨利·克雷(画中最右边的人)领先于詹姆斯·波尔克(中间掉进洞中的人)。由于搅局者詹姆斯·伯尼(不在图中),波尔克最终击败了克雷。赌注的数额25000美元正好相当于总统的年薪。

由于日益恶化的健康状况,波尔克没有竞选总统连任。这或许是个正确的决定,在参加完华盛顿纪念碑奠基仪式后的第二天晚上,波尔克染上了霍乱。在任期结束前大约四个月时,波尔克因病去世了。他的棺木由他的奴隶放进了冰冷的墓穴。

1848 年,两个主要政党都试图争取詹崔利·泰勒(Zachary Taylor),他是美墨战争中布埃纳维斯塔(Buena Vista)战役的英雄。泰勒在政治上没有明显的倾向,是各派政治力量施加影响的理想人选。他从没担任过公职,甚至从没投过票。

泰勒最终同意代表辉格党参选。民主党只能再找其他的人了。当时,已经 65 岁的前总统马丁·范布伦(Martin Van Buren)提出他要再次竞选总统(他在 1844 年也表达过参选的意愿)。但是他在党内并没有得到支持,民主党提名密歇根州的刘易斯·卡斯(Lewis Cass)为总统候选人。范布伦认为这是对他的羞辱,决定以自由国土党(the Free Soil)候选人的身份参选。他使用的战略是比卡斯更加激烈地反对奴隶制。于是,民主党的选票就在老总统和新候选人争夺本党选民的过程中分散了。泰勒并没有什么突出的表现,可他仍然当选了。范布伦获得了 291661 张普选票,是泰勒领先于卡斯的票数的两倍以上。

泰勒和卡斯分别得到了 163 张和 127 张选举团选票,范布伦则一张都没有得到。如果范布伦的支持者中有 90% 投票给和他政见相似的民主党候选人卡斯,而不是泰勒,卡斯就能赢得马萨诸塞州和康涅狄格州的选举团选票。这样一来,他就会和泰勒战成平手,各得 145 张选举团选票。这种情况下,最终的总统人选将由众议院决定。如果范布伦的支持者中有 94% 投票给卡斯,卡斯就能赢得纽约州和佛蒙特州的选举团选票。刘易斯·卡斯将拿到 187 张选举团选票,而泰勒将减少到 103 张,那么卡斯将成为美国的第 12 任总统。

第三章 选票分散的简史 | 51

詹崔利·泰勒（图的右边）钓到了所有选举团选票（画成鱼的样子）。马丁·范布伦（在图的最左边）、自由党候选人约翰·哈勒（John Hale）（图的中间靠左）和民主党候选人刘易斯·卡斯（图的正中间）三人什么都没钓到。1848年柯里尔和艾夫斯（Currier and Ives）印刷的漫画作品。

1860年在查尔斯顿召开的民主党大会简直是一场灾难。党员们就联邦政府究竟有无权利限制奴隶制展开了激烈的争论。由于无法在候选人的提名上达成一致，会议不得不暂时中止。经过商议，代表们决定，将会议地点改在较为中立的巴尔的摩，几周以后重开会议。然而第二次会议又出现了僵局，南方代表愤然退出了会议。在剩下的北方代表中，斯蒂芬·道格拉斯（Stephen Douglas）被提名为总统候选人。道格拉斯提出了堪萨斯—内布拉斯加法案，该法案规定堪萨斯州和内布拉斯加州是否蓄奴由当地居民自主选择。① 南方的民主党人在里士满重新召开了会议，提名坚定拥护奴隶制的约翰·布雷肯里奇（John Breckinridge）为总统候选人。

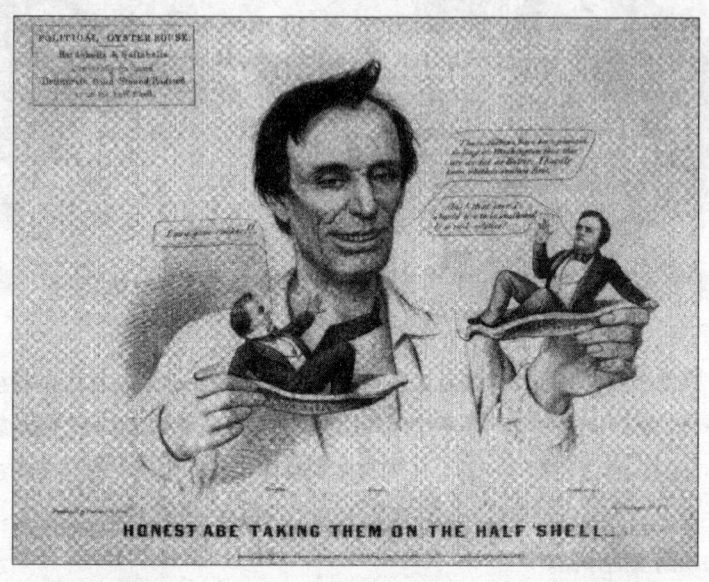

这是柯里尔和艾夫斯1860年印刷的版画，当时民主党经历了自杀式的分裂。版画夸张而形象地说明了民主党选票分散的情况。"诚实的亚伯"已经迫不及待地要品尝可怜的民主党候选人斯蒂芬·道格拉斯和约翰·布雷肯里奇的滋味了。

---

① 1820年南北双方达成的密苏里妥协法案，规定北纬36°30′线作为自由州和蓄奴州的分界线。堪萨斯—内布拉斯加法案等于废除了密苏里妥协法案。奴隶制的扩展从此不再受地域限制，不断推向北部，加速了资产阶级内部的分化，反对该法案的人于1854年7月组成美国共和党。资本主义和奴隶制的矛盾进一步激化，酿成了堪萨斯内战，最后导致南北战争。——译者注

第三章 选票分散的简史

民主党选票的分散极大地增加了共和党总统候选人亚伯拉罕·林肯获胜的机会。以他在竞选中的表现来看，林肯只是一个温和的废奴主义者，不过他是唯一没有替奴隶制进行辩解的候选人。代表新成立的宪政联合党（Constitutional Union Party）参选的约翰·贝尔（John Bell）让林肯损失了一部分潜在的票源。贝尔的竞选纲领可以描述为"只要不是林肯，选谁都可以"。愿意投票给贝尔的是那些认为林肯当选会造成联邦分裂，以及不愿投票给民主党的人。贝尔获得的支持主要来自于北方与南方交界的几个州，那里已经能明显感到战争的气氛了。

所有四位候选人都得到了选举团票，在普选中的得票率也都达到了两位百分数。可实际上，四人的票数相差很大，林肯的优势相当明显。

	普选票	选举团票
林肯	39.8%	180
布雷肯里奇	18.1%	72
贝尔	12.6%	39
道格拉斯	29.5%	12

就法律程序而言，历史学家对林肯是否有资格当选总统一直是有质疑的。从选举日直到林肯就职总统，退出联邦的南方七个州始终拒绝承认选举的合法性，强烈抵制这场在他们看来不具法律效力的竞选。

一个能得到北方自由州支持——也只有得到北方支持——的候选人，才有可能拿到足够的选举团票赢得选举。林肯的竞选团队做出一个战略性决策，完全放弃南方的选票。当时，选票都是由各党派自己印出来然后分发给选民。林肯的团队根本不愿费力气给最南边几个州的选民印发选票。只有道格拉斯开展了全国范围的竞选，他跑到各地去拉票（这在当时极为少见）。那时候的人们还不知道使用可靠的民意调查，道格拉斯想当然地认为他有可能在南方取胜。也许就是这个错误判断让他在大选中落败。

历史学家们一直在猜测贝尔和布雷肯里奇为什么会参选。他们都清楚自己在南方不会获得能够保证他们当选的选举团票数。贝尔似乎想用"搅局者效应"来阻止林肯当选，从而避免联邦的分裂。很明显，他的目的是不让林肯获得胜选所需的多数选举团票。如果林肯拿不到多数选举团票，将由众议院决定总统人选。到那时，贝尔或许能说服议会选择某个比林肯更温和的人。

布雷肯里奇则相信某种投机理论，试图利用"搅局者效应"来分裂联邦。他希望从道格拉斯那里分走足够的选票以确保林肯获胜。如果林肯当选，南方必定以此为由脱离联邦，战争将不可避免，废奴的问题有望得到最终解决。威廉·戴维斯1974年出版的传记给出了更可信的分析，布雷肯里奇在杰弗逊·戴维斯（Jefferson Davis）的劝说下，才不情愿地接受了提名。布雷肯里奇和杰弗逊·戴维斯都认为，贝尔的参选纯粹是为了"搅局"，目的就是分走道格拉斯的选票，让可恨的林肯获胜。布雷肯里奇参加竞选，是为了让道格拉斯和贝尔答应他的条件：他们三人同时退出竞选，另找一名更温和、能对林肯造成更大威胁的候选人参选。可他的计划——以及投机理论——并没能成功实行，因为道格拉斯，或许还有贝尔，拒绝了这个提议。

如果不是因为"选票分流",道格拉斯几乎肯定能在普选中战胜林肯(当然,选民仅限于不是奴隶的男性公民)。几乎所有投票给布雷肯里奇和贝尔的选民都会选择道格拉斯,而不是林肯。即便这样,道格拉斯仍会在争夺选举团票的竞争中失败。在许多州他的支持率都排在第二位——尽管这是个不错的成绩——可在选举团的投票中,第二位的名次是没有任何意义的。道格拉斯只赢得了新泽西和密苏里这两个州的选举团票。不仅如此,新泽西州有4张选举团票投给了林肯,他最终只获得了12张选举团票。

这是一张1860年的漫画。约翰·贝尔(最右边人物)徒劳地试图将地图粘合起来,林肯和道格拉斯在争夺西部的地图,布雷肯里奇把德克萨斯州揽到怀里。里奇、马洛里和辛辛那提公司出版。

如果道格拉斯能应对布雷肯里奇/贝尔的"搅局"战术做出适当调整，他本有可能赢下南方各州的选举团票，甚至可能在加利福利亚州和俄勒冈州战胜林肯。道格拉斯就将获得大约130张选举团票（我把南卡罗来纳州的8张选举团票也算了进去，尽管该州并没有举行普选）。即便如此，林肯仍有173张选举团票，足以让他当选。

林肯获胜的关键是选举团制度。

从美国内战一直到经济大萧条，民主党的总统候选人只有三次当选。至少有两次，也许是三次，民主党的胜利要归功于搅局者。

詹姆斯·G. 布莱恩（James G. Blaine）做过两次国务卿，在参众两院都当过议员。人们记得他，是因为他坚持共和党当时的一条核心价值：宗教不得干涉国家事务。如果不是另一件引起争议的事件——禁酒令，他可能还会作为美国的第22任总统被人们记住。

在战后重建期，禁酒运动的声势越来越大。① 这项运动的支持者主要是支持共和党的妇女。这些没有投票权的妇女以撰写文章和发表演说的方式鼓吹禁酒。朱迪斯·艾伦·福斯特（Judith Ellen Foster）写了一本名为《共和党与戒酒》（*The Republican Party and Temperance*）的宣传小册子，其中将1884年格罗弗·克利夫兰（Grover Cleveland）与詹姆斯·布莱恩

---

① 战后重建期是指1865—1877年，这一时期暂时由联邦政府对脱离联邦的南方各州进行管理，直到1877年，南方州才正式回到联邦。——译者注

之间的总统竞选提升成对美国的主流价值所做的一次全民表决——戒酒则成了最重要的评判标准。福斯特称民主党为"酒吧公开的盟友和帮凶"。基督教妇女禁酒联盟（Women's Christian Temperance Union）的弗朗西斯·维拉德（Frances Willard）是禁酒运动的另一位积极分子，"我们希望民主党被击败"，她在文章中这样写道，"并且会尽最大的努力帮助人们实现这一目的"。

尽管击败民主党的热情同样强烈，共和党以男性为主的高层却有意和禁酒运动保持一定的距离。主张禁酒的人士正试图说服共和党将禁酒条款加入他们的竞选纲领。答应这一要求无异于政治自杀。喝酒的选民实在是太多了。

禁酒党成立于1869年，是一个快速发展的政党，它很快就在州一级的选举中显示出不俗的实力。1884年，该党提名堪萨斯的前州长约翰·圣约翰（John St. John）为总统候选人——正是在他的治下，堪萨斯的议会通过了禁酒令。圣约翰在选举中的表现十分出色，简直让人吃惊。他主要的选票都来自共和党的支持者。随着选举的深入，形势逐渐明朗，布莱恩和民主党候选人葛罗弗·克利夫兰两人势均力敌，选举进入了胶着状态。共和党要求圣约翰退出竞选，但他拒绝了。

即使在那个年代，人们也知道了解对手的情况有多么重要。共和党探听到，圣约翰有一段从未对人提起的婚姻史。也就是说，他离过婚。这在当时是一种可怕的丑闻。共和党对圣约翰的品德提出了尖锐的批评。

圣约翰被激怒了，他开始专注于纽约州的竞选，这个州的选举团票有可能使天平向葛罗弗·克利夫兰倾斜，并决定最终的结果。令人称奇的是，民主党甚至暗中资助圣约翰在纽约州的竞选活动。这笔钱花得再划算不过了，正是因为圣约翰的"掺和"，克利夫兰才能最终当选。

克利夫兰在普选中的得票占微弱多数（48.5%）。他最终得到219张选举团票，而布莱恩只拿到182张。圣约翰成了一个名副其实的"搅局者"。在纽约州，圣约翰得到了24999张普选票，而克利夫兰的得票只比布莱恩多出1047张。如果纽约州的36张选举团票被布莱恩拿到，最终入主白宫将是他而不是克利夫兰。

还有一位货币党（Greenback）的候选人本杰明·巴特勒（Benjamin Butler），他得到的普选票比圣约翰还多。货币党是由一些共和党人创立的（19世纪70年代），最终并入了民主党（19世纪90年代）。有一种观点认为，巴特勒从克利夫兰那里分走的选票要多于他从布莱恩那里分走的。可是，即使将巴特勒在纽约得到的所有选票都计入克利夫兰的帐下（按照最乐观的估计），如果没有圣约翰的"搅局"，布莱恩还是会赢下纽约的选举并最终赢得大选。如果不是圣约翰，布莱恩或许还能赢下康涅狄格和新泽西州的选举团票。

1892年，只担任了一个任期的前总统葛罗弗·克利夫兰再次参选，这次他的对手换成了现任总统、共和党人本杰明·哈里森。克利夫兰得到了46.0%的普选票，再次当选为总统。这次的竞选有两个实力强大的第三党候选人参加。平民党的詹姆斯·韦弗（James Weaver）通常被看作一名"搅局者"。他得到了8.51%的普选票和22张选举团票。禁酒党的候选人约翰·比德维尔（John Bidwell）得到了2.24%的普选票，没有得到选举团票。

第三章 选票分散的简史 | 59

这是托马斯·纳斯特（Thomas Nast）1884年的一幅漫画。共和党的"魔术师"詹姆斯·布莱恩试图将啤酒变成水。窗边用怀疑的眼光看着他的是禁酒党候选人约翰·圣约翰，正是他的参选使布莱恩输掉了选举。

投票给比德维尔的选民大部分都是共和党的支持者。而给韦弗投票的选民成分则不那么容易分清。韦弗曾是一名废奴主义者和共和党人。内战结束后，共和党逐渐成为代表大型企业和财团利益的政党。这使得它损失了一部分支持者,韦弗就是其中一员,他认为自己遭到了背弃。1878 年,韦弗加入了货币—劳动党(Greenback-Labor Party)。该党要求在流通中使用银币,实行 8 小时工作制。在货币—劳动党和民主党的支持下,韦弗被推举为国会议员。

大部分货币党人后来都加入了民主党。韦弗不得不与之对抗。1891 年,他和另外几个人一起创立了平民党。正是在平民党的推动下,国会议员开始直选,铁路和电信部门被收归国有,政府开征了累进所得税(这绝对是个新鲜事物,当时人们连个人所得税都没听说过)。平民党提出工人一周工作时间不得超过 40 个小时以及征收个人所得税,在当时这被认为是极为左倾的观念,可它同时也有民粹和保守的一面(该党中也有一部分保守的选民)。在西部地区,平民党人支持民主党候选人,南部地区的平民党则支持共和党。

1892 年,韦弗给共和党带来的最大损害莫过于他从共和党那里抢走了许多非裔选民(这对共和党造成的伤害或许是最大的)。在以往的选举中,黑人一直是支持共和党的。韦弗是第一个认真听取黑人选民要求的非民主党总统候选人。在南方的某些州,韦弗几乎夺走了所有的"共和党"选票——指的是那些敢于前往由戴着头罩的三 K 党把守的南方投票站、和民主党的选举机器对抗的黑人的选票。韦弗在亚拉巴马州获得了 36.6% 的选票,而共和党候选人本杰明·哈里森的得票率只有 3.95%。

哈里森大概需要得到韦弗选票的 84%,才能在那些立场中立的州获胜。如果他真的做到了,他就能在科罗拉多州、爱达荷州、堪萨斯州、内华达州战胜韦弗;从克利夫兰手中夺下伊利诺伊州、印第安纳州、西弗吉尼亚州和威斯康星州；在选票分流的加利福尼亚州、北达科他州和俄勒冈州拿到10张投给韦弗或克利夫兰的选举团票。这样一来，哈里森就将以227张对221张选举票的微弱优势战胜克利夫兰。但也有可能韦弗得到的选票不是决定性的，因为南方并没有立场中立的州。

泰迪·罗斯福（西奥多·罗斯福的昵称）曾在1904年再次竞选总统，商业巨头J. P. 摩根（J. P. Morgan）和亨利·克雷·弗里克（Henry Clay Frick）为他筹集了200万美元的竞选经费。事实证明，这是一次错误的投资。罗斯福坚决而无所畏惧地推行他的反垄断政策。他在第二个任期快结束时宣布自己将不参加下一届总统竞选。垄断资本家们也希望他尽快下台。1908年，共和党提名当时的副总统威廉·霍华德·塔夫脱（William Howard Taft）作为总统候选人。塔夫脱向人们承诺他将继续推行罗斯福的政策，以取得前任总统的支持。罗斯福卸任后去了非洲，一边旅行一边打猎，J. P. 摩根希望会"有一头狮子见到罗斯福，并尽到它的本分"。

1908年，塔夫脱成功地当选为总统。可是一旦入主了白宫后，他开始转而支持华尔街的利益。这件事加上来自于塔夫脱的其它种种轻慢的对待——有真实也有想象的，使罗斯福感觉遭到了背叛。他参加了1912年的共和党初选，和塔夫脱竞争党内的提名。他称塔夫脱为"蠢货"，"比豚鼠还迟钝"。1912年，芝加哥召开了共和党大会，塔夫脱在党内的支持者控制了这次会议。在得知自己没有获得提名后，罗斯福和他那一派人愤怒地退出了，在几个街区外召开了自己的会议。他们成立了进步党（Progressive Party），由罗斯福代表该党参选。

1912 年的总统大选成为了选票分流的一个经典案例。罗斯福或许是继华盛顿之后最受欢迎的美国总统。他很高兴能在普选中以 27.4% 对 23.2% 的得票率领先塔夫脱。如果把他们的选票集中到一个共和党候选人那里，就能取得略微超过 50% 的多数。可实际情况是，民主党候选人伍德罗·威尔逊（Woodrow Wilson）获得了 41.8% 的胜选多数票。威尔逊轻松地赢得了选举团选举，他得到了 435 张选举团票，罗斯福 88 张，塔夫脱只有 8 张。按照正常的推论，如果共和党提名罗斯福而不是塔夫脱，罗斯福可以轻松地击败威尔逊。如果罗斯福不参加这次选举，塔夫脱同样可以战胜威尔逊。

很多时候，事情并没有表面上看起来的那么简单。1912 年的总统选举中，谁也不会想到社会党（The Socialist Party）候选人尤金·德布斯（Eugene Debs）居然能得到 6.0% 的普选票。德布斯批评民主党的口吻很像那些作风霸道的商业巨头。"进步党人，除了社会党，你们还能找谁帮忙？"他问道。"每一个真正的民主党人都应该感谢华尔街，因为华尔街把他们从一个徒有民主之名的党变成了一个确有民主之实的党"。不可否认，塔夫脱和罗斯福瓜分了共和党的选票，德布斯也吸走了一部分本属于威尔逊的选票。不仅如此，禁酒党的候选人尤金·查芬（Eugene Chafin）得到的 1.4% 的选票大部分都来自于共和党的支持者。

如果威尔逊得到了德布斯的全部选票，共和党也得到查芬的全部选票，那么罗斯福需要塔夫脱 94% 的选票才能获胜。反之亦然：塔夫脱得到罗斯福 94% 选票的也能获胜。前一种情况是有可能发生的，如果必须在威尔逊与罗斯福之间做出选择，塔夫脱代表的资本家们宁愿选一个温和的共和党，而不是自由主义的民主党。后一种情况发生的几率则较小,如果让罗斯福的支持者在威尔逊与塔夫脱之间做选择,其中一些人可能会选威尔逊而不是塔夫脱。

依据这种分析,我们可以设想一下只有威尔逊和罗斯福两人参选会发生什么情况。罗斯福将得到94%或更多原本投给塔夫脱的选票,这样一来,他就能赢下缅因州、新罕布什尔州、马萨诸塞州、罗德岛州、康涅狄格州、纽约州、新泽西州、伊利诺伊州、爱荷华州、堪萨斯州、内布拉斯加州、北达科他州、蒙大拿州、怀俄明州、新墨西哥州、爱达荷州和俄勒冈州的选举团票。他会输掉加利福尼亚州,可实际上,这是他获胜的6个州之一。他在这个州只赢了威尔逊174张普选票。之所以会这样,是因为罗斯福在加利福尼亚表现得十分强势,选票上罗斯福被列为共和党与进步党的联合候选人,根本就没有塔夫脱的名字。塔夫脱只得到了少量的手写选票。① 可是德布斯在加利福尼亚具有较大的影响力,作为社会党获选人,他得到了79201张普选票。如果不是德布斯,威尔逊本可以在加利福尼亚州轻松获胜。

结果罗斯福和威尔逊各拿到一部分加利福尼亚州的选举团票,罗斯福11张,威尔逊2张。我们设想一下,如果威尔逊在该州的普选中获胜,他将会赢得所有13张选举团票。按照这个假设,罗斯福能在其它州多拿到191张选举团票,减少的只是加利福尼亚州的11张选举团票,他将以268对266的票数战胜

---

① 手写选票是指由于正式选票上没有某个候选人的名字,选民可以自己写下该候选人的名字进行投票——译者注

威尔逊当选总统。而且如果罗斯福多少能拿到几张加利福尼亚州的选举团票（看上去很有这种可能），他获胜的优势还会更大一些。

这是 1912 年爱德华·肯波尔（Edward Kemble）的一张漫画。林肯的半身像用冷峻的目光注视着威廉·塔夫脱和泰迪·罗斯福演出的闹剧。他们正争着和一位年老的女士跳"灰熊"舞——20 世纪早期的一种粗俗的贴身舞。

罗斯·佩罗特（Ross Perot）是 IBM 达拉斯分公司的一名销售人员。佩罗特憎恨公司的官僚作风，他用从妻子那里借来的 1000 块钱创立了电子数据系统公司（Electronic Data Systems，简称 EDS）。1968 年，EDS 公司刚一上市，股票就涨到了原始定价的 10 倍。佩罗特的个人净资产也跟着水涨船高。1984 年，佩罗特作价 7 亿美元将自己的全部股份卖给了通用汽车公司。

佩罗特对公司的管理以严格著称，他甚至用卷尺测量裙子长度来统一员工的着装。不过 EDS 同样重视每一个员工。1979 年，在佩罗特组织的一次大胆的行动中，EDS 的员工和一名"绿色贝雷帽"① 队员从伊朗的一个监狱中救出了两名 EDS 员工。几乎在一夜之间，佩罗特成了一个引人瞩目的经营企业的平民英雄。在 CNN 的《拉里·金现场播报》(Larry King Live) 访谈节目中，他宣布自己打算参选 1992 年美国总统，这以前他还从来没有担任过任何通过选举产生的公职。

在佩罗特人气最高的 6 月，一些民调显示，他的支持率比乔治·H. W. 布什和比尔·克林顿都要高。佩罗特为这次竞选大约花费了 6500 万美元。他居然在夏天过了一半的时候退出竞选，闹了 11 个星期的脾气，到 10 月初又决定重新参选。至于退出的原因，他说是因为替共和党出谋划策的那些顾问们卑鄙下流，试图通过传播一张假造的他女儿的裸照来破坏她的婚礼。不过正是这类言论让评论家们认为佩罗特太不稳重，他当总统会引起吓人的灾难。

"归根结底，是佩罗特让我输掉了这次选举"，乔治·H. W. 布什写道。尽管佩罗特连一张选举团票都没有拿到，但他得到了 1970 万张普选票，这几乎是比尔·克林顿超出当时还是总统的布什的票数的四倍。参议员鲍勃·多尔（Bob Dole）十分准确地指出，57% 的选民是反对克林顿的。民主党则对此进行了反驳，他们坚称 62% 的选民想要一个新总统。克林顿曾向他的顾问迪克·莫里斯（Dick Morris）坦承，国会内的共和党人

---

① 绿色贝雷帽是美国陆军特种部队的代称——译者注

"从不认可我的总统地位。他们觉得我的当选不过是一个不合法的意外,一次三方竞争中发生的错误"。

很难在意识形态上给佩罗特归类。有人因为他对堕胎的支持把他看做"温和派",还有人认为他是个"自由主义者"。事实上,佩罗特给人留下最深刻的印象是他对布什总统没有兑现竞选承诺所做的激烈指责。1988 年的共和党大会提名布什为总统候选人,布什谈了自己的竞选纲领,其中最令人印象深刻的一句话是:"我可以保证,如果我当选,绝不会加税。"可是在1990 年,由于复杂的政治原因,布什不得不加税。佩罗特最坚定的支持者中的大部分人都希望减税,并且愿意相信政治是一件简单的、不复杂的事情。布什加税以后,他们觉得自己遭到了背叛。

如果在关键的州,佩罗特的支持者中有不少于 67% 把票投给布什,剩下的人投票给克林顿,那么布什就能当选总统。如果不是选票分流,共和党本来可以得到缅因州、新罕布什尔州、康涅狄格州、新泽西州、俄亥俄州、威斯康星州、爱荷华州、肯塔基州、佐治亚州、科罗拉多州、蒙大拿州和内华达州的 106 张选举团票。如果是这样,布什得到的选举团票将增加到 274 张,而克林顿的票数将减少到 264 张。

尽管当时的人们普遍认为,佩罗特对布什造成的损害要超过克林顿,不过调查数据并不支持这种观点。杰拉尔德·M·庞帕(Gerald M. Pomper)做过一次调查,他让佩罗特的支持者在问卷上写下他们第二支持的人选。调查结果显示,投票给佩罗特的选民中有 38% 将布什列为第二选择,选择克林顿的也是 38%,剩下的人则表示如果他们不能把票投给佩罗特,他们会放弃投票,或者会投给另一个第三党的候选人。如果这项调查多少有点可信度，那么佩罗特的选票就不是决定性的。

当然，民意调查也可能具有误导性，而且要求那些投票给可能的"搅局者"的选民列出"第二人选"本身就是件不易做到的麻烦事。媒体把佩罗特描绘成一个不愿主动退出竞选，成全两党竞争制度的自私自利的人。庞帕的调查对象可能预先想到，调查的结果会被用来证明佩罗特的确是一个"搅局者"。一些被调查者可能会为了保护佩罗特，故意将克林顿列为第二选择，而不是布什。

需要提醒读者注意的是，佩罗特的许多支持者都将布什列为第二选择。没选布什的人很可能有某些不喜欢他的特殊理由，佩罗特就是其中之一。

和许多美国人一样，佩罗特认为越战结束后，越南政府还关押着大批美国战俘。民众现在才知道让人痛心的真相，大部分"失踪人员"都是在柬埔寨和老挝上空执行秘密飞行任务时被击落的。美国政府不愿承认这些非法的军事活动，将在其他情况下会被判定为死亡的士兵列入了"失踪"名单。佩罗特强烈要求政府就战俘/战争失踪人员问题向公众作出解释。里根政府试图安抚佩罗特，允许他查看保密文件，接着副总统布什亲自和他谈了一次话，巧妙而不失严厉地对他提出了警告。此后佩罗特有了一个固定的看法：乔治・赫伯特・沃克・布什是他的敌人。

佩罗同样敌视越南人和黑豹党人①。他声称越南人雇佣黑豹党人来刺杀他。他还认为自己的竞选顾问艾德・罗林斯（Ed

---

① 黑豹党是美国黑人激进分子1965年创立的一个政党，目标是结束白人的统治——译者注

Rollins）曾和 CIA（中央情报局）签署了一份终身合同，而当时 CIA 的负责人正是自己的老对头乔治·H. W. 布什。佩罗特认定罗林斯就是布什安插在他身边的奸细。

麦克·雷恩（Mike Lane）2004 年的漫画，布什家族在两方面都感受到了搅局者效应。

佩罗特本可以退出竞选，把自己的选民留给布什，无论布什有没有履行他难以实现的竞选承诺。可是由于对布什的强烈不满，佩罗特坚持要参选。富兰克林·德兰诺·罗斯福（Frankin Delano Roosevelt）曾说过："没有所谓偶然发生的政治事件，任何事情的发生都是有预谋的"。做一个搅局者不仅要精于计算，还要有强烈的破坏意愿。没有比 2000 年的总统选举更好的例子了。

哈里·莱文（Harry Levine）是皇后学院（Queens College）的社会学家，还是一名坚定的自由主义者。他一直都很欣赏拉尔夫·纳德尔，并在课堂上用过纳德尔一本著作。对于作为"搅局者"的纳德尔在 2000 年的总统选举中的前景，莱文感到忧虑。不过与纳德尔的大部分支持者不同，莱文找到了解决问题的办法。

二战临近结束的时候，美国人考虑过不直接对广岛和长崎进行核攻击，而采取一个替代方案。就是邀请一个日本观察员，在太平洋的某个偏僻的地方让他亲眼看看原子弹的威力。一旦日本人了解到他们面对的是怎样一种可怕的力量，以及这种力量将会毫不留情地投放到他们身上，他们会投降的。这样一来，就不用真的对日本城市使用原子弹了。

莱文认为纳德尔可以效仿这种做法。他可以从佛罗里达等竞争激烈的州退出，以避免从阿尔·戈尔那里分走关键的选票。他可以专注于那些不至于影响大选结果的"安全"州。在这些州他将得到更多的选票，这比他把力量分散到各地要好得多。如果戈尔在他退出的州获得了胜利，他可以说这是因为他退出了该州的竞选。一旦戈尔真当上了总统，他可以利用自己在新政府中的影响力来推进环境以及其它进步事业。

怎么简单地让纳德尔知道这个策略？莱文只需要把它告诉某个与纳德尔关系密切的人就行了。纳德尔正在开展一次巡回各州的竞选活动，当他经过纽约时，莱文找到了机会。用莱文的话说，"这次巡回之旅对纳德尔来说，就像是爱丽丝进入了奇境——或者是魔镜背后的世界"。①

正是纳德尔本人的一次讲话让莱文想到了这个与卡罗尔有关的比喻。莱文和他十来岁的儿子参加过麦迪逊花园广场（Madison Square Garden）的一次竞选集会，纳德尔在会上把阿尔·戈尔与乔治·W. 布什比作特维德尔·邓姆和特维德尔·迪姆②。戈尔与布什的政治主张是如此接近，以至于谁最终当选都不重要了。

第二天，莱文在格林威治村（Greenwich Village）③参加了小一些的的政治集会。莱文在人群中看到了迈克尔·摩尔（Michael Moore）④，他正斜靠在墙上。当时那部引起轰动的纪录片《罗杰和我》（Roger and Me）⑤——纳德尔也是这部影片的支持者——为摩尔赢得了广泛声誉。莱文向摩尔做了自我介绍，并告诉摩尔他对维德尔·邓姆和特维德尔·迪姆的比喻感到担心。布什和切尼都是真正的右翼分子。尽管戈尔和利伯曼（Lieberman）也算不上完美，可是任何了解拉尔夫·纳德尔立场的人依然会支持戈尔和利伯曼。

---

① 《爱丽丝漫游奇境》和《镜子另一边的世界》都是英国作家刘易斯·卡罗尔的儿童幻想小说。——译者注
② 特维德尔邓姆和特维德尔迪姆是卡罗尔的小说《镜子另一边的世界》中两个极为相似的人物，这个短语后来泛指难以区分的人或事。——译者注
③ 格林威治村是美国纽约市西区的一个地名，住在这里的多半是作家和艺术家。——译者注
④ 迈克尔·摩尔是美国的著名电影人，他拍摄的大多是揭露政府弊端的纪录片，曾获得过金棕榈和奥斯卡奖。
⑤ 《罗杰和我》是一部反映通用汽车公司经营政策冷酷，大批解雇工人的纪录片。——译者注

摩尔点了点头，但没说什么。于是莱文接着说他的想法。应该开设一个网站，告诉"进步人士"在哪些州投票给纳德尔是安全的。摩尔说会有这样一个网站的。他们还谈到了鼓励人们交换选票①。"安全的"州的选民可以投票给纳德尔，以换取那些竞争激烈的州的选民投票给戈尔。"我们正准备这么做"，摩尔说。

"太好了！"莱文说，"但这个网站同时还要告诉大家哪些州的选情过于接近，不能投票给纳德尔——这样才能使这些州里即使不喜欢戈尔的人也投他的票。"

莱文记得很清楚，"摩尔立刻转头盯住我。他的脸变得通红，并且越胀越大，和一条遇到威胁便会鼓成圆球的鱼一样。他怒气冲天，圆球一样的脸离我越来越近。他不停地用手指着我的脸，冲我反复嚷着同一句话。

"'你怎么能这么说?！你怎么能这么说?！你怎么能这么说?！你怎么能这么说?！'"

根据某些民意调查，2000年最受欢迎的总统候选人是亚利桑那州的参议员约翰·麦凯恩（John McCain）。CNN/盖洛普的民调显示，在某个时刻，麦凯恩的支持率达到了66%，甚至超过了阿尔·戈尔（59%）和乔治·W. 布什（57%）。另一次民调中，有四分之一的民众表示即使麦凯恩是第三党的候选人，他们也会投票给他。在同样的条件下，几乎没有人会投戈尔或

---

① 选票交换是指两个不同地区的选民因为自己支持的候选人在对方州获胜的机会较大而私下达成协议，分别为对方支持的候选人投票。——译者注

布什的票。可是最终支持率第三的人当上了总统，这只证明了一点，布什的竞选顾问卡尔·罗夫（Karl Rove）知道怎么运用合适的策略。

美国的政治顾问要做的主要工作就是充分利用多数胜选制中一些不同寻常的特点。其中一个特点是人们在作出决定时，一般会考虑其它选民的投票意向。多数胜选制并不鼓励选民们把选票"浪费在"没有希望获胜的候选人身上。大部分人都会投票给他们认为能同时获得其它许多人支持的候选人。

卡尔·罗夫认定共和党的党内初选不会提名麦凯恩为总统候选人。罗夫曾大胆宣称："我敢说，在投票那天，共和党的55名参议员中会有30人支持乔治·W. 布什，尽管本身就担任参议员的麦凯恩也参加了提名竞争。""如果党内有权势的人支持你，那你就一定会被提名为候选人。这是毫无疑问的。总之，布什是党内候选人的"不二人选"。那些喜欢麦凯恩的共和党人必须面对现实，在全国选举中支持布什。

布什募集到了比麦凯恩多得多的竞选资金，这使他能够参加每一场初选。而麦凯恩不得不把资源集中在有限的几个州的初选。新罕布什尔州是他俩同时参选的一个州，麦凯恩在这里以19个百分点的优势击败了布什。

在南卡罗来纳州，为了打击对手，布什已经不择手段了。布什阵营制作的电视竞选广告声称麦凯恩是企业政治活动委员会（PAC）的傀儡——在两个共和党人之间，这实在是一种奇怪的指控。

"你们还没打到他的要害"，南卡罗来纳州州参议员迈克·费尔（Mike Fair）对布什说。

"我们会做到的",布什回答,但是我们"不会在电视上这么做"。

抹黑战术(Negative campaigning)在选举中效果非常明显,能够在心理、政治和得票上同时打击对手。2000年,布什在初选中的对手有麦凯恩、斯蒂夫·福布斯(Steve Forbes)、阿兰·基耶斯(Alan Keyes)、加里·鲍尔(Gary Bauer)和奥林·哈奇(Orrin Hatch)。假设在某次初选中,一个选民最喜欢麦凯恩,并几乎同样喜欢布什(毕竟是"几乎")。那么得到他这一票的很可能是麦凯恩。事实是,这个选民对布什的支持几乎与对麦凯恩的相同,并且喜欢布什的程度要超过所有其它候选人。可这毫无意义,他仍然会把自己的一票投给麦凯恩。留给布什竞选团队的只有两个选项:要么让布什更受欢迎,要么让麦凯恩不那么受欢迎。

然而这两种方法在可操作性上却是不能比较的。编造一段负面消息并不是很难,无中生有的荣誉事件却不容易蒙混过关。("知道吗!和麦凯恩一样,布什也是一名战争英雄,只是他太谦虚,没有提起过这事"——这种话没人会相信。)相比之下,选民们更愿意相信一则负面新闻,一条候选人和"自由媒体"(或"右翼媒体")试图掩盖、见不得光的"幕后消息"。选举日之前编造的故事听上去会比新闻更加真实。

在南卡罗来纳州,到处都能听到关于麦凯恩的流言。鲍勃·琼斯大学(Bob Jones University)的法学教授理查德·韩德(Richard Hand)公开发布了一封电子邮件,声称麦凯恩"没结婚就生了孩子"。教会的传单则是另一套说辞,为麦凯恩贴上了"同性恋候选人"的标签。开始有许多自称是民意调查员的人打电话给南卡罗来纳州的选民，并会说一些关于这位亚利桑那州参议员（麦凯恩）的含沙射影的话。这些不怀好意的暗示包括，麦凯恩的妻子辛迪（Cindy）是一个瘾君子；麦凯恩本人是一个受到任何一点刺激就会变得狂怒的脾气暴躁的越战老兵；最夸张的是，麦凯恩有一个黑人私生子。和现实唯一扯得上一点关系的是，麦凯恩的确从特蕾莎（Teresa）嬷嬷孤儿院里收养了一名叫做布里奇特（Bridget）的深色皮肤孟加拉孩子。

有一次，有人对韩德教授说麦凯恩没有私生子。他答道："等等，这不过是一般性否认。你能证明这一点吗？"

媒体普遍认为，卡尔·罗弗是这次"抹黑行动"的幕后推动者。即便这是真的，他也没留下任何证据。"我们没法确定是谁打来的电话、谁是背后的指使者、以及这样的电话究竟有多少。我们唯一知道的是它们奏效了。"

在两人的一次公开辩论中，麦凯恩转向布什，对他摇了摇头。

布什答道："约翰，这是政治。"

"不，乔治，不是所有事都和政治有关。"

趁着插播广告的时间，麦凯恩向布什提到了针对他的各种谣言。布什坚称他对此一无所知。布什说他们应该忘掉这事，并想和麦凯恩握手。

"别拿这种把戏糊弄我"，麦凯恩说，"给我把手拿开。"

没有获得党内提名的麦凯恩最终退出了竞选，和两党竞选体系中的大多数政治人物一样，他开始转而支持布什。可如果是麦凯恩参选，他很可能会毫无争议地战胜戈尔。

这是安·特尔内斯（Ann Telnaes）的获普利策奖的漫画。中间的选民发现，很难找到让他们满意的选择。最受欢迎的候选人往往在选举初期就被淘汰了。（2000 年，这样的候选人一般被认为是约翰·麦凯恩。）

纳德尔在挑选竞选顾问上颇费了一番脑筋。和黑手党人一样，他决定只相信家族中的人。他让自己的一个侄子塔里克·米勒荣（Tarek Milleron）担任首席（最重要的）竞选顾问。米勒荣 30 岁左右，头脑灵活，相貌英俊，就像是年轻时的纳德尔。他的着装无可挑剔——任何时候，他都穿得像一个要到通用公司的法律部门应聘的人。在纳德尔的另一次竞选活动中，哈里·莱文碰到了米勒荣，他开始向后者推销自己的理论。莱文对米勒荣说了那个关于原子弹与日本的故事。纳德尔要做的只是展示一下他可能起到的"破坏"效果，而不必真的把自己当做一件大规模杀伤武器。

米勒荣的肢体语言表明他不同意这种看法。他告诉莱文，布什的胜利对于进步人士来说是件好事。他还说，人人都知道，当人们感受到威胁时，募集环保资金会更容易些。

莱文表示反对，他认为总体来说，戈尔领导的政府将会比布什政府更利于环保事业的发展。他们应该设法让纳德尔的支持者投戈尔的票。

"我们绝不会这么做"，米勒荣大声说。

"为什么？"

"因为我们要惩罚民主党，让他们尝尝失败的滋味。"

对纳德尔的追随者而言，米勒荣的言论并不值得大惊小怪。事实上，没有多少选民对此感到吃惊。

1965 年纳德尔推出了一本畅销书《任何速度都是危险的》（*Unsafe at any Speed*），引起了人们的关注。纳德尔在书中指责汽车业把利润看得比顾客的安全还重。纳德尔的书名并没有夸大事实。书中提到一次真实的事故，一个男孩因不慎撞上了一辆停着的卡迪拉克尾部挡板而不治身亡。

纳德尔很快成为了国会就汽车业的不良行为举行的听证会的常客。他成了一位广受欢迎的公众人物。1968 年，有望当选总统的民主党候选人乔治·麦戈文（George McGovern）邀请他做自己的竞选搭档，但纳德尔拒绝了。

戈尔·维达尔（Gore Vidal）（阿尔·戈尔的一个表兄弟）是一个小说家，在 1972 年担任过一个自称新党（the New Party）的组织的联合主席。维达尔认为纳德尔能成为一名理想的总统候选人。纳德尔再次谢绝了。他担心自己参选可能会分走一部分民主党的选票，让理查德·尼克松（Richard Nixon）再次当选。在他看来，这么做并不合适。

纳德尔的政治算盘打得比任何人都精明。他知道自己在共和党中的支持者没有民主党中的那么多。从1972年到2000年，美国的政治生态发生了什么变化？这个国家变得越来越保守了，但纳德尔没有随波逐流。里根曾是一位深受人民爱戴的总统，他常把监管部门的重要职位指派给一些来自被监管行业的人士。对于那些为消费者争取权益的积极分子而言，华盛顿成了一个不友好的城市。

1992年，纳德尔试着参加了新罕布什尔州的初选，但不久就退出了。也许有人认为，民主党人重新入主白宫将有助于增加纳德尔的政治影响力，可实际情况并非如此。比尔·克林顿不愿与纳德尔发生任何关系。得知克林顿打算签署一项放宽55英里/小时的限速标准的提案，纳德尔几乎是乞求克林顿给他5分钟的谈话时间。他想让克林顿知道，由于提高限速，每年会增加数百人的额外伤亡。但克林顿始终没有给他答复。

在阿尔·戈尔那里，他受到了相同的冷遇。他得到的答复是："副总统现在没有时间会见纳德尔先生。"这让纳德尔感到很意外，他曾和戈尔共事过一段时间，并认为戈尔是属于最支持自己观点的十位议员之一。纳德尔亲自打了电话，让人接到副总统那里。但戈尔没有答应立刻见他，只是说："好吧，我知道了。"可他始终没给纳德尔回过电话，他们的交流就这样结束了。

1996年，纳德尔以绿党候选人的身份竞选总统。他对《琼斯母亲》（*Mother Jones*）杂志说，克林顿应该被称作乔治·罗纳德·克林顿（George Ronald Clinton）——一个集中了多个政治人物特点的怪物。①《琼斯母亲》的记者追问纳德尔，就实际效果而言，他的参选是否会帮到鲍勃·多尔。② 纳德尔则指出，在1992年新罕布什尔州的初选中，给他投票的选民有52%是登记的共和党人。为了更好地理解这个数字，我们需要了解一些背景。1992年，纳德尔正在大力宣传一种新的选票设计方案，选票上应该加上一条"以上皆不选"的选项。如果这条选项获得了多数票，这次选举将没有获胜者，将重新举行一次（或几次?）选举。纳德尔对新罕布什尔州的选民说，如果他们真想做出"以上皆不选"的选择，就选他好了。最终，新罕布什尔州有6311名选民投票给了纳德尔，他们中的许多人只是想通过这种方式来表明他们不喜欢其它候选人。新罕布什尔州一向是一个保守的州，投票给纳德尔的大部分是共和党人也就不足为奇了。

《纽约时报》（*New York Times*）同样认为，纳德尔是为了"搅局"参加选举。纳德尔说："如果我真想打击克林顿，我会举行集会，很轻松就能筹到三、四百万美元。我会吸引他的支持者，分走他的选票，让他落败。可这并不是我参选的目的。"

为了应付2000年的激烈选战，纳德尔宣称他将筹集500万美元竞选资金。《滚石》（*Rolling Stone*）杂志的一名记者提醒他

---

① 乔治、罗纳德、克林顿分别指乔治·布什、罗纳德·里根、比尔·克林顿——译者注
② 鲍勃·多尔是1996年代表共和党参选的总统候选人——译者注

在 1996 年说过类似的话:"你说你打算筹集 500 万美元,并会认真对待这次选举。这么说你有把握从戈尔那里夺走选票,让他落败咯?"

"当然——这是毋庸置疑的。"纳德尔答道,"我宁愿让一个真正的保守分子,而不是只会说漂亮话的家伙当选总统。记得詹姆斯·瓦特(James Watt,里根的内务部部长)在环境问题上有多么顽固吗?他至少引起了人们的关注。而戈尔和克林顿那帮人只是嘴上说得漂亮。"

众所周知,纳德尔一直鄙夷布什,认为他不配做人。而戈尔是一个对自己行为负责的有道之人。可纳德尔认为,戈尔需要接受惩罚。如果布什当选总统,美国反而会变得更好,因为布什当选无异于一场灾难,国家政策很可能由此向左转。许多在纳德尔手下工作的人都认为这种看法十分荒谬。为此还发生过一件颇让人觉得尴尬的事,2000 年 8 月,纳德尔的一位助理加里·塞勒斯(Gary Sellers)在华盛顿的募捐集会上对他说:"拉尔夫,我们在做罗斯·佩罗特曾经干过的事,你会变成左派的佩罗特,这么做会造成严重的后果。"

这句话说完后,屋子里立刻静了下来。纳德尔答道:"哦,加里,我希望能有你那样的洞察力。不必担心!乔治·布什是个笨蛋,戈尔会以 20 个百分点的优势获胜的。"

传记作家贾斯汀·马丁(Justin Martin)曾听塞勒斯说,纳德尔"对戈尔抱有很深的敌意。戈尔改变了原有的立场,向中间选民靠拢,这激怒了拉尔夫。此外,戈尔还没有给他回电话,拉尔夫显然将这看做一种侮辱。只有未成年的少年才会这么做,这的确令人难堪。拉尔夫咽不下这口气,他要让戈尔知道轻视自己会有什么后果"。

在竞选的最后几个星期，突然出现了大量交换选票的网站。纳德尔坚持认为人们不该这么做。纳德尔的竞选协调员瑟雷萨·阿玛托（Theresa Amato）说："我们反对交换选票。我们的观点是，投票应该反映人们的诚意，而不是出于憎恶。拉尔夫·纳德尔一向认为，人们应该把票投给他们喜欢的人，而不是精心地策划投票。"

加利福利亚洲的首席检察官比尔·琼斯（Bill Jones）是一名共和党人，在大选前的一个星期，他给其中一个选票交换网站 www.voteswap.com 的创办者寄发了一份限制令。限令警告说交换选票是一项可判3年的重罪。由于协助完成了数千次这种违法的交换，该网站的创办者吉姆·科迪（Jim Cody）和特德·约翰逊（Ted Johnson）有可能被判连服多个无期徒刑。

琼斯引用了《加利福尼亚州选举法》（*California Election Code*）的第18521条和第18522条，这两条法令禁止买卖选票。用这样的法令阻止人们在网络上交换选票，从而避免"搅局者效应"，至少是一种有创意的尝试。科迪与约翰逊不想惹上官司，关闭了他们的网站。其它地方的5个州政府官员——他们都是共和党人——也发出了类似的警告。

自由主义者们同样对纳德尔提出了严厉的批评。《纽约时报》发表了一篇名为《纳德尔先生正在误导民众》（*Mr. Nader's Misguided Crusade*）的社论。这篇文章并没有过多地纠缠于纳德尔的政治观点，只是不赞成他任性的行为，认为他不该掺和进来，分流掉本来只会在主要政党的候选人中做出选择的选民们的选票。正如《国家报》（*Nation*）的专栏作家克里斯托弗·希钦斯（Christopher Hitchens）所说的,《纽约时报》这篇社论的论调正好与伏尔泰的那句名言相反:"我尊重你所说的话,不过我将拼命阻止你把它说出来。"

这年8月,小罗伯特·F. 肯尼迪（Robert F. Kennedy, Jr.）为《纽约时报》写了一篇专栏文章,其中提到,纳德尔曾对人说过,如果他必须在布什与戈尔之间做出选择的话,他会投票给布什。这条爆炸性消息很快通过网络传播开来。纳德尔写信给《纽约时报》,（有几分勉强地）对此予以了否认。"我从来没说过,如果必须在布什和阿尔·戈尔之间做出选择,我会投票给布什。要知道,在任何地方,我都是布什的强烈批评者。尽管人们都知道今年我会投绿党候选人的票,可事实上,自从60年代以后,我从没和人说过我曾经或者打算投票给谁。"

谈及纳德尔时,詹姆斯·卡维尔（James Carville）说:"我不想提这个名字,也不想见到他。任何正派的民主党员和进步党员都是如此"。在戈尔的竞选团队中,绿党候选人被称做"那个混蛋"或"瘟神"。

有一种解释似乎说得通,纳德尔在玩一种"看谁胆大"的游戏。他试图给戈尔施压,迫使他采取偏左的立场。一旦达到了这个目的,他就会退出竞选。直到夏天过去了一半,纳德尔还是那么强硬,丝毫没有退让的意思。戈尔试图通过中间人和戈尔谈判。麦伦·切里（Myron Cherry）在20世纪70年代曾与纳德尔共事过,现在是戈尔的助手。他找到纳德尔,向他转达了戈尔的几项承诺。如果他能退出竞选,戈尔将认真听取他的意见。戈尔还会给他实际的行政决策权,例如可由他来决定谁当环境保护署（the Environmental Protection Agency）的负责人。

"纳德尔的反应就像是我在替魔鬼办事似的，"切里说，"他不愿和我说话。他冲我大喊，说我们什么也给不了他，就好像我们是一群等人施舍的贱民。"

事实上，并非只是民主党才需要担心"搅局者"。共和党这边也不是铁板一块，同样有两名右翼的候选人参选，与布什争夺保守选民。帕特·布坎南（Pat Buchanan）代表由罗斯·佩罗特创立的改革党参选；哈里·布朗（Harry Browne）则代表自由党参选。

近几年来，绿党让民主党感到头疼，可自由党也同样给共和党带来了许多麻烦。这一事实被许多人忽视了，或许是因为在以往的总统选举中，还没有出现过一个自由党的"搅局者"。不过在国会选举中，自由党发挥了更大的作用——对于民主党而言。如果不是因为一个自由党的"搅局者"，就不会出现一个有史以来民主党占据席位最多的参议院了。1998年，内华达州的哈里·雷德（Harry Reid）——他现在是参议院多数党领袖——仅以428票险胜共和党的约翰·恩赛（John Ensign），当选为参议员。一个名叫迈克尔·克劳德（Michael Cloud）的自由党人在这次竞选中得到了8044张选票。同样的原因也让民主党候选人分别在佐治亚州（1996年麦克斯·科勒兰［Max Cleland］当选参议员）和华盛顿州（2000年玛莉亚·坎特维尔［Maria Cantwell］）当选参议员）获得了成功。同样由于自由党人的参选，民主党得以在2000年的两次众议院选举中获胜（加利福尼亚州的简·哈蒙［Jane Harmon］和新泽西州的拉什·霍尔特［Rush Holt］战胜了他们的共和党对手，当选为众议员）。

很多时候，自由党人说话的口吻与纳德尔惊人地相似。在

1997年的一期《自由党事业》（*Libertarian Enterprise*）中，L. 内尔·史密斯（L. Neil Smith）提议，自由党应把那些仅以5%或更少的优势获胜的共和党参议员作为攻击目标。自由党应该全力支持有竞争力的候选人挑战那些地位尚不稳固的共和党人，"我们的目的就是让他们失掉这5%的优势，让民主党取代他们的位置。"

这并不表明，史密斯愿意看到主张高税收高支出的民主党掌权。他只是想让共和党向自由党做出让步，接受自由党的某些社会政策。可他并没有解释，这么做如何能让那些宗教意识强烈的保守人士满意。

乔治·W. 布什有理由感到庆幸，哈里·布朗与帕特·布坎南两人的民调支持率加起来还不到拉尔夫·纳德尔的三分之一。在竞选的最后几天，布坎南停止了他在竞争最激烈的几个州的助选活动。如果戈尔获胜，他不想被人看做是导致布什失败的原因。纳德尔的竞选团队中至少有人提出了类似的建议。

纳德尔一直以来都认为，他只要得到5%的普选票就足够了。这些选票足以保证绿党获得2004年的联邦资金。几乎所有的绿党成员都希望戈尔能击败布什——而且最好是险胜。要想同时实现这两个目标，戈尔必须以超过5%的优势领先布什。这个愿望看起来越来越难实现了。纳德尔的竞选顾问建议他选举的最后几天在纽约州、加利福尼亚州，或许还有得克萨斯州活动。加利福尼亚州和纽约州是人口最多的两个州，那里有很多自由主义的选民，他们更容易接受纳德尔的政治观点。布什在得克萨斯州拥有绝对优势，不过纳德尔在奥斯丁（Austin，德克萨斯的一个城市）也有足够多的支持者，他去那里进行宣传活动是正常的。

纳德尔并没有接受这个建议。他去了几个竞争激烈的州开展活动：佛罗里达州（11月4日），新罕布什尔州（11月6日的一部分时间）和宾夕法尼亚州（11月7日，选举日当天）。纳德尔的媒体顾问比尔·希尔曼（Bill Hillsman）说，纳德尔"之所以去那些胜负难分的州，是因为他觉得这些州集中了更多的媒体，他在那儿更容易受到人们的关注。不过我警告过他，'这么做只会让人们认为你是存心想捣蛋'"。

实际上，纳德尔的一些支持者并不在意他被称作"搅局者"。大选的那个晚上，网络写手马特·韦尔奇（Matt Welch）曾听到纳德尔的支持者公开宣称："即使戈尔的对手是阿道夫·希特勒，我也不会投戈尔的票。"

计票结果在纽约公布的时候，比尔·克林顿和希拉里·克林顿正好与出版商哈罗德·埃文斯（Harold Evans）在一起。当各州的统计结果以或红或蓝的字体从大屏幕上闪过时，克林顿暗自计算着纳德尔在每个州从戈尔手中夺走的票数，并告诉周围的人，纳德尔给戈尔造成了多么严重的损害。晚上8点刚过，电视网突然宣称他们之前的预测有误，戈尔并没有拿到佛罗里达州的选举团票。

听到结果后，埃文斯愤怒地大喊"我要杀了他"——他指的是纳德尔。刚当选为参议员的希拉里答道："这主意不错。"

希拉里决不是唯一一个想干掉纳德尔的民主党人。最让人意想不到的或许是迈克尔·杜卡基斯（Michael Dukakis）的一句话："我要用这双手把那个家伙掐死。"要知道，这个想要亲手结果纳德尔的人一直以来都是死刑的激烈反对者。

第三章　选票分散的简史

有好几个星期，纳德尔的工作人员都沉浸在一种强烈的不真实感中。他们原来预期戈尔会战胜布什，纳德尔只要表现得让人尊敬就行了。每当电视里宣布戈尔赢下了某个竞争激烈的州时，纳德尔的竞选总部就会爆发出一阵欢呼。在电视台宣布关于戈尔赢下佛罗里达州的预测有误后，美国国家广播公司（NBC）的汤姆·布罗考（Tom Brokaw）立刻向纳德尔提出了几个诸如他在这次选举中扮演了什么角色的尖锐问题。纳德尔的一名工作人员在镜头外骂道："这些狗娘养的媒体。"

投票结束了，纳德尔一直忙到次日的凌晨才回到家里，他打开黑白电视机，继续关注最新的计票结果。

马特·韦尔奇记录下了第二天早上纳德尔与帕特·布坎南在国家记者俱乐部（the National Press Club）的一段谈话。纳德尔一早就到了俱乐部，显得很开心，虽然他只得到了2.73%的普选票——这已经无关紧要了，重要的是他改变了选举的结果。

"你是一个勇敢的人，一个领袖！"布坎南向他欢呼，"是的，勇敢的领袖！"纳德尔先是愣了一下，最终听懂了布坎南是在称赞他，两个人热情地握起手来。

"我要祝贺你，干得太漂亮了。"布坎南说。

"唉，帕特，你知道挑战这个顽固的两党竞选体系有多么不容易！"

2000年的大选几乎让所有人都意识到，现行的计票制度作为一门科学有多么不可靠。对于佛罗里达州和其他竞争激烈的州的错票和缺席选票①的计算方法，共和党与民主党展开了激烈

---

① 缺席选票是指选民没有在某个投票点登记就投出的选票——译者注

的争吵。最终，最高法院规定了弗罗里达州具体的计票方式。布什赢得了总统大选——只比戈尔多出 5 张选举团票。（他得到的普选票少于戈尔）。

拉尔夫·纳德尔得到的 2883105 张普选票主要来自于沿海几个具有自由主义倾向的州，不过戈尔在这几个州已经胜券在握了。只是在弗罗里达和新罕布什尔这两个州，纳德尔才真正给戈尔带来了麻烦。在其它所有布什获胜的州，即便戈尔得到纳德尔的全部选票，也不足以战胜布什。

弗罗里达州的官方统计显示，布什得到了 2912790 张普选票，戈尔得到了 2912253 张普选票。布什只比戈尔多得 537 张票。计票时发现了许多有争议的连孔票（hanging chad）、凹痕票（dimple）、蝶形票（butterfly ballot），[①] 每种的数量都达到了数百，甚至数千张。一旦它们被计入任何一方，就有可能产生不一样的结果。还是在弗罗里达州，纳德尔得到了 97488 张普选票，布坎南得到了 17484 张普选票，布朗得到了 16415 张普选票。

几乎所有人都相信，在一个不允许"搅局者"参加的选举制度中，戈尔一定能获胜。如果投票给纳德尔的选民中有不少于 51% 的人喜欢戈尔甚于布什（假设布坎南和布朗的支持者中，喜欢布什甚于戈尔的也是这个比例），那么戈尔将会获胜。或者换一种情况，如果布什得到布坎南和布朗的全部选票，而戈尔

[①] 连孔票是指选票打孔后应掉下的一小块纸屑还和选票连在一起；凹痕票是指打孔没有成功，打孔的部位只出现一个凹痕或印记，而不是空洞。——译者注

只拿到纳德尔68%的选票,戈尔同样能赢。

选举结束后,美国广播公司(ABC)在全国范围对投票给纳德尔的选民进行了一次民调,问他们如果只能在前两名候选人中选择,他们会投谁的票。47%的人说他们会投票给戈尔,21%说会投给布什,其余的人说他们根本就不会投票。需要注意的是,这项民调是在纳德尔的支持者们因为"破坏选举"而受到人们痛斥的时候进行的。接受调查的人一定清楚,如果他们坦承将选择戈尔而不是布什,会招致更多的批评。即使在这种情况下,去除那些弃权的人(正如我们现在所做的分析一样),美国广播公司的调查表明,纳德尔的投票者中有69%的人支持戈尔,只有31%支持布什。这意味着假如纳德尔没有参选,戈尔本可以赢下佛罗里达州。

同样的道理,假如纳德尔的投票者中有不少于72%的人喜欢戈尔甚于布什,戈尔就能在新罕布什尔州获胜。如果没有纳德尔(以及布坎南和布朗)的"搅局",2000年的选举最有可能出现的结果是,戈尔在佛罗里达州和新罕布什尔州普选中获胜,至少得到291张选举团票,远远超过布什的246张选举团票。

这里我要简单地回顾一下。在美国历史上,有5次总统选举的结果极有可能是由"搅局者"决定的(分别是1844年,1848年,1884年,1912年,2000年)。还有至少两次选举不能避免这样的嫌疑(分别是1892年,1992年)。特别要提到的是1860年的选举,当时共有四名候选人参选,他们瓜分了选票。选举团票的归属引起了纷争,并成为内战爆发的导火索之一。

1844年,一名拥护废奴主义的"搅局者"将一名奴隶主送进了白宫。

1848 年，前民主党总统让民主党在选举中落败。

1884 年，在一位禁酒党候选人的协助下，人们心目中的"酒吧之友"①成功地当选为总统。

1912 年，一名前共和党总统让现任的共和党总统连任的希望落空了。

2000 年，一名消费者权益的捍卫者和环保积极分子将美国财团的利益代言人推上了总统的宝座。

1828 年之后，总共进行过 45 次总统选举，在至少五次选举中，由于"搅局者"的加入，第二受欢迎的候选人成了最终的胜利者。也就是说，这种灾难性后果发生的几率大于 11%。如果把多数票选制度看做一辆汽车或一架飞机，对于消费者而言，它无疑是一件存在重大缺陷的产品——无论以怎样的速度行驶。

---

① "酒吧之友"是对 1884 年当选的美国总统格罗弗·克利夫兰的戏称——译者注

第四章 美国最邪恶的人

在过去的几次总统选举中,"搅局者"们体现出了空前的战略重要性。我们有必要追根溯源,了解一下制造出"搅局者"的那个职业——政治顾问。这个行业可说是美国人的独创,至少到目前为止,我们还没在其它有着悠久民主传统的国家见到过职业的选举策划人。这一职业的缘起据说可以追溯到合众国的早期。托马斯·杰斐逊(Thomas Jefferson)的顾问约翰·贝克利(John Beckley)就是一个明显的例子,他常被人称作早期的"政治顾问"。

更有资格获得这一称号的是马库斯·阿隆佐·汉纳(Marcus Alonzo Hanna,1837—1904)。在从政之前,汉纳是一个作风强硬的商业巨头。他是个精明的人,依靠迅速发展的钢铁和煤炭业建立了自己的商业帝国,对中西部的工人运动进行了严酷的镇压。50岁以后,他才把兴趣转移到政治方面。从1897年直到去世,汉纳一直是一名参议员,可人们真正记住他的,是他如何将威廉·麦金莱(William McKinley)打造成一名成功政治家的传奇故事。在汉纳的帮助下,威廉·麦金莱连续两届当选为俄亥俄州州长以及美国总统。麦金莱是共和党的总统候选人，因为妻子健康状况不佳，他讨厌四处奔波的竞选活动。而他的对手，民主党的候选人威廉·詹宁斯·布莱恩（William Jennings Bryan），是一位享有盛名的演说家，从选举一开始就坐着火车巡游全国，到各地去会见选民，发表演说。面对强劲的对手，汉纳并没有慌张，他以前所未有的力度替麦金莱进行广告宣传。汉纳筹集到的竞选资金共有350万美元（相当于今天的8000万美元，在当时算是美国历史花费最多的一次竞选了），大约等于布莱恩竞选开支的12倍。汉纳给每一个在1896年的选举中投过票的人都寄去了邮件，有些信件是以特定的族群为目标的；汉纳甚至发行了美国历史上第一份意第绪语的政治宣传册。

汉纳的做法从此改变了美国政治的游戏规则。美元第一次可以直接（甚至是合法地）转变成选票。在麦金莱获得压倒性的胜利后，再也没有哪位态度认真的候选人敢于忽视政治顾问的作用了。

今天的政治顾问必须懂得如何利用电子媒体，以严谨的科学态度开展民意调查，依据博弈论制订竞选策略，除此之外，他还必须具备（这是需要特别强调的）能够抛弃一般人的世俗价值观的精神特质。在20世纪60年代以前，这些要素很少能同时集中在一个人身上。约翰·F·肯尼迪与理查德·尼克松之间进行的四场辩论开启了一个新的政治时代。在收音机里听到第一场辩论的人们会认为这是一场势均力敌的战斗，而任何一个看到电视画面的人都知道肯尼迪会取得胜利。电视画面清楚地显示出，尼克松的膝伤还没有好利索，他脸色苍白，一副难受的表情，看上去一点儿也没有总统的威仪。他消瘦了不少，衬衫显得不合身，而且他不愿意化妆，人们都能清楚地看到他刚长出的胡茬。

政治顾问们的宣传口号很能打动人,"不要让自己成为第二个理查德·尼克松"。这一职业的重要性在 60 年代得到了迅速提高。正是在这个动荡的 10 年中,约瑟夫·纳波里坦(Joseph Napolitan)发明了"政治顾问"这个词。纳波里坦本人曾为肯尼迪、林登·约翰逊(Lyndon Johnson)以及 9 个州的州长工作过。在 1972 年出版的《选举游戏和如何获胜》(*The Election Game and How to Win It*)中,纳波里坦使用了许多兰德公司的战略专家们用于描述核战争的措辞。那时博弈论正受到"战略专家"们的追捧,阿罗的不可能性定理也是一个时髦的概念。"竞选活动就像是军备竞赛",前联邦选举委员会(Federal Elections Commission)主席特沃尔·波特(Trevor Potter)说,"直到其他国家拥有了一艘战列舰,你才意识到自己也需要一艘"。

今天,美国大约有 7000 名政治顾问。据说仅仅在上世纪 90 年代,从事该行业的人数就增长了两倍。顾问们成功地把业务扩展到以前从没雇佣过专业人士的次级选举中。优秀的美国顾问在自由世界的每个地方都是受欢迎的。美国人只在少数几个行业承接外包生意,政治顾问恰好是其中之一。

长期以来,"政治顾问"这个词实际上涵盖了一系列不同的职业——选举策划人、竞选顾问、电视与电台广告的制作人、民意调查员、邮寄清单①、拟订人、以及从发型师到发音矫正师

---

① 邮寄清单上的主要内容是广告或宣传材料,广告商或竞选人常会将选定一些宣传目标,并给他们寄去各类宣传材料,邮寄清单记录的就是这些目标的名字或地址——译者注

这类不那么受到重视的专业人士等等。顾问已成为了一个竞争激烈的行业。为顺应这一趋势，大学开设了相关的学位课程，出现了专门的行业刊物（《竞选活动与选举》[Campaigns and Elections]）和行业协会。金钱与权力是如此诱人，人们纷纷毛遂自荐，将简历寄给那些名声不佳的政客，并许诺提供免费的服务。每个人都希望用一连串的成功为自己的事业开个好头。然而，如同电影学院毕业的学生没几个能真正进入影视圈一样，顾问行业的淘汰率高得惊人。能成功的只是少数幸运儿，他们能够用私人飞机同时运作几场选举。而大多数人最后都碰得头破血流，不得不另寻出路。唯一能确定的事实是，竞选活动的性质在20世纪最后三分之一的时间里发生了根本的变化。如果说有一个人要为目前的混乱局面承担主要责任的话，他无疑就是李·阿特沃特（Lee Atwater）。

哈维·勒罗伊·阿特沃特（Harvey Leroy Atwater）1951年2月27日出生于亚特兰大。阿特沃特在读高中时，体育教练告诉他的母亲，阿特沃特永远不可能成为一名职业橄榄球运动员："他的心肠还不够硬。"在今天，这是一个让许多人觉得好笑的评语。科罗拉多州的民主党参议员帕特·施罗德（Pat Schroeder）说的一句话代表了大多数人的看法："李·阿特沃特或许是美国最邪恶和冷酷无情的人。"

阿特沃特是第一个把科学的态度和无耻的作风结合起来的政治顾问。阿特沃特曾对《亚特兰大宪法报》（the Atlanta Constitution）说过："我创建了一种特殊的选举办法，我认为它算得上一项伟大的发明。事实证明，在任何一次选举中这个办法都是成功的。"他对此做了进一步的解释，一个候选人应该根据民调选择那些主要对手与选民的意见产生分歧的问题,并坚持在选举中主打这些问题。

可实际情况还不仅如此。为了获胜,阿特沃特什么都干得出来。"'抹黑对手'并不是我的发明",但他承认,"我喜欢运用这种策略,因为它很好用。"

如同顾问这个职业一样,"抹黑对手"的竞选方式也并不是什么新鲜事物。在1828年的总统竞选中,安德鲁·杰克逊的竞争者们说他有吃人肉的嗜好。1856年约翰·弗莱蒙(John Fremont)也遭到了同样的指控。有了这些例子,我们大概能对今天竞选中的那些攻击广告有一个更清醒的认识。

辉格党人披露了一个惊人的"事实",如果揭开民主党候选人马丁·范布伦(Martin Van Buren)的外套,会在底下发现一件最精致的女式内衣。他挥霍无度,用的是金制的餐具,身上佩戴的是钻石和红宝石,客厅里摆放的是法国花瓶,吃的是进口的精致乳酪——这些开销全记在纳税人的身上。1844年的总统选举因为一项有趣的新闻而增色不少,亨利·克雷(Henry Clay)突然成了一个十恶不赦的坏蛋,十诫中没有哪一项是他没有触犯过的。1876年,民主党候选人萨缪尔·提尔登(Samuel Tilden)宣布,他要和卢瑟福·B. 海耶斯(Rutherford B. Hayes)打一场"干净的"选战。共和党随即宣称提尔登是一个梅毒患者、无可救药的酒鬼以及妄想恢复奴隶制的疯子。提尔登的人立刻做出了回应,声称海耶斯神智失常,枪杀了自己的母亲。

这种造谣诬蔑的风气一直持续到了20世纪。1948年,林登·约翰逊(Lyndon Johnson)和科克·史蒂文森(Coke Stevenson）争夺一个参议员的席位，他对一名手下下达了这样的指示："出去告诉他们，有人亲眼看见科克侵犯了农场的一头牲畜。"

这名工作人员震惊地说："可你知道并没有这回事！"

"我当然知道。但事情的真假并不重要。不管怎么样，你把这条消息发布出去，让科克自己去向公众解释吧。"

直到 20 世纪中期，情况才有所改变，攻击对手的情况明显减少了。近几十年来，竞选活动与从前、甚至与人们想象中的正常状况相比，都显得文明多了。电视做出的贡献或许是最大的。

在电视出现以前，市民们通常只会坐在自家的门前谈论政治。竞选者则频繁地出入于音乐厅、酒吧、百货商店，以及联谊俱乐部。他们都非常清楚，任何一条关于对手的生动的负面新闻都有可能扭转整个局势。大众传媒的普及、对空调的依赖、舒适的郊区生活，这些因素共同作用，形成了一种新的政治环境。人们越来越不愿去公共场合了，更多的时候只是待在自己的汽车、卧室，以及乡村住宅里。与华盛顿的政客们相比，好莱坞生产出的新名流们显然更有魅力，他们外形俊朗、有品味、总能引领时尚潮流。人们对于政治的关注程度在逐渐降低。

第一批具备现代意识的政治顾问懂得利用电视来推销他们的候选人。在那个年代，情景喜剧中扮演丈夫和妻子的演员还不能躺在一张床上，广播法规定在电台必须分配给对立的政治观点同等的播出时间，电视里放的全是一般的"家庭观众"感兴趣的新闻。约翰·F·肯尼迪和他的情妇公然在白宫的游泳池里调情嬉戏，没人敢报道他放荡的行为。严苛的环境已经给付费电视广告所能涉及的内容划定了范围。

20世纪80年代,里根政府放宽了对电台设置的"同等时间"的限制,政治评论的空间一下子变大了。正是随着这股解禁的潮流,拉什·林堡(Rush Limbaugh)①、福克斯新闻(Fox News)和美国天空广播电台(Air America)才应运而生。文化层面的变化同样显著,对性和色情日益宽容的态度、有线电视频道的迅速增加、利于谣言传播的网络,这些因素最终使得选举活动重新显露出它阴暗肮脏的一面。

把时钟调回到1978年,那时阿特沃特正担任卡罗尔·坎贝尔(Carroll Campbell)的选举顾问,帮他竞选南卡罗来纳州的州议员。坎贝尔的主要竞争对手是格林维尔(Greenville)市的前市长、民主党人马克思·赫勒(Max Heller)。到了7月,坎贝尔雇了一名叫做阿瑟·芬克尔斯坦(Arthur Finkelstein)的民意调查员,让他对本州可能投票的选票进行调查。

今天我们都知道芬克尔斯坦是怎么利用竞选广告让"自由党"这个词变成一个肮脏的字眼的。② 芬克尔斯坦的调查问卷中据说有这样一个问题:

请选出你认为可以最贴切地形容坎贝尔与赫勒的选项:(a)诚实,(b)基督徒,(c)关心民众,(d)工作勤奋,(e)有从政经验,(f)犹太人。

---

① 拉什·林堡是美国著名电视节目主持人。——译者注
② 自由党在英文中还有"自由的"、"开明的""大方的"等意义。他最著名的一句广告词是,"这就是自由党人,这就是杰克·里德,我们可以管他叫慷慨的里德,对于自己的福利,他一向是从不吝惜的。"(他还是马萨诸塞州的第一个正式结婚的同性恋者。)——译者注

无疑，在当时这是一个尖锐的问题。马克思·赫勒是犹太人，阿瑟·芬克尔斯坦也是犹太人。虽然所有的人都知道，宗教与种族会影响政治决策，但在以前的竞选中，很少有针对个人的调查敢于提到这样的问题。芬克尔斯坦的民调显示，南卡罗来纳州的选民愿意投票给犹太人，但他们不愿支持一个不承认耶稣是救世主的人。

这种选择让人吃惊的地方在于，人们通常认为，犹太人一般是不把耶稣当做救世主的。民意调查的数据经常显得不合逻辑。阿特沃特接下来干了一件事，他把调查的结果告诉了另一个无足轻重的参选者唐·斯普罗斯（Don Sprouse）。斯普罗斯开了一家拖车公司，宣称每次服务只收12块钱，人们因此称他为"12元哥"。在政治上，斯普罗斯只是个笑话，谁都没把他当回事。他最主要的竞选方式就是开上房车在州里四处转悠，寻找任何可能的机会和人交谈。

阿特沃特大概是这么对斯普罗斯说的："我希望你能暂时保守秘密，因为我们打算到选举之前再使用这条信息。"

斯普罗斯第二天就召开了新闻发布会。他严厉地指责赫勒，说他一直都不承认救世主曾经存在过。他最后得出结论说，这样一个犹太人无论如何不能作为南卡罗来纳州四个区的基督徒的代表。

即便阿特沃特的调查结果不完全准确，斯普罗斯的指控也对赫勒造成了伤害。坎贝尔成功地当选为议员。

阿特沃特这次成功的经历成为了他此后使用的许多竞选策略的样板。宗教及信仰上的固执能够转变成选票。其它候选人、新闻机构和竞选顾问常会迎合选民，毫无根据地称赞他们。阿特沃特则善于利用人们身上阴暗的一面。

阿特沃特还知道怎么让那些次要的参选者发挥他们的战略价值。斯普罗斯能够说坎贝尔不能说的话。没有人会把斯普罗斯发表的激烈言论和坎贝尔联系起来，而坎贝尔却能从中获益。斯普罗斯的批评无疑会分化赫勒的一部分支持者，其中一些人会转而支持坎贝尔，另一些人会投票给斯普罗斯。即使是后面一种情况，对坎贝尔也是有利的，因为斯普罗斯并不会对他构成真正威胁。

政治顾问经常会为竞选经费而操心。媒体大幅报道了斯普罗斯对赫勒的指控，对于坎贝尔阵营而言，这相当于免费的反向竞选广告。而当候选人发表较为积极的言论时，媒体却很少给予关注。

阿特沃特的最臭名昭著的发明是一种名为"推销式"的民调方式。在两年后南卡罗来纳州的一场选举中，阿特沃特第一次使用了"推销调查"。1980年，阿特沃特在南方的几个州替罗纳德·里根组织竞选活动，同时也在帮南卡罗来纳州的议员弗洛伊德·斯宾塞（Floyd Spence）进行民意调查。斯宾塞的主要对手叫做汤姆·特尼普西德（Tom Turnipseed），是一位有着传奇经历的民主党律师。特尼普西德曾是一名保守主义者，1968年，他替民主党总统候选人乔治·华莱士（George Wallace）工作，直到后来因为酗酒被华莱士解雇。特尼普西德接受了十二步康复治疗①，戒除了酒瘾。此后他回归了正常的生活，

---

① 十二步康复治疗是一种治疗毒品上瘾或药物依赖的疗法。——译者注

并重新涉足政坛。1977年，他以民主党中一名自由人士的身份参加了州长的初选。在这次竞选中，他告诉公众，自己曾在少年时期患过抑郁症，并接受过电击治疗。

1980年的竞选中，特尼普西德得到一个消息，阿特沃特的手下自称是独立的民意调查员，给市郊的白人选民打去了许多电话。这些"调查员"提到了一些意思含混的问题，似乎意在隐射特尼普西德加入了全国有色人种协进会（NAACP）——对于南卡罗来纳州的白人选民来说，这是非常令人反感的。

这或许是最早出现的"推销式"民意调查。这种调查真正的目的不是抽样收集选民的态度，而是改变选民的观点。调查者会提出这样的问题，如果你知道汤姆·特尼普西德是NAACP的一名成员，你会有什么看法？

特尼普西德指责这种电话"调查"是一种卑劣的行为。面对特尼普西德的指控，阿特沃特回应道："我不打算回应什么，你们愿意相信一个身上插满了电线的家伙吗？"①

"插满电线"这句恶毒的评语为李·阿特沃特及其发明的冷酷无情的新型政治提供了最好的注解。甚至是阿特沃特的母亲托蒂，在电视上看到特尼普西德对儿子的指控时也不禁大吃一惊。据阿特沃特的传记作者约翰·布拉迪（John Brady）回忆，托蒂流着泪给阿特沃特打了电话，她对阿特沃特说："李，我在电视上听到一些难听的话，他们说你是个阴谋专家，什么事都干得出来。"

---

① "插满电线"是讽刺特尼普西德小时候接受过电击治疗。——译者注

"妈妈",阿特沃特答道,"我这一辈子都不会离开政治,一直都会有人这么说我。"

1985年4月27日,副总统乔治·H. W. 布什把所有的家庭成员集中到一起,告诉他们自己打算参加1988年的总统竞选,并邀请阿特沃特当他的竞选顾问。这是一个非同寻常的决定。的确,阿特沃特是共和党年轻一辈中最优秀的人物,可谁也不知道他在南方得心应手的那些伎俩在全国性的竞选中是否也能奏效。阿特沃特和布什的组合显得十分古怪。要知道,布什出生的贵族家庭一向重视公平竞赛的原则。布什说他不想在竞选中使用诋毁对手的方法,他的妻子也是同样的想法。

布什把阿特沃特介绍给自己的家人。可他的两个儿子并不信任阿特沃特。被人称作"小布什"或"沃克·布什"的哥哥怀疑阿特沃特仍在替布莱克·马尼福特·斯通(Black Manifort Stone)顾问公司工作,而此时查尔斯·布莱克(Charles Black)正担任另一位共和党候选人杰克·肯普(Jack Kemp)的竞选顾问。

弟弟杰布·布什(Jeb Bush)说:"如果一颗手榴弹滚到了乔治·布什身边,我们希望你第一个扑上去。"

阿特沃特答道:"既然你们怀疑我的忠诚,你们可以派人过来和我一起办公,一旦发现我有任何不忠的行为,可以立刻让我走人。"

最终,"沃克"成了阿特沃特的搭档。在和阿特沃特共事过一段时间后,他对什么是新式竞选有了充分的了解。阿特沃特组建了一个由詹姆斯·平克顿(James Pinkerton)领导的"对手"小组("对手调查"的简称)。布什的竞选对手是马萨诸塞州州长迈克尔·杜卡基斯,该小组的任务就是找出他的任何负面消息,这是一个政治上的曼哈顿工程。该计划的预算达到了120万美元,调查人员超过了100名,这些人分成三班,日夜不停地收集情报。6名调查员专门驾驶房车赶到马萨诸塞州,仔细地查阅了过去30年的当地报纸,希望能在上面发现迈克尔和基蒂·杜卡基斯①说过或做过的任何不当的言辞或行为。"我唯一愿意直接听取报告的就是对手研究小组",阿特沃特说。

南卡罗来纳州的民主党人帕格·拉夫内尔(Pug Ravenel)听说了阿特沃特策划的这次大规模行动,他把这一消息告诉了杜卡基斯。"他们正打算造你的谣。"拉夫内尔提醒道。

"以前不是没人这么干过,"杜卡基斯答道。

"没错,但这次给他们策划的是阿特沃特",拉夫内尔说,"他是这行里的贝比·鲁斯(Babe Ruth)。"②

杜卡基斯仍然保持着他的高姿态。"我打算以公正的方式选举,首先我们想要这么做,其次我们应该这么做——这不仅仅是出于道德方面的考虑,还因为人们对我们有所期待。"

为了检验调查小组发现的事实的效力,阿特沃特在新泽西州的帕拉姆斯(Paramus)对目标人群进行了一次定向调查。他找来15名1984年投票给里根而现在支持杜卡基斯的民主党人,让他们在被单视向玻璃隔开的房间里回答问题。阿特沃特、民意调查员罗伯特·提特(Robert Teeter)和媒体顾问罗杰·艾尔

---

① 她是迈克尔·杜卡基斯的妻子。——译者注
② 贝比·鲁斯是美国职业棒球历史上最杰出的运动员之一。——译者注

斯（Roger Ailes，他后来成了福克斯新闻频道的首席执行官）坐在玻璃的另一边。

主持人问这些被挑选出的选民：如果他们得知，杜卡基斯曾经否决了要求在校学生必须向国旗宣誓效忠的提案……他反对死刑……他给予被判定有罪的谋杀犯许可令，让他们在周末离开监狱……他们会有怎样的感受。当得知杜卡基斯允许谋杀犯暂时出狱时，被调查对象的反应非常强烈。这些从前的自由主义者立刻转而反对杜卡基斯。

准许犯人暂时离开监狱并不是杜卡基斯的主意。最开始这么做的是他的前任、共和党人弗朗西斯·W. 萨金特（Francis W. Sargent）。不过杜卡基斯并不反对这条规定，1976年，他否决了一项旨在取消一级谋杀犯狱假的提案。

最先注意到这一点的并不是阿特沃特的调查小组。早在民主党初选中，阿尔·戈尔就利用狱假的问题打击过杜卡基斯。戈尔举过两个马萨诸塞州的犯人在狱假期间行凶杀人的例子。

不过阿特沃特的人找到了一个戈尔没有提到的案例。1974年，小威廉·霍顿（William Horton Jr.）因持刀杀人被判终生监禁。1986年6月6日，他等到了狱假，被获准暂时离开监狱。霍顿刚从监狱出去就逃跑了，10个月之后，他在马里兰州袭击了一对情侣。他在男青年身上捅了22刀，并两度对他的未婚妻施暴。霍顿是个黑人，而两名受害者都是白人。

阿特沃特像抽到了大奖那样高兴。他预料到布什会反对自己的计划，于是将自己在帕拉姆斯的那次调查录了下来，把录像带回布什家族位于肯尼邦克港（Kennebunkport）的庄园。他要让布什自己判断这种策略的效果。布什被说服了，阿特沃特终于可以放开手脚，大干一场了。

布什的竞选团队十分小心地不直接提及霍顿的肤色。阿特沃特替霍顿起了一个叫做"威利"（Willie）的化名，他知道这个名字听起来更像是黑人的。媒体果然没有让阿特沃特失望，凭着敏锐的嗅觉，他们很快找到了霍顿本人。一个记者打电话给监狱里的"威利"霍顿，问他支持谁当总统。"当然，我会支持杜卡基斯"，霍顿说道。

阿特沃特对记者们说。"你们听到威利说他支持谁了吗？我想他之所以选择杜卡基斯，大概是认为他一旦当选，自己离开监狱的机会就更大了。我不知道杜卡基斯是否会放他出来，不过我认为他的确会给威利更多的机会。"

这两条关于"威利·霍顿"的电视新闻为此后的负面宣传树立了一个样板。到了仲夏的时候，一个政治行动委员会（PAC）① 在电视上播放了一条简短的宣传广告，向观众展示了霍顿的照片——那种警察为嫌疑犯拍的面部特写照片。该政治行动委员会与布什阵营并没有正式的联系，因此阿特沃特和布什不用承担任何责任。在激烈的争议声中，这则广告立刻被撤下了（这是一次免费的宣传，媒体又一次找到了理由报道这个叫做"威利·霍顿"的黑人恶棍怎样对白人女性犯下不可原谅的罪行）。布什的竞选团队随即在电视上投放了批评狱假制度的正式竞选广告。这则广告没有提到霍顿，现在已经没有这个必要了。

---

① 政治行动委员会是由商人、工人或其它特殊利益群体组成的政治团体，旨在为他们所支持的政治候选人募集竞选资金。——译者注

布什和杜卡基斯进行了一次电视辩论，主持人伯纳德·肖（Bernard Shaw）问杜卡基斯，"州长阁下，如果是您的妻子被污辱，甚至被人杀害，你会同意判处凶手死刑吗？"

"不，我不想他被处死"，杜卡基斯答道，"你应该知道，我一直都反对死刑。"杜卡基斯知道他会被问到有关死刑的问题，只是没想到这问题会是针对他个人的。可他毫不动摇，依然坚持自己的观点。这次辩论之后杜卡基斯的民意支持率下降了5个百分点。保守主义的观察员认为正是关于死刑的问题致使杜卡基斯支持率下滑。性格直率的美国人希望候选人在面对那些假设性的提问时，展现出更多的血性。

杜卡基斯的竞选团队决定停止指责人们对霍顿抱有种族偏见。杜卡基斯的顾问苏珊·埃斯特里奇（Susan Estrich）说，"党内和团队里的很多人都对我说'我们不能得罪那些白人选民'，如果我们继续说霍顿的案子反映了种族主义，白人选民肯定不会高兴的。"

杜卡基斯与布什的另一个不同之处在于他没有一个稳定的顾问班子。阿特沃特和艾尔斯始终是布什竞选活动的策划人，而杜卡基斯几乎把自己请来的顾问换了个遍。事实上，杜卡基斯曾一度解雇了埃斯特里奇，后来又重把她请了回来。（杜卡基斯第二次雇佣埃斯特里奇是因为他意识到自己不能解雇团队中地位最高的女性。）给杜卡基斯提供建议的人在不断地增加。

杜卡基斯曾打电话给一位他认为值得信赖的顾问马里奥·科莫（Mario Cuomo），问他究竟该怎么应对阿特沃特对自己的负面宣传。科莫的回答是："没关系，你用不着理会它们，顺其自然就好了。"

于是竞选的大部分时间,杜卡基斯都遵循了科莫的建议。"选举结束后,我发现这是他给我的最糟糕的建议。"

如果你问选民们是否讨厌负面的广告宣传,大部分人会给出肯定的回答。"但他们一定会记住其中的内容,"詹姆斯·卡维尔(James Carville)补充道。10月末的时候,杜卡基斯的竞选团队设计了这样一则广告:杜卡基斯打开电视,看到布什阵营正在对自己进行恶意的攻击,他厌恶地关掉电视机。他说道:"我已经烦透了。在我担任公职的25年里,还没见过这么过分的事。乔治·布什在造谣中伤,颠倒是非。他说的全是谎话,这他自己清楚。"

但是杜卡基斯的广告并没有挽回他低落的民意支持率。最终,杜卡基斯的竞选团队打算进行反击,采取同样的诋毁战术。杜卡基斯阵营的一则广告宣称,一个贩卖海洛因的毒贩安吉尔·梅德拉诺(Angel Medrano)在狱假期间杀害了一名怀孕的妇女。这则孕妇的新闻让人感觉是为了达到某种目的刻意设计的。梅德拉诺被描述为"被他(布什)放出监狱的毒品贩子"。这次尝试并不成功,对公众而言,这种副总统需要为联邦监狱制度负责的说法实在是有些牵强。

布什成功地当选为总统,他得到了53.4%的普选票,差不多领先杜卡基斯8个百分点。1988年的总统选举成为研究政治顾问这一职业的最重要的案例。这次选举可以被看做一次可控的、目的明确的实验。布什打算抹黑对手,而杜卡基斯则决定进行公正的选举(直到最后他才改变想法)。究竟哪种策略更为有效,结果说明了一切。

1988年的总统选举让人们感到不安。阿特沃特就此打开了潘多拉的盒子。有了这样的先例,还有什么事情是需要顾忌的呢?有人在华盛顿散布谣言,声称长期以来,布什一直与一个叫做珍妮弗·菲茨杰拉德(Jennifer Fitzgerald)的女助理保持着不正当的关系。在早期的竞选中,人们不会把这样的流言当真。可如今世风日下,谁也不知道民主党人对此会作何反应。

其实阿特沃特本人的风流韵事已经能编成一部传奇了。经常会有一些娇媚的女性共和党选民到办公室去"拜访"他。阿特沃特已经养成了一种习惯,他会告诉和自己在一起的女人,说联邦情报局(the Secret Service)① 每隔几小时就会来房间检查是否装有窃听器,因此他们必须抓紧时间。

据说阿特沃特与杜卡基斯的团队达成了一项协议。如果杜卡基斯这边不在菲茨杰拉德②的话题上做文章,共和党同样也不会提杜卡基斯妻子的不忠事件。不过媒体并没有参与任何此类的交易。在肯纳邦克波特(Kennebunkport)③,美国有线新闻网(CNN)的玛丽·蒂洛森(Mary Tillotson)询问布什,他是否有过"不忠"的行为。布什觉得受到了侮辱,拒绝回答这个问题。他让自己的儿子乔治 W. 布什发表公开声明说:"那个问题的答案是大大的'NO'"。

选举结束后,布什总统提名阿特沃特为共和党全国委员会(Republican National Committee)的主席。阿特沃特一直想让共

---

① 联邦情报局是一个旨在保护总统、副总统及其家庭的安全机构。——译者注
② 菲茨杰拉德全名是珍妮佛·菲茨杰拉德,是一名美国外交官,据传老布什自担任中国大使以来一直都与她有染。——译者注
③ 布什家族的私宅就在缅因州的肯纳邦克波特。——译者注

和党得到更多非裔美国人的支持。可戴维·杜克却成为他实现心愿的一个重大障碍。杜克当时正在竞选路易斯安那州的州议员,并声言准备参加1991年的州长竞选。阿特沃特发现了一条规定,共和党全国委员会的执行委员会有权通过紧急决议。在他的授意下,委员会发布了谴责杜克并将他开除出党的决议。阿特沃特还特地录制了在黑人电台播放的批评杜克的宣传广告。可这些做法的效果却适得其反。一般的共和党员和黑人电台仇视杜克,这反而更加激怒了他的支持者。杜克挑衅式地对媒体宣称,"我是比阿特沃特更加纯粹的共和党人。"

在他39岁那年,阿特沃特在讲一个有关迈克尔·杜卡基斯的最恶俗的笑话时,突然昏迷了过去。医生在他的脑袋里发现了一个高尔夫球大小的肿瘤。医生告诉他,他得的是不治之症。

"我再也没有以前那种好斗的情绪了,"阿特沃特对他的一个记者朋友李·布兰迪(Lee Bandy)说,"我不明白以前自己怎么会做出那么过分的事。"

任何一个理性的观察者都不会料到发生在阿特沃特身上的变化。阿特沃特开始寻求精神的宁静。为了能让自己平静地面对死亡,他尝试了各种不同的方法——既有宗教的,又有世俗的。有人建议他把自己做过的错事以及所有被他伤害过的人的名字列一个清单。阿特沃特打算联系所有受害者并向他们道歉。

阿特沃特编造的负面新闻攻击的受害者不只是汤姆·特尼普西德、迈克尔·杜卡基斯,还有另外几十个人。阿特沃特向一位他在大学期间交往过的女性致歉,他曾试图把这姑娘骗到他的一群狐朋狗友的床上。那年的圣诞节,阿特沃特在度假别墅里亲口向妻子和几个朋友——他们碰巧到他家祝他圣诞快乐——坦承了自己能回忆起来的所有风流韵事。

阿特沃特在《生活》（Life）杂志上公开表达了自己的歉意，那期杂志于1991年发行，正好是他去世前一个月。最出人意料的是，他宣布和过去那个惯用阴谋诡计、不择手段的自己分道扬镳……为了爱与和平。"这次变故让我明白了，我身上缺乏的某些品质恰恰是这个社会所需要的：一点点同情心，以及对他人的许多关爱"。

阿特沃特在病床上所表达的悔意对顾问这项职业并无多少可见的影响。虽然在理智上不认同阿特沃特的负面宣传，那些顾问也意识到，如果不采用阿特沃特的策略，结果只能是失败。从这个意义上来说，是阿特沃特让媒体时代的竞选活动发生了不可逆转的阶段性变化。他成了那颗点燃燎原大火的火星。

布朗大学的达里尔·韦斯特（Darrel West）的报告显示，1976年的竞选广告有35%属于负面宣传，当时正好是阿特沃特凭借他的抹黑战术为自己闯出名气的时期。到1988年，负面宣传占到的比例已经上升到了83%。不需要看统计数据，你就能知道这个比例正在向100%靠近。《纽约时报》认为2006年的中期选举是在"迄今为止人们见过的最恶劣的环境中"举行的。在2006年9月的最后一周推出了30多条众议员与参议员的竞选广告，其中只有3条是正面的宣传。民主党与共和党的政治顾问都预测选举日那天的负面广告会超过90%。

从职业的角度看，阿特沃特是一个没有道德感的人，这一点几乎没有争议。当然，他也有自己的信仰。他是一名经济自由论者，认为企业应享有更大的自主权。他赞成堕胎，把宗教权利看做是"弱智人群"的主张。他认为只要能让他觉得最适合美国的那个候选人当选，伪造的调查结果、人们的偏见、含沙射影的攻击或其它任何手段都是可以利用的。是他为所有的人树立了榜样，让竞选顾问变得像兰德公司和克里姆林宫里的"冷战斗士"一样残酷无情。竞选变成了一种游戏，在这种游戏中，人们有必要、同时也被期待着去争取任何可能的战略优势。一个称职的政治顾问必须敢于思考前人不敢想象的问题。

阿特沃特经常把他使用的策略比作"九点连线游戏"。[①] 这个游戏要求画4条没有断开的直线，将整齐排列成3行的9个点连接起来。

● ● ●

● ● ●

● ● ●

解决的办法是将直线延长到9个点围成的方框之外，这要求人们忽略根本不是规则的"规则"。2000年的选举之后，阿特沃特的后辈们正是这样做的。

[①] 在英语中"九点连线"除字面意义之外，还有"不按常规思考、进行创新思维"的意思。——译者注

第五章　拉尔夫，参选吧，参选吧！

许多人觉得阿特沃特是卡尔·克里斯汀·罗弗（Karl Christian Rove）的精神导师，以为他要比罗弗年长整整一辈。可让人吃惊的是，罗弗生于1950年12月25日，比阿特沃特还要大2个月。

有一次，罗弗在谈到自己和阿特沃特时说，"我们是完全不同的人"。阿特沃特喜欢结交朋友，爱好运动，说话大声，很讨女孩子喜欢。罗弗则是一个有点秃顶，胖乎乎的青年，总戴着一副眼镜，看上去书生气十足。阿特沃特大学刚毕业就接手了一份难度极大的工作，帮助罗弗竞选共和党大学协会（the College Republicans）①的全国主席。罗弗最终赢得了选举，但此后阿特沃特取得的巨大成就让罗弗相形见绌。阿特沃特在30岁的时候，就已经成为替罗纳德·里根工作的政治明星了，在华盛顿过上了上流社会的生活。这时罗弗还正在得克萨斯的奥斯丁开创自己的事业，干着给人邮寄政治广告的活儿。许多政治顾

---

① 共和党大学协会（the College Republicans）是由支持共和党的美国大学生成立的一个团体。——译者注

问在发迹前都干过这种活,这是这个行业中的许多人不愿人提到的一面。到了20世纪90年代,互联网已经可以完成所有的宣传工作了。比尔·克林顿的民意调查员迪克·莫里斯(Dick Morris)预测,在互联网的"美丽新世界"①里,那些直接给人邮寄广告的顾问"将是最先消失的"。

但是他想错了。邮寄广告就如同体育记分牌一样,能为政治顾问提供关于选民的可靠记录。大部分政治活动都是有明确动机的。候选人花钱播放广告,购买选民的电话信息,是因为他们相信这么做能起到作用。只有亲自寄发广告募款的顾问才清楚选民相信怎样的宣传以及他们捐出了多少钱。

这种分析方法让罗弗登上了事业的顶峰。鉴于罗弗起到的作用,我们可以把2000年的总统选举当作一次态度严谨的科学实验,其目的是检验各种竞选手段的有效性。共和党在数据的分析上达到了至少是心理学家的专业程度。他们管这种分析叫"定量法"。共和党会特别留出选民名单中一部分人作为"参照组"。他们照常给名单上的其它人打电话或寄发广告邮件,而不与"参照组"的选民联系。等到投票结束后,再对这两组人进行电话访问,从统计学的角度对他们的投票情况进行分析。

有数据显示,只有6%的选民是真正没有倾向的选民。如果对他们施加影响,这部分人既有可能支持民主党,也有可能支持共和党。罗弗把这一现象概括为:"没有真正的中间派。"在他看来,稳固住那些态度顽固的保守分子的选票无疑更为重要。

许多分析家也开始密切关注纳德尔的"搅局者效应"。绿党

---

① 原文中借用了赫胥黎的《美丽新世界》的书名。——译者注

中的左派和宗教右派人士都投票给了布什。从 2002 年的中期选举开始，共和党就着手资助有可能对民主党造成损害的"搅局者"。

这是 2004 年互联网上的一幅漫画，卡尔·罗弗正在计算选票。公众认为，政治活动中真正的"恶人"是躲在幕后的政治顾问，而不是政治家本人。

其实这种方法很早以前就有人用过了。前文已提到过，民主党在 1884 年的纽约州州长竞选中资助过"搅局者"约翰·圣约翰。1908 年的总统竞选是在共和党候选人威廉·塔夫脱与民主党候选人威廉·詹宁斯·布莱恩之间进行的，在这次选举中共和党同样被指控通过资助"搅局者"来打击民主党。社会党的候选人尤金·德布斯（Eugene Debs）被认为是可能损害民主党的"搅局者"，他乘坐一列名为"红色专列"的火车到各处发表演说，为自己拉票。美国工会联盟的主席塞缪尔·冈帕斯（Samuel Gompers）声称，德布斯的车票钱是由共和党支付的，他们这么做的目的无非是分流掉布莱恩的选票，让塔夫脱从中得利。冈帕斯和他的工会是支持布莱恩的。

社会党对这种说法予以了驳斥，他们公布了一份详细的名单，上面记录着15000名替德布斯支付旅行费用的捐款人的姓名和地址。这趟火车宣传共用去了35000美元，每位支持者平均只捐了2美元多一点。我想大概没有人会专门费时间去核实这15000名捐款人的政治立场。德布斯得到的选票帮助塔夫脱在几个并不那么重要的州获得了胜利。最终，塔夫脱以压倒性的优势赢得了选举。

大胆尝试"搅局"策略的最近一个例子发生在2002年7月，新墨西哥州的共和党主席约翰·丹达尔（John Dendahl）私下向绿党提供了一笔"超过10万美元"的资金，条件是他们答应参加该州第一和第二国会选区的众议员选举。绿党在新墨西哥州有一定的影响力，他们在地方选举中已经几次扮演了"搅局者"的角色。唯一的变化在于，共和党现在愿意为绿党的活动提供资金，而以前这样的"服务"是免费的。

与共和党不一样，绿党内部并没有森严的等级制度。他们投票决定所有问题。丹达尔高度机密的提议被提交到绿党的全州大会进行投票表决，最终被否决了。一些参与投票的党员向媒体透露了共和党的这一提议。按照这些绿党人的说法，为了让他们充当"搅局者",共和党开出了25万美元的价码。不过绿党的答复是(以绿党一贯的口气)"同往常一样,我们坚决抵制和谴责任何企图利用选民,操纵选举的行为"。

丹达尔为自己辩解。"我不会直接到走到街上去要求一个绿党党员参选",他对美国有线新闻网(CNN)的凯特·斯诺(Kate Snow)说,"我对政治并非无所不知。事情是这样的,华盛顿的某人对我说,'我们想给绿党一笔钱',我不过是帮他带了个信。"丹达尔拒绝透露这位慷慨的捐赠者究竟是谁。不过几乎所有的人都相信,不管支票上签的是谁的名字,这笔交易的策划者一定是卡尔·罗弗。

共和党在新墨西哥州的尝试让德克萨斯州的记者詹姆斯·摩尔(James Moore)和韦恩·斯雷特(Wayne Slater)想起了早前德克萨斯选举中出现的卡尔·罗弗的"六人组"。1991年,罗弗正在德克萨斯帮助里克·佩里(Rick Perry)与该州前任农业部长、民主党人吉姆·海托华(Jim Hightower)竞选下一届的农业部长。有6个汲汲无名的候选人不知从哪里冒出来,和海托华一同参加了民主党的党内初选。"他们很快就承认了自己是共和党人",海托华抱怨道,"这些人以前根本就没参加过民主党的任何活动",一向由共和党人把持的德克萨斯农业局替这6个人支付了申请费。"没有证据表明,罗弗与这件事有直接的关联",摩尔和斯拉特在《布什的智囊》(*Bush's Brain*)一书中写道,"但在1990年很难想象,德克萨斯农业局的这种有利于佩里——佩里当时正好请罗弗当他的顾问——的做法是没有经过罗弗授意的。10年之后,新墨西哥州的共和党同样不可能在罗弗不知情的情况下向绿党提出那样的交易。"

另一件让人难以置信的事情是，在2004年的总统大选中共和党的政治顾问并没有听从绿党的建议。他们肯定会为此感到后悔的。绿党提名戴维·科布（David Cobb）为候选人，可他不像拉尔夫·纳德尔那样能吸引媒体的关注。对于追求连任的布什来说，一个更好的消息是纳德尔又一次参选了——这次是以独立候选人的身份。

在2004年的选举中，纳德尔需要处理一些4年前还不存在的问题。头一个麻烦是他已经在2000年参选过一次了。此外，对选民而言，听人说纳德尔可能是"搅局者"是一回事，亲眼在美国有线新闻网（CNN）上看到相关的报道则又是一回事了。并不是每一个在2000年投票给纳德尔票的选民都准备再一次投他的票。不仅如此，还存在着技术上的障碍。由于得不到任何一个党——哪怕是一个小党——在组织上的支持，纳德尔甚至很难让他的名字出现在州选票上。①

一般市民会以为，站在购物中心的停车场收集署名选票②的人都是热心公益的志愿者。实际上，他们中的绝大部分人并不是志愿者，而是从其他州雇来、时薪11美元的临时雇员。许多这样跑腿的活儿现在都由公司承接了。

纳德尔的团队清楚他们需要专业的帮助来收集署名选票。纳德尔需要14694张署名票才能成为亚利桑那州的正式候选人。为了说明收集到足够签名的可能性有多么渺茫，我们可以直接

---

① 每州的选票上只会列出比较重要的候选人。——译者注
② 署名选票是指选民通过签名表示支持某个特定的候选人，如果这样的签名达到一定的数量，该候选人就能成为该州的正式候选人。——译者注

第五章 拉尔夫，参选吧，参选吧！

跳到这年的11月看看最后的结果——纳德尔在整个州只得到了2773张署名票。

收集署名票的公司也是有党派之分的。2000年的总统选举之后，没有哪家支持民主党的公司会替纳德尔服务。2004年春季，纳德尔的竞选团队找到了阿诺政治顾问公司（Arno Political Consultants），这是一家总部位于萨克拉门托郊外的知名公司。众所周知，阿诺公司是一家再标准不过的"共和党公司"，但它同时也为一些私人机构提供服务，其中包括许多纳德尔曾经诋毁过的企业——沃尔玛、西方石油（Occidental Petroleum）、菲利普·莫里斯（Phillip Morris）。

"我认为和纳德尔这样的人扯上关系对我们来说不是件好事，"迈克尔·阿诺说，"我跟布什虽然没有私交，但我认识他身边的一些人。"

阿诺告诉纳德尔，佛罗里达JSM公司的詹妮·布雷斯林（Jenny Breslin）可以提供他所需要的服务。JSM公司在私底下与阿诺公司有着密切的合作关系。JSM公司已经签订了合同，正在为一项名为"亚利桑那紧急行动"的保守的表决提案[①]征集签名，该提案旨在取消政府给予非法移民的公共服务。JSM同意在亚利桑那州为纳德尔收集选民签名[②]，每个签名该公司收取纳德尔2美元。

JSM的员工们被派出去征集签名了，他们的记事簿上留有

---

① 表决提案又称公民提案，是指只需有最低数量的登记选民共同签名就某一议案提出请求，该议案即可通过公民投票进行表决。——译者注
② 这里的选民签名指的就是署名选票。——译者注

支持"亚利桑那紧急行动"提案和提名纳德尔为候选人这两个签名栏。他们鼓励人们同时在这两项请求下签名,而不需要考虑这么做的意义。这样做确实没有意义。在《美国保守主义》6月份的一篇文章中,纳德尔以前的对手帕特·布坎南直截了当地质问纳德尔,非法移民是否有权享有公共福利。纳德尔回答说:"应该遵循公平劳动的标准,没有登记的外国人也应该享有美国人享有的权利和工资水平。如果这个国家不喜欢这样做,它可以修改移民法。"

同时在两个签名栏里签字的选民们要么是不知道他们在做什么,要么就是非常清楚这么做可能造成的后果。他们也许已经想到了纳德尔会再次帮助布什获胜。

与此同时,纳德尔还出乎意料地得到了斯普劳尔事务所(Sproul & Associates)的无偿帮助。这家公司一直替共和党全国委员会打理各项重要事务,懂得怎样说服选民们签署署名选票。不过真正让该公司出名的还是它不择手段的行事方式。如果斯普劳尔能及时支付员工的薪酬,它的名气或许不会这么响亮。2004年,联邦调查局(FBI)在拉斯维加斯的办事处接待了一个名叫埃里克·拉塞尔(Eric Russell)的男人,他带来了厚厚一捆民主党选民登记表。据拉塞尔说,这些表格都是从斯普劳尔事务所的垃圾箱里捡到的。显然,在内华达州选民登记的高峰时期,斯普劳尔的工作人员有时会让民主党人填写登记表,然后直接将这些表扔到垃圾箱里。① 拉斯维加斯的当地电视台曾

---

① 这是明显的违法行为,按照美国法律,斯普劳尔事务所本来应该将这些登记表上交给选民登记局。——译者注

报道过一个自以为有投票资格的"脑筋有问题"的民主党人。实际上,此人是无辜的,他的登记表恰好被斯普劳尔的人扔进了垃圾箱。拉塞尔说他之所以披露此事是因为斯普劳尔公司没有向他支付工资。

德雷克·李(Derek Lee)替一家名为"李氏申述"(Lee Petitions)的公司工作,他告诉博客写手马克思·布鲁明戴尔(Max Blumenthal),有人付钱给斯普劳尔的两名员工,让他们替拉尔夫·纳德尔征集足够让他成为亚利桑那州正式候选人的签名。布鲁明戴尔电话联系了这两名工作人员(亚伦·詹姆斯[Aaron James]和狄安娜·伯恩斯[Diane Burns])。他们"明显感到难堪,当被问到斯普劳尔公司是否雇他们替纳德尔收集签名时,两个人都立刻挂掉了电话"。

不过,这些签名只有交到纳德尔的手上,才能起到作用。这次隐秘的交易是在斯科茨代尔(Scottsdale)的一家廉价的汽车旅馆中进行的。纳德尔的特别顾问詹妮·布雷斯林(Jenny Breslin)把旅馆的一个房间作为临时总部。据说斯普劳尔收集的签名是由共和党全国委员会的前顾问梅根·罗斯(Meghan Rose)亲自送交布雷斯林,然后由布雷斯林的工作人员把罗斯送来的签名和纳德尔自己收集到的签名混到一起。马克思·布鲁明戴尔在自己的博客中写道:

当被问及是否与斯普劳尔和纳德尔的"签名事件"有关联时,罗斯并没有予以直接的否认。她只是反复地说,"我没有替内森·斯普劳尔(Nathan Sproul)工作,我甚至不知道你是怎么弄到我的名字的。"

当她第二次被要求确定这一指控的真实性时,罗斯有些恼火了。"我什么也没做,只和内森·斯普劳尔握过一次手。"这是她最后的回答。

记者拨通了詹妮·布雷斯林的手机,问她是否从罗斯那里收到过斯普劳尔替纳德尔收集的签名,她拒绝发表意见,让记者直接去问斯普劳尔。而斯普劳尔始终联系不到。

这是德鲁·谢尼曼(Drew Sheneman)2004年的一幅漫画,实际情况比漫画更令人震惊。在亚利桑那、密歇根、新墨西哥以及俄勒冈州,共和党的捐助人付钱让人签名支持纳德尔。(共和党在窗外喊道:"拉尔夫,参选吧,参选吧!")

不过斯普劳尔确实对《亚利桑那共和报》说过:"没有任何人付钱让我们(为纳德尔)收集签名,我也没有雇过任何人来做这件事。"

第五章　拉尔夫，参选吧，参选吧！

如果斯普劳尔的买票行为只是一个孤立事件，他的否认或许会更可信一些。但事情很快就清楚了，共和党进行了全国范围的动员，试图让纳德尔在每个州都成为正式候选人。民主党的目的则是阻止纳德尔成为正式候选人，他们立即采取了反制措施。

在俄勒冈州被正式提名为候选人相对而言比较容易。一名候选人只要召开一次候选人提名集会，让 1000 个登记的选民在推荐自己为州候选人的请愿信上签名就行了。2000 年，纳德尔征集的签名远远超过了这个数量。不过在 2004 年 4 月的提名集会上，纳德尔没能收集到他需要的 1000 个签名。

纳德尔决定在 6 月 26 日再试一次。民意调查显示，俄勒冈的竞争激烈，民主党和共和党都没有绝对的把握获胜。民主党总部给每个党员都发了一封电子邮件，敦促他们参加纳德尔的提名集会并且不要在请愿书上签名。这么做可以把纳德尔真正的支持者挤出会场，纳德尔自然也就得不到足够的签名了。

2004 年的政治格局展现出了新面貌，这年出台了一项新法规，限定了单个捐助者所能资助给政党的最高资金额度。结果大量的资金流到了独立的政治行动委员会（PAC）和 527 个游说团体那里。这 527 个游说团体可以毫无顾忌地做各大政党想做而又不敢做的事。在俄勒冈州，有两个尽管在名义上不属于共和党却具有强烈保守倾向的团体——俄勒冈州家庭理事会（the Oregon Family Council）和促进经济公民协会（the Citizens for a Sound Economy，CSE），共和党通过它们暗中对纳德尔进行支持。俄勒冈州家庭理事会坚决反对堕胎。经促会（CSE）则是一个代表企业利益的团体，它几乎在任何问题上都与纳德尔持相反意见。美国有线新闻网（CNN）问纳德尔，经促会（CSE）为什么会帮助他。纳德尔回答，因为经促会（CSE）"反对国会提高工资的策略"。这是一个精彩的回答。正如政治顾问杰夫·科亨（Jeff Cohen）所说的，"在一千个问题中，纳德尔和经促会（CSE）或许只能找到这一个共同点，而恰恰是这一点让他们结成了联盟。"

这两个保守的团体都动员他们的支持者参加纳德尔的提名集会，在很多人看来，经促会的这种做法似乎有些难以理解。当记者打电话过去询问原因时，经促会的人显然早有准备，他们的回答是这么做可以"从约翰·克里[1]那里分流走一些关键的选票"。结果显示，这些做法都是白费心机。纳德尔又一次没能凑够 1000 个签名。据报道，纳德尔的竞选团队在 7 月底没有递交他们收集到的签名，"如果让人知道签名者中有多少是登记的共和党选民，无疑会是件尴尬的事"。

在被问到纳德尔怎么看待共和党的帮助时，纳德尔的一名发言人用艾因·兰德（Ayn Rand）[2] 的口吻说道："这是一个自由的国家，人们有权利做他们喜欢做的事。"

在密歇根州，支持纳德尔的签名最后都被集中到了该州的共和党胜利中心（Republican Victory Centers）。密歇根州的共和党执行主任格雷格·麦克尼利（Greg Mcneilly）夸耀说，他本人就为纳德尔收集了 1000 个签名，还说"他最热切的愿望"就是看到纳德尔从克里那里分走选票。密歇根州的共和党干得不

---

[1] 约翰·克里是 2004 年美国民主党总统候选人。——译者注
[2] 艾因·兰德以好斗的言论和政治上的保守主义著称。——译者注

错，他们为纳德尔收集到 45000 个签名，这已经超过了纳德尔需要的 30000 个签名，几乎是纳德尔无能的竞选班子募集到的 9 倍。共和党的一个竞选工作者尼克·德·莱乌（Nick de Leeuw）把纳德尔收集到的签名上交给密歇根计票委员会（Board of Canvassers），而密歇根州上诉委员会（Board of Appeals）一时无法决定是否将纳德尔列为该州的正式候选人，于是一名共和党的律师对此提出诉讼，声称纳德尔受到了不公正的对待。

"我们不会接受任何共和党员的签名"，纳德尔的发言人凯文·奇斯（Kevin Zeese）语气坚定地说道。毕竟，纳德尔曾鼓动议会弹劾乔治·W. 布什总统。几个小时后，奇斯再次谈到这个问题。这次他的口气缓和了许多，如果纳德尔不能获得改革党（the Reform Party）的提名，他可能会接受共和党人的签名。"无论如何，我们都要让他的名字出现在选票上。"奇斯说。

7 月 9 日，与纳德尔搭档的副总统候选人彼得·卡梅约（Peter Camejo）否认纳德尔收过共和党的钱，不过他很快就收回了自己的话。"我们不需要那笔钱"，卡梅约坚持说——《旧金山纪事报》（*San Francisco Chronicle*）曾经报道说，纳德尔的大笔款项赞助者中有十分之一同时也是共和党的捐款人。几天以后，卡梅约又说："可想而知，支持布什与共和党的人认为我们的名字应该出现在选票上。难道要对所有资助我们的人进行测谎，看他们是不是共和党吗？"再说，"共和党人也一样是人。"

为了保险起见，候选人最好收集到 2 倍于规定数量的签名。许多签名最终都将被认定是无效的，即使没有出现 2004 年大选那样特殊的情况。① 纳德尔在亚利桑那州得到的 2 万个签名差不多达到了规定数量。可是民主党对签名的有效性提出了质疑，经过严格的检查，纳德尔离获得正式候选人的资格还差 550 个签名。纳德尔在俄勒冈州同样没有获得正式提名。不过他在密歇根州和新墨西哥州获得了提名（在共和党的帮助下）。

还有一个人是 2004 年的总统选举中潜在的"搅局者"，卡尔·罗弗对此人非常了解。

罗伊·摩尔（Roy Moore）毕业于西点军校，在越南打过仗，大家都觉得他是个怪人——从人们给他起的诸多绰号就能看出这一点。在越南，摩尔被人称作"美利坚上尉"，一个带有嘲讽意味的称呼。摩尔对自己要求极为严格，所以他在部队里人缘并不好。他睡觉时甚至把沙袋堆在床铺周围，以防范手榴弹的袭击。在亚拉巴马大学法学院，一位教授称他为"水果沙拉"，因为他经常会产生一些疯狂的想法。例如他想要成为一名职业的空手道选手。为了实现这个愿望，上世纪 80 年代早期，摩尔辞去了地方检察官助理的工作，不过他并未取得成功。这以后，他移居到澳大利亚的内陆，在那里过上了牛仔的生活。

20 世纪 90 年代，摩尔最终回到了亚拉巴马，再次进入司法部门。1995 年，他把一块亲手制作的上面写有十诫的木板竖在法庭上。每次开庭之前他都会将这 10 条念上一遍。ACLU（美国公民自由协会）对此提起了诉讼，摩尔败诉，被罚了一大笔钱。摩尔由此得到了他最令人印象深刻的一个绰号——"十诫

---

① 2004 年的总统大选后，人们发现了数量超出正常水平的无效选票。——译者注

法官"。

摩尔知道自己会输掉官司,但他坚持自己的做法。1997年,一名联邦法官要求摩尔把木板从法庭上拿走。摩尔答道,"如果联邦政府真想拿走木板,就让他们派执法官亲自来取。"

各处都召开了声援摩尔的集会。亚拉巴马的许多政治人物的确是真心地赞同摩尔,还有一部分人知道他们至少要表现得像摩尔的支持者。亚拉巴马州州长福布·詹姆斯(Fob James)公开表示,"在必要的时候,我会召集州警,甚至动员国民警卫队来保卫摩尔的木牌。"直到今天,摩尔的木牌还待在原来的位置上。

2000年,摩尔参选亚拉巴马州最高法院的首席大法官。他的主要竞争者哈罗德·西(Harold See)聘请的顾问正是精力旺盛的卡尔·罗弗。当时人们都认为西的优势更大,罗弗为自己找了一份轻松的工作。罗弗有一个绝招,他曾多次在南部的司法选举中用过,几乎没有不成功的。他把对手描述成养尊处优、穿着缀着流苏的休闲鞋的投机分子,他们依靠高得离谱的损害赔偿金获取暴利。

不过人们很难把休闲鞋和摩尔的形象联系到一起。因为那块"十诫"木板,他已经成了人们心目中的英雄。摩尔最终赢得了选举,为了纪念这次胜利,他让人做了一块重达2吨的"十诫"花岗岩碑——照着那块木板的样子做的——把它放在了亚拉巴马州司法大楼的圆形大厅里。

摩尔想以宪法党(Constitution Party)候选人的身份参加2004年的总统选举。宪法党有320000名党员,它排在绿党的前面,是美国的第三大党。摩尔的参选是一种威胁,罗弗的目的是团结所有的保守主义者,而摩尔有可能进一步分化在社会与经济问题上持不同观点的保守主义选民。(宪法党副主席 J. 帕特里克·约翰逊(J. Patrick Johnson)写了一篇名为《为何基督徒不应投票支持乔治·布什》的文章。)

"卡尔·罗弗并不担心罗伊·摩尔会在 11 月对布什总统构成真正的挑战——至少目前不会。"《沙龙报》(Salon)的弗雷德·克拉克森(Fred Clarkson)写道,"不过摩尔的确可能扩大布什的支持者在意识形态上的分歧,甚至让他输掉选举——如同 2000 年拉尔夫·纳德尔让阿尔·戈尔输掉一样——这足以让观察家们认真地研究数据,重新考虑摩尔的重要性了。"

如果在另一场选举中,摩尔可能会成为恶意攻击的目标,可罗弗在 2004 年不打算这么干,他打算让摩尔的狂热支持者们都出来投票。把摩尔称作疯子不一定对布什有利,这种宣传即使与布什扯不上直接的关系,仍可能引起一部分社会保守派的恶感,而不给布什投票。

1996 年,摩尔完成了自己最大的一个心愿,他和别人合作,草拟了"还原宪法法案"(Constitutional Restoration Act)。2004 年 3 月,两名亚拉巴马州的共和党议员将该法案提交到国会。这项法案规定"最高法院无权裁判任何有关法律、自由或政府是否必须服从上帝的问题"。参议员理查德·赛尔比(Richard Selby)是该议案的提交者之一,他大胆地预测,一定会有足够的赞成票让这项提案通过。

国会委员会[①]对该议案的讨论结果从未公之于众。与此同

---

① 国会委员会是国会的的一个下属立法机构,负责收集信息,确定有资格进行立法审议的提案。——译者注

时，布什在竞选中提出一项禁止同性恋婚姻的宪法修正案。华盛顿的观察家认为这是对罗伊·摩尔——他曾抱怨"现在的法律太胡闹了，甚至三个男人都可以和一匹马结婚"——所代表的保守人士的妥协。可摩尔并不买账。他认为布什的提案中的漏洞太多了。摩尔抱怨说，按照布什的修正案，"有些法官可能会允许人们和自己的姐妹或女儿结婚"。

如果是没有正式候选资格的第三党党员，很难通过民意调查来判断他在选举中的实际得票率。即使是摩尔最坚定的支持者，也不一定会在选举中投他的票。"就个人而言，我喜欢罗伊·摩尔法官"，基督教联盟（Christian Coalition）的主席罗贝塔·库姆斯（Roberta Coombs）说，"我赞赏他对待十诫的态度。但是我认为他的确不该参选，这会损害到布什总统。"

还有一些人已经开始重新考虑选票的流向了。政治顾问坦亚·梅里奇（Tanya Melich）说，"你不用考虑那些布什肯定能获胜的州，真正重要的是那些最终结果仅仅由1、2个百分点决定的地方。这样的地方只有一处——佛罗里达州。"《国家报》专栏作家米加·西弗雷（Micah Sifrey）预测，摩尔还可能动摇布什在科罗拉多州和俄勒冈州的优势，这对约翰·克里是有利的。

"民主党应该停止继续仇视拉尔夫·纳德尔了"，蒂莫西·诺亚（Timothy Noah）认为，"他们要做的是恭维甚至讨好摩尔，这个人的参选对他们至关重要"。诺亚提出的建议包括，比尔·克林顿可以在晚上亲自打电话找摩尔谈谈，芭芭拉·史翠珊（Barbra Streisand）到摩尔的教堂去免费献唱，克里的顾问鲍勃·施拉姆（Bob Shrum）可以为摩尔制作免费的政治宣传广告。

《蒙哥马利广告人》(*Montgomery Advertiser*)①的工作人员简直不敢相信,摩尔会成为一个"搅局者",而克里则从中受益。"可是如果亚拉巴马人对摩尔的过去有所了解,就会知道他不是一个总是遵循逻辑行事的人。"

摩尔最终决定退出选举,人们很难找到符合逻辑的原因。宪法党提名迈克尔·佩罗卡(Michael Peroutka)为总统候选人。佩罗卡曾在美国卫生部任职,他后来发现卫生部的许多做法都是宪法所不允许的,于是毅然地辞职了。在11月的选举中,佩罗卡的得票率只有可怜的0.12%。

布什在第二次总统选举中已经不需要纳德尔的帮助了。他在普选中多出克里的票数几乎是纳德尔总得票数的7倍。自由党候选人迈克尔·巴德纳里克(Michael Badnarik)的表现几乎和上次选举中的纳德尔同样出色,而巴德纳里克从布什那里分走的选票可能还要多于他从克里那里夺走的。

尽管如此,对于美国竞选而言,共和党为纳德尔收集签名的做法仍然成了一个分水岭。2004年还需要偷偷摸摸做的事现在已经毫无顾忌地干了。对候选人来说,资助"搅局者"就和"兴奋剂"一样有效。只要能得到更多的选票,谁会在意这种做法最终的后果呢?

---

① 《蒙哥马利广告人》是一份亚拉巴马的日报。——译者注

第六章 搅局者之年

2005年11月,美国众议员兰迪·坎宁安(Randy Cunningham,绰号"公爵")承认自己犯有邮政欺诈、逃税和接受240万贿赂的罪名。而在此之前,他是以改邪归正的基督徒和"一位我们能够为之骄傲的国会议员"的形象进行竞选的。坎宁安被判有罪后,留下了一个代表圣地亚哥北部沿海繁荣地区的席位。为了填补这个空缺,人们在2006年6月举行了一场特别竞选。第50国会选区一向是共和党的地盘。共和党的候选人布赖恩·比尔布雷(Brian Bilbray,一位前国会议员)本该毫不费力地获胜。然而,民意测验显示,比尔布雷和他的民主党对手弗朗辛·巴斯比(Francine Busby)的支持率几乎不相上下。巴斯比是一个没有多少政治经验的女性,是加迪夫学校董事会的委员。

要是在11月中期选举的前几个月丢掉一个共和党的国会席位,对共和党来说会是尤其丢脸的。共和党为援助比尔布雷的竞选筹集了500万的资金,巴斯比的资金也不少,有200万。这些钱被用来聘请大批的政治顾问替他们出谋划策、在电视上播放竞选广告,以及从事美国人已经开始习以为常的种种肮脏的政治活动。巴斯比的广告把比尔布雷的照片跟垃圾箱并置在一起。而比尔布雷的广告则含沙射影地暗示巴斯比纵容了儿童色情业的发展，诸如此类。

虽然总的来说，比尔布雷是个温和派共和党人，但是他对移民政策持所持的态度具有强烈的鹰派色彩。第 50 选区的拉丁美洲移民相对较少，那里白人很多，他们都担心南方的移民会大量进入该州。比尔布雷支持在从太平洋到墨西哥湾的的边境线上修建一道不留任何空隙的边境围墙。在比尔布雷的一则竞选广告中，人们看到他驾驶着一辆推土机，把"提华纳的污水"① 阻挡在加利福尼亚海滩之外。

这次竞选的潜在搅局者是威廉·格里菲思（William Griffith）。他是一个剃平头的西点军校毕业生，在卡尔斯巴德市教过几何学，还担任过一个数学电视节目的主持人。格里菲思是一个共和党人，以独立候选人身份参选，高举反移民的政纲。格里菲思声称，跟比尔布雷相比，他反移民的态度更加坚决。但没人知道他怎么能做到这一点。

格里菲思的支持率一直维持在 4% 左右，差不多正好是显示比尔布雷和巴斯比支持率持平的民意测验所允许的误差范围。格里菲思自己花费了 2000 块钱来进行竞选。他用那些钱创办了一个网站，剩下的钱用于支付各地拉票花去的车旅费。这个网站说，比尔布雷"毫无疑问不是个保守派"，巴斯比则是"一个典型的只会要你交税去帮助那些懒汉的自由派"。

接下来，某种奇怪的事情发生了。开始有人给第 50 选区的

---

① 提华纳是墨西哥西北部靠近美国边境的一个城市。——译者注

选民打电话,要他们给格里菲思投票。没有人比这位候选人自己对此更感到疑惑不解了。"我不知道是谁在代表我指挥这场电话竞选活动,"格里菲思在他的网站上写道,"对于那些了解我的立场并想帮助我竞选的人,我感谢他们的热情。"他承认,"但我不知道他们这样做究竟是为了帮助我,还是把它作为反对比尔布雷的一种策略"。

当吹捧格里菲思的广告开始在保守派的电台谈话节目中出现时,谜题被解开了。它们的部分内容是这样的:

谈到移民政策的时候,你觉得游说者布赖恩·比尔布雷是个保守派吗?再想想吧……游说者比尔布雷并不是能够保卫我们边境的候选人。你有权做出选择。独立竞选人威廉·格里菲思得到了"圣地亚哥民兵"和"圣地亚哥边境警卫队"组织的支持,因为他反对外来工人计划、赦免计划以及雇佣非法移民。弗朗辛·巴斯比是支持约翰·麦凯恩的移民政策的,麦凯恩的政策要求边境部门更严格地执行命令,对边境侦察人员给予更多的支持,同时拒绝给予非法移民大赦。涉及移民政策时,别指望游说者布赖恩·比尔布雷能说服华盛顿,改善边境的状况。我是弗朗辛·巴斯比,一位国会议员的候选人,我对这条通讯表示赞同。该通讯由候选人弗朗辛·巴斯比支付费用。

巴斯比/格里菲思在广告中承认他们在攻击政敌,这种赤裸裸的坦率让人感到吃惊。巴斯比赞同这条通讯,通讯中也包括了为巴斯比本人宣传的竞选口号——但是请记住,这些广告是以拉什·林博[①](Rush Limbaugh)的支持者为目标的,这些人

---

① 拉什·林博(Rush Limbaugh):美国保守派电台主持人。——译者注

不会给持极端女权主义的官僚投票。这则广告的要点在于，要让比尔布雷的支持者转向格里菲思，而格里菲思是不可能获胜的。比尔布雷向记者抱怨，"从未听说过"一个候选人会为她的对手做广告。

要想知道有没有为他人助选的先例，你得对竞选活动的历史有相当的了解才行。这儿有个例子：2005年的11月，一些弗吉尼亚的选民收到一份"民主党和进步党选民的官方指南"。这份指南对民主党的州长候选人鲜有赞美之词。其中说，提姆·凯恩（Tim Kaine）"对你们关心的问题置之不理"。该指南还指出，"拉斯·波茨（Russ Potts）是唯一会支持进步原则的候选人"。它列举了7个问题，对于这7个问题，波茨都采取了自由开放的态度，而凯恩的态度则相对保守。

波茨是一个倾向自由派的共和党州参议员，他以独立候选人的身份参选。波茨并没有送出这些印刷精良的指南。要想知道是谁干的，警觉的选民必须读一读凯恩照片边上的竖行小字，这行小字是这样写的："由支持杰里·基尔戈（Jerry Kilgore）的弗吉尼亚人支付费用并授权印刷。"基尔戈是共和党的被提名人。他眼看着自己领先凯恩的优势逐渐下降到只剩一个百分点，临近选举日的民意测验显示，基尔戈支持率是45％，而凯恩支持率则是44％。于是基尔戈的竞选队伍想通过宣传波茨的自由主义背景来分散凯恩的选票。他们向华盛顿特区的郊区居民散发了伪造的"官方"指南，在这些地区，民主党选民的投票率是很高的。

作为弗吉尼亚州的司法总长，基尔戈的成就之一就是协助该州通过了"诚信广告"法规，该法规要求候选人对他们的政治广告的内容负责。

尼古拉斯·诺维尔（Nicholaus Norvell）把 2006 年叫做"搅局者之年"。在这一年里，乔·利伯曼（Joe Lieberman）以独立候选人的身份参选，捍卫自己康涅狄格州参议员的身份，虽然全国人民中的大多数人都把注意力集中在利伯曼身上，同时还有很多 3 个或 4 个候选人参选的选举在全国举行。显然，很多人都想试试"搅局者效应"。

2006 年 5 月的一次民意测验显示，令人尊敬的里克·桑托勒姆（Rick Santorum）是整个参议院中最不受欢迎的参议员。桑托勒姆是第三有势力的共和党参议员，也是有意参加总统竞选的前途远大的人，他正在为更加远大的政治目标而努力。

与 2006 年所有在任的共和党人一样，桑托勒姆与布什总统以及伊拉克战争的牵连造成的影响已经逐渐从有利转向不利了。如果说有什么区别的话，就是桑托勒姆比布什本人对伊拉克问题更狂热。在一场 2006 年 6 月的演讲中，桑托勒姆宣称，他看到过秘密文件，该文件指出萨达姆·侯赛因的大规模杀伤性武器的消息被证实是真实的（总统还没敢宣布这样一条有新闻价值的消息呢）。

民意测验显示，桑托勒姆的支持率落后于他的民主党竞争对手小鲍勃·凯西（Bob Casey）。凯西是前州长的儿子。双方都对敌手进行了铺天盖地的负面宣传攻势。桑托勒姆使用的办法很富有超现实风格，包括让一个共和党人打扮成鸭子的模样，只要凯西在公共场合露面，他就会跟在后面。它是"鸭子鲍勃"，它的出现能提醒选民，民主党人在该问题上采取了逃避的态度①。事实上，凯西和桑托勒姆之间有相当多的共同点，不过，这在具体的竞选活动中体现得并不明显。跟桑托勒姆一样，凯西是一位反对堕胎的罗马天主教徒。他支持美国军队在伊拉克继续驻军，还反对枪支管制。

在这些议题上，真正能代表正统自由派立场的候选人是绿党的卡尔·罗马尼利（Carl Romanelli）。罗马尼利完全没有机会获胜，甚至几乎没有机会正式参选。因为他必须为获得提名收集到67070个签名，而绿党在宾夕法尼亚州只有2万个成员。尽管如此，6月份，卢泽恩县的绿党筹集到了66000美元，作为罗马尼利正式参选的活动经费。经媒体确认，一共有20名捐款人，他们都是共和党或保守党人士，其中有几个故意把名字拼错，或者使用了家庭成员的名字。还有30元来自一位自由派人士，即候选人自己。

从政治的角度看，桑托勒姆和罗马尼利就像物质和反物质②。如果他们俩凑到一块，必然会同时毁灭。"这就是政治"，在匹兹堡郊区的巡回竞选活动中，桑托勒姆告诉媒体。"如果你还在任，参选的人越多对你就越有帮助，这并不奇怪。"罗马尼利同样精通这种伎俩。"我在所有的政党中都有朋友，"他说，"只不过我的共和党朋友比我的民主党朋友更热心一些。总的来

---

① 鸭子（duck）这个英文词在做动词用时有躲闪、逃避的意思。——译者注

② 我们周围的宏观物质主要由重子数为正的质子和中子所组成。因此，这样的物质被称为正物质，由他们的反粒子组成的物质相应地叫反物质。物质与反物质的结合将导致两者湮灭，且因而释放出高能光子或伽玛射线。——译者注

说，我的共和党朋友要稍微富裕那么一些。"

友好的共和党资金流向 JSM 公司，这家公司曾在 2004 年为纳德尔收集签名。JSM 上交了 93000 个签名。民主党人立刻就对此提出质疑。

在闷热的 8 月，民主党和绿党的志愿者在哈里斯堡（宾州首府）用了一个星期逐一审查这些签名。桑托勒姆也派来了两名代表现场监督——这是他们的钱。进入第五天，这些人已经查看了 11000 个签名，还有大约 82000 个签名需要检查。绿党志愿者汤姆·林根费尔特（Tom Lingenfelter）俯身在桌前，倾听民主党的律师肖恩·加拉格尔（Shawn Gallagher）的讲话。按照林根费尔特的说法，"他朝我挥舞胳膊"，"我抬起自己的手臂，他的手臂打到了我的手臂上"。民主党人说是林根费尔特先惹事的。林根费尔特咒骂加拉格尔，两人互相推挤，法警鲍勃·斯努克（Bob Snook）挤到两人中间，才把他们分开。

另一个绿党成员约翰·赖安（John Ryan）也加入了混战。战局延伸到走廊上，斯努克用手指去挖赖安的眼睛，并开始勒他的脖子。赖安报了警，随后来了 6 个警察。

绿党有 10 个重要的信条，其中第 4 条是非暴力。赖安坚持说他在进行正当防卫，他不知道斯努克是一个法警。"我以为他只不过是另一个民主党疯子"。

与政治生活中的大多数事情一样，这个新趋势同样与钱有关。到了 2006 年 8 月，里克·桑托勒姆的阵营据说已经筹集了 2100 万美元，与之相比，凯西只筹集了 1100 万。按照竞选部主任最乐观的估计，在 11 月的投票中这多出的 1000 万能买到 10% 的选票。人们认为，在宾夕法尼亚这样的州，按照大概的估计，100万能购买到1个百分点的选票。

桑托勒姆的支持者花费在罗马尼利的签名活动上的66000元只不过是小钱，算不了什么。然而，8月份的一次民意测验显示，罗马尼利在一场有三人参加的竞选中得到了大约5%的选票。没有人认为罗马尼利能够维持这个数字直到11月。JSM公司收集的签名也许会被否决。这是共和党捐助人必须承担的风险。不过人们通常认为，花费在罗马尼利身上的66000元能够让凯西少获得1%的选票。竞选是在桑托勒姆和凯西之间进行的，所以凯西失去选票就等于桑托勒姆获得选票。其结果是，花费在罗马尼利签名上的66000元起到的作用大约相当于桑托勒姆花100万做电视广告（那些广告主要也是在攻击凯西）。赌一把"搅局者"效应会比传统的竞选手法要合算十倍。对于政治顾问们来说，这是他们在"搅局者之年"学到的真正有用的一课。

2006年，亚利桑那州第8选区的共和党初选中有5个候选人参加。最受欢迎的是那个立场最保守的人，不过他当选的可能性也是最小的。民意测验显示，兰迪·格拉夫（Randy Graf）有可能在初选中胜出，他是一位前职业高尔夫球手，还是边境义务警卫队的创办人之一。民意测验还预测，接下来，格拉夫将会输给有可能成为民主党候选人的加布里埃尔·吉福兹（Gabrielle Giffords，绰号"饶舌者"）。

共和党众议院全国委员会决定，他们必须和格拉夫撇清关系。他们为另一个共和党候选人史蒂夫·赫夫曼（Steve Huffman）捐助了至少122000元的广告费，有些报道声称这笔钱超过了20万。全国性政党干涉州级初选是一件极不寻常的事。

"我们对自己的策略不予评论",共和党众议院全国委员会的埃德·帕特洛(Ed Patru)说。

赫夫曼是一位温和派。根据民意测验,他是唯一有希望击败吉福兹的共和党人。如果不是被另一个共和党温和派迈克·赫尔伦(Mike Hellon)分散了选票,赫夫曼很可能会击败格拉夫。共和党曾劝说赫尔伦退选,但他没有答应。

民主党全国委员会看穿了共和党的把戏,它们采取了相同的手段进行还击。在初选投票之前,由民主党全国委员会出钱,在各类媒体上倾泻了大量攻击赫夫曼的竞选广告。这些负面宣传将有助于极端保守的格拉夫,并最终让民主党的"饶舌者"吉福兹轻易获胜。

第8选区包括一些与墨西哥交界的最容易穿越的边境地带。"到了保卫我们边境的时候了,史蒂夫·赫夫曼却坐在那里,什么也不干,"民主党的广告说,"如果赫夫曼不敢站出来承担责任,我们怎么能相信他会保护我们?"赫夫曼认为民主党全国委员会的主席霍华德·迪安应对这种攻击负责任。别的共和党候选人谴责共和党全国委员会的肯·梅尔曼(Ken Mehlman)对赫夫曼的支持。共和党的候选人迈克·赫尔伦被问及关于共和党全国委员会的看法,他的回答很简要:"他们都是白痴。"

赫尔伦说的有道理。民主党的钱这次花得值得。他们选定的共和党输家格拉夫在初选中击败了赫夫曼,他比后者多出6%的选票。对于民主党出钱让自己取胜,格拉夫并不觉得有何不妥。"'饶舌者'吉福兹想要跟我斗一斗",他告诉自己的支持者,"他得到了这个机会。"

长期以来,卡尔·罗夫一直都在帮助德克萨斯州的州长里克·佩里。如今，佩里陷入了部分咎由自取的麻烦当中。他最不害怕的对手或许就是同为民主党人的克里斯·贝尔（Chris Bell）了。不过他仍有两个强有力的对手——独立候选人卡罗尔·斯特雷霍恩（Carole Strayhorn）和金科·弗里德曼（Kinky Friedman）。

卡罗尔·斯特雷霍恩是一个州审计员，还是奥斯丁市的前市长。她曾经打算跟佩里竞争共和党的提名。不过，要想胜过罗夫在德克萨斯亲手挑选的人，这种机会不算大。斯特雷霍恩退出了共和党的竞争，改换成独立候选人的身份参选了。弗雷德曼有着多方面的才能，是那种最能吸引人的候选人，他就像一个知识分子版的耶西·文图拉（Jesse Ventura）①。他是一个乡村摇滚歌手和歌词作者（他的作品包括《他们不再创造像基督那样的犹太人了》）；写过自传体类型的侦探小说（这些书籍包括《J·埃德加·胡佛的情歌》）；在《德州电锯杀人狂续集》中扮演过配角。弗里德曼对那些通常不投票的公民具有极大的吸引力。当被问及他从哪儿拿到了有资格获得正式提名的足够的签名，弗里德曼回答说："感谢上帝为我们创造了酒吧和舞厅。"

要想在德克萨斯州获得正式参选的资格，其难度简直大得让人发疯。弗里德曼和斯特雷霍恩都必须在两个月的时间里收集到45540个签名。斯特雷霍恩最后交给检票委员会101个箱子，里面装着223000个签名，这成了轰动一时的媒体事件。不

---

① 耶西·文图拉是美国政治家，曾从事过职业摔跤手、演员、电台主持人等多种职业。——译者注

过随后媒体注意到,弗里德曼上交的 11 箱尺寸相似的箱子中有 169000 个签名。这个发现给了斯特雷霍恩沉重的一击——她当初上交的箱子大部分都是空的。

德克萨斯的法律没有规定箱子是否要装满。交上来的签名几乎超过了规定签名的 5 倍,斯特雷霍恩本该轻而易举地通过审核的过程。佩里任命的德克萨斯州州务卿罗杰·威廉斯屈尊亲自检查这些签名。斯特雷霍恩起诉威廉斯故意拖延时间,最终,她和弗雷德曼都获得了正式参选的资格。

2006 年 1 月下旬,《达拉斯晨报》的韦恩·斯莱特(Wayne Slater)分析了斯特雷霍恩的竞选资金的来源。他确定,"她的最大笔的捐款有一半以上……来自那些一向支持民主党人的捐助者"。这些捐款包括来自民主党前副州长本·巴恩斯(Ben Barnes)的 2 万美元。很多钱来自辩护律师。"这是民主党内的幕后操纵者、那些著名的人身伤害案件的辩护律师们策划的,是一次前所未有的恶意夺权的尝试"。佩里的政治主管阿尔弗雷德·罗德里格斯(Alfredo Rodriguez)做出了这样的指控。

斯特雷霍恩的父亲曾经在德克萨斯大学法学院长期担任院长。不过,支持者不仅仅包括律师。所有的民主党中坚人士都在给斯特雷霍恩捐钱。斯特雷霍恩对此的解释是,这是一场两个主要候选人参加的竞选。民主党之所以帮助她,是因为他们知道在德克萨斯州只有共和党人才会获胜。

弗雷德曼更愿意说,这是一场斯特雷霍恩与她的自负之间的较量。民意测验也并不支持斯特雷霍恩的说法。佩里的支持率最高,民主党的克里斯·贝尔通常排名第二。大多数民意测验预测斯特雷霍恩排名第三,甚至有可能远远落后成为第四名。

对于她的民主党捐助人来说,在斯特雷霍恩身上花钱就像是在台球比赛中进行一次困难的开球。无法预测随后会发生什么;任何打破现状的事情都有可能是好事。无疑,对斯特雷霍恩的帮助对佩里造成了打击,对于大多数民主党人来说,后者是最不受欢迎的候选人。让情况更为复杂的是,还有一个叫詹姆斯·沃纳(James Werner)的自由意志党人也参加了竞选。他扬言要做搅局者的搅局者。"如果我能让我的任何对手在选举中落败,这都是件让我高兴的事",沃纳自夸道。

本·韦斯特朗德(Ben Westlund)采取了相反的立场。韦斯特朗德以独立候选人的身份竞选俄勒冈州州长。竞选初期,韦斯特朗德发誓他不会成为一个搅局者。因为不愿食言,2006年8月,韦斯特朗德"谦让地"地退出了竞选。当时,另外两位主要参选人是民主党的在任州长特德·库隆戈斯基(Ted Kulongoski)和共和党的挑战者罗恩·萨克斯顿(Ron Saxton),韦斯特朗德已经得到了差不多10%的选票。

尽管韦斯特朗德退出了选举,仍有其他几个较不重要的候选人继续参选,他们觉得当一个搅局者并无不妥。其中最出名的是宪政党的玛丽·斯塔雷特(S Mary Starrett)。宪政党候选人往往被当作隐士,而斯塔雷特却是一个安·科尔特式[①]的性感美女,她过去担任过早间电视新闻节目的主持人,有一头漂亮的长发。"跟我交谈过的一些人对我说,'如果我给你投票,也许就会让特德·库隆戈斯基获胜,'"斯特雷特承认,"我回答说,

---

① 安·库尔特(Ann Coulter):美国保守派政治活动家和作家,经常出现在电台和电视上评论时事。——译者注

'那又怎样?有什么不同吗?萨克斯顿和特德之间没什么区别。'他们简直就像是一对孪生兄弟。"

共和党人需要让斯塔雷特消失。律师凯利·克拉克(Kelly Clark)一直是共和党在俄勒冈州的得力干将。克拉克认定宪政党没有遵守一条古老的法令,该法令规定,政党必须在当地主要的报纸上发布关于他们的提名规则的预告。克拉克向该州的选举部门提出控诉,要求从选票上除去斯塔雷特。

罗恩·萨克斯顿(Ron Saxton)的选举班子否认他们和这个控诉有关。斯塔雷特愤怒了,她揭露了凯利·克拉克的一段历史。在1992年,克拉克暗中跟踪他的前女友,并且闯入她的家,照法庭的说法强迫进行了"没有获得同意的性接触"。他承认犯有三级性侵犯,被剥夺律师资格两个月。斯塔雷特还提醒媒体说,克拉克一度跟政治老板尼尔·高德·史密特分享同一个办公室,后者已经承认自己是个恋童癖者。

冷静下来之后,斯塔雷特向克拉克伸出了橄榄枝。在她的道歉中,她也提到了克拉克的犯罪史,不过只是顺便提及,而且提到过两次。

俄勒冈州的州务卿比尔·布拉德伯里(Bill Bradbury)裁定在选票上保留斯塔雷特的名字。注意,布拉德伯里是一个民主党人。谈到源源不断收到的竞选资金时,斯塔雷特洋洋自得——"简直是意外之财"。她还计划在选举前展开电视宣传的闪电战。通常情况下,宪政党候选人并没有充裕的资金去打这种宣传闪电战。嗯,这些钱是来自民主党人吗?"我们从一些重要人物那里获得资金,这些人不希望罗恩·萨克斯顿担任职务",斯塔雷特解释说。

两个主要政党都支持把搅局者用作政治策略中的工具，我们正在目睹这一切的发生。怪罪搅局者是很容易的，怪罪每个人都宠爱的坏人（即政治顾问）还要更加容易。人们也许会觉得，应该发布一道专门的法令来约束这种事情。但事实上，很难制定出任何切实可行的预防搅局者的法律。法律也许能阻止一个政党给另一个政党投资，但是在很大程度上，政治已经被527个游说团体以及他们的其他替身（表面上看，这些替身跟民主党人和共和党人并无正式联系）牵着鼻子走了。无疑，公民拥有宪法赋予的权利，可以向一个绿党成员捐款，同时他也可以给共和党人捐款；公民也有宪法权利同时向自由意志党人和民主党人捐款。

当黑客破坏我们的软件时，我们会指责黑客。但我们也承认，必须改善软件，从而避免黑客的攻击。投票制度也是一种软件，它的作用是从选民做了标记的原始选票中计算出获胜者。和任何一种有用的软件一样，投票制度也必须能够应付真实生活中的人。选民、候选人和策略家有可能是不真诚的、诡计多端的、恶意的，甚至带有自我否定的倾向。如果投票制度不够完善，让这样一些人能够通过制度达到与全体选民们总的意愿相违背的结果时，指责制度本身是有道理的。

是否存在有效地应对搅局者效应的措施？有没有一种更好、更公平的投票方式？

方案篇

式案文

第七章 基里巴斯的麻烦

对于 18 世纪的法国知识分子来说,很少有比美国更让他们感兴趣的议题。本杰明·富兰克林成了巴黎的宠儿。拉斐特(La Fayette)雇佣了两个美国印第安人做仆人成了轰动一时的新闻。任何有关那个带有神话色彩的新世界的书籍、小手册和戏剧都会成为畅销作品。其中一个小册子是这么说的:

有这样一片广阔的土地,上面居住着几百万人,由于所受的教育,这些人不受偏见的侵扰,而且热爱学习和反思,这就是美国提供的前景。这些人天生就一心想要完善自己的头脑,把自己的才智致力于有用的研究,追求那些伟大成就和发现所带来的荣耀,任何阶级的差异或野心的影响力都无法阻止他们。在那儿,没有什么事物把人类中的一部分置于卑贱的处境,迫使他们处于愚蠢和贫穷当中。因而,通过出产那种致力于知识增长的人(其人数就跟整个欧洲的这种人一样多),只需几代人,美国就能够让知识的数量和它的积累速度翻一番。

这些对人们起到难以置信的误导作用的文字出自于孔多塞(Marie Jean Antoine Nicolas de Caritat Condorcet,通常被称做德·孔多塞侯爵)的笔下。1743 年 9 月 17 日,孔多塞出生于法国的里布蒙，他是个具有绅士风度的数学家，颇为自己能结识一些美国朋友而得意。他认识托马斯·潘恩（Thomas Paine）、本杰明·富兰克林和托马斯·杰斐逊。1785年，孔多塞被授予"纽约地区的纽黑文市"的荣誉市民称号（《巴黎日报》把地理位置给搞混了）。此后，他出版过若干匿名的小册子，署名"一个纽黑文的市民"或"一个美国的公民"。

"对于孔多塞来说，美国就像是一种心理实验，"普林斯顿大学的历史学家罗伯特·达恩顿写道，"孔多塞从未远离过巴黎，唯一的例外是到日内瓦附近拜访过一次伏尔泰的领地，他可以在想象中按照自己的喜好随意设计美国。"

孔多塞相信科学能提升人类的幸福，这跟他心目中美国的太平盛世的印象是一致的。"所有政府和社会中的错误都是基于哲学错误，"他断言，"而这些哲学错误则源于自然科学中的错误。"孔多塞是最典型的自由主义者。在他所处的时代，自由主义与大政府或福利国家并无关联。（路易十六的政府非常之大，完全为了君主一人的福利而效劳，君主本人就是国家。）自由主义者是那些拥护个人权利的人。孔多塞不但相信普通人应该拥有跟国王一样的权利，还相信女性应该跟男性平权，黑人应该跟白人平权，奴隶制和死刑应该被永久废除。他和托马斯·杰斐逊讨论了这些主张，尽管并不是他所有的理论杰斐逊都能完全理解。杰斐逊很赞扬这位法国佬的想法，为此把孔多塞的废奴文章《关于黑人奴隶制的反思》的一部分翻译成了英文。杰斐逊和孔多塞两人分别为自己国家的宪法撰写了类似的权利法案。

孔多塞只在一个问题上缺乏宽容精神，就是宗教问题。他所处的严格的天主教的成长环境反而让他对任何信仰都抱有一种强烈的不信任感,包括天主教在内。孔多塞的警句之一就是,他希望有一天只有在戏剧舞台上才会看到牧师和奴隶——作为尚未开化的过去时代的悲剧性纪念品。

最终,快乐的婚姻软化了孔多塞有些强硬的作风。在年满43岁的那一年,孔多塞跟22岁的索菲·德·格鲁希(Sophie de Grouchy)结婚了。德·格鲁希有革命精神,才华横溢,还是巴黎最漂亮的女性之一。孔多塞夫妻创办了一个熠熠生辉的沙龙,同时也经常拜访其他的沙龙。

孔多塞结婚三年之后,法国大革命爆发了。孔多塞支持共和国的事业。他担任了国民议会的秘书,撰写了法国新宪法的大部分草稿。不过,由于他坚决反对死刑的立场,他不赞成处死路易十六和玛丽·安托瓦妮特(Marie Antoinette)。

罗伯斯庇尔领导的雅各宾派上了台,他们决定对政敌进行无情的打击,把路易和玛丽送上了断头台。他们也没有采用孔多塞的那份包括权利法案在内的宪法。当孔多塞表示反对的时候,他被宣布为革命的敌人。

孔多塞躲了起来。在这个悲惨的时期,他反而撰写了自己最乐观的作品——简直乐观到荒谬的程度。这部作品的英文题目是《人类精神的发展史纲要》。关于孔多塞的被捕有这样的传闻。衣衫褴褛、一条腿受伤的孔多塞走进一家乡村酒店,要了一个煎蛋饼。"蛋饼里要几个蛋?"老板问他。

"一打",孔多塞回答。

"你是做什么行业的?"

"木匠。"

"木匠不会有你这样的手,也不会要一个一打鸡蛋的蛋饼。"

孔多塞被发现了,关进了监牢。1794年3月29日,他在王后镇(Bourg-la-Reine)的一个外省监狱的牢房里神秘地去世。有人猜测他是被毒死的。有人是这样评论这位盲目乐观主义者的死亡所表现出的讽刺意味的:"孔多塞本人作为法国大革命的牺牲品死去了,人们可能会认为,他会放弃自己在这一争取人类幸福和完善的必要过程中所坚持的信念,但他没有。"

孔多塞有一个对手让—夏尔·德·博尔达(Jean-Charles de Borda,1733—1799)。在1775年的一封信里,孔多塞对博尔达不屑一顾,认为他是人们所谓的"一个好学者",因为他在法国科学院里发言,最喜欢浪费自己的时间草拟那些计划书、检查仪器,等等;尤其是因为,知道自己无法跟其他数学家比拼,他放弃了数学,转而去做那些微不足道的试验……他的一些论文显示了才华,然而从没有取得任何实际成果,从没有人提到过它们,也永远不会有人提到它们。

孔多塞或许嫉妒过博尔达,因为后者曾经去过孔多塞向往的乐土——美国。博尔达曾为美国独立革命做出过自己的贡献——虽然不是什么惊天动地的伟业,他在加勒比海和美国沿岸指挥过法国船只"塞纳河号"和"独粒宝石号"。1782年,英国人俘获了博尔达。在短期囚禁之后,他们释放了他,于是,博尔达回到法国。

回到法国后,博尔达先后当过数学家和测量员。他参与了公制系统的制订,这为他赢得一定的声誉。他还是度量衡委员会的主席。这个委员会囊括了当时的很多重要科学家,其中包括孔多塞、化学家安托尼·拉瓦锡(Antoine Lavosier)和数学家皮埃尔·西蒙·拉普拉斯（Pierre Simon Raplace）。这个杰出的团体考虑把基本单位——米——定义为每秒钟正好摇摆一下的钟摆的长度。准时的钟将会被运往世界的每一个角落，只要有细绳和铅锤，一个简单的试验就可以确定准确的长度了。

博尔达反对这个主意。他不喜欢让秒来决定米，秒不是10的偶数幂单位（作为一分钟的60分之一）。博尔达轻蔑地说，秒是"巴比伦风格的"。博尔达坚持认为，米应该被确定为从北极到赤道的距离的一千万分之一。

博尔达的定义要求对地球有一个精确的测量。从没有人去过北极。这就像是用卷尺测量海王星。博尔达断定，人们有能力测量这段距离的十分之一。于是，携带着法王白色旗帜的测量员被派去测量从敦刻尔克到巴塞罗那的子午线。当时法国大革命还正在如火如荼地进行。士兵们都停止了战斗，张开嘴巴，吃惊地望着测量员。

测量刚刚结束，一位前王室珠宝商就制作了一根代表米的准确长度的白金条，这根白金条被永远保存了起来。那些想要知道米的精确长度的人必须去巴黎亲自看看这根金条。很大程度上，就是因为这一点，远在大西洋另一边的美国决定不采用公制。（杰斐逊曾经游说国会采用公制。）美国做出的唯一让步是，在货币上采用"公制"，每个美元被合理地划分成一百个美分。

博尔达对投票制度所做的与他在度量衡方面做的事情都只有一个目的，就是让它合乎科学。他得出一个让许多同时代的科学家感到吃惊的结论——民主不一定总是公平的。

1770年6月16日，博尔达在皇家科学院的一次谈话中发表了这一观点——或者说,这一事实。但他的演讲没有公开发表,也没有被记录下来。不过,14 年后,博尔达再次谈及同一主题。这一次,演讲被发表在科学院的期刊上,这是当时最重要的科学期刊,它的编辑就是·德孔多塞侯爵。

"人们通常持有这样的观点,"博尔达写道,"——我不知道是否有人表示过反对——在一场由投票决定结果的选举中,最终的结果能代表全体选民的意愿。也就是说,与其他候选人相比,获得多数票的候选人一定是选民们更想要的人。不过,我想说的是,只有当选举是在两个候选人之间进行时这一理论才是正确的,其他任何情况下都不会必然产生这样的结果。

接着,博尔达以浅显易懂的方式解释了我们今天所说的选票分散。支持者几乎是同一批选民的两个候选人也许会分散选票,使得一个较不受欢迎的第三候选人获胜。"完全可以拿这种情况与运动员做比较,两个运动员互相竞争,耗尽了体力,随后被第三个运动员击败,而这第三个运动员本来比他们两人中的任何一个都要弱。"

选票分散使得任何在三个乃至更多候选人之间展开的选举都可能产生人们无法预料的结果。一个人们熟悉的例子——也是被当代社会选择理论家研究的例子——是奥斯卡奖的评选。2005 年的最佳影片《撞车》在电影院的上映档期是那么短,以至于很多美国人都想不起来曾经听说过这部影片。据说,去除通货膨胀的因素,《撞车》是有史以来的最佳影片中盈利最少的。与此同时,另一部提名影片《断背山》没能获奖招致一片批评,批评声是如此强烈,以至于娱乐版编辑被迫对它的落败做出解释。"也许事情的真相是,美国人不想看到同性恋的牛仔",《断背山》的编剧拉里·麦克默特里（Larry McMurtry）总结说。

在很大程度上人们忽略了一件事，还有一部同性恋影片在与《断背山》进行竞争。《卡波特》也参与了奥斯卡评选。这是一部关于小说家杜鲁门·卡波特的传记影片。假定奥斯卡奖的投票者中有一部分人对《断背山》的主题感到不适，《卡波特》实际是在和《断背山》争夺有限的一部分接受同性恋的投票者。

这还不是导致问题变得复杂的唯一因素。支持《卡波特》的观众中，想必有很大一部分人同样喜欢另一部提名影片《晚安·好运》。后者讲述了50年代的电视新闻记者爱德华·R. 默罗（Edward R. Murrow）遭遇参议员约瑟夫·麦卡锡（Joseph Mccarthy）的故事。《卡波特》和《晚安、好运》都探究影片中记者所面临的道德困境。两部影片都是对历史精确而有深度的重现，在其中，演员扮演了某一时期的电视名人，他们的外表、嗓音和癖好都是婴儿潮出生的那一代观众所熟识的。

剩下的两部提名影片则没有什么共同之处。《慕尼黑》讲述的是发生在1972年奥林匹克运动会上的恐怖主义袭击。《撞车》是关于当前洛杉矶市的种族关系的犯罪片。

奥斯卡奖采用一种被叫做单一可转移制的投票法来挑选提名影片（后文还会对此做更多解释）。接下来，奥斯卡奖回到标准的相对多数投票制，对那些已获提名的影片进行第二轮投票。根据这种粗略的分析，《卡波特》受到的选票分散的影响可能是最大的，《断背山》和《晚安·好运》所受损害要小一些，《撞车》和《慕尼黑》受到的损害最小。由于奥斯卡奖并不公开选票的清点，我们无法确定这是否是《撞车》获胜的决定性因素。我们能够确定的是，观众对提名影片的喜爱可能是重叠的。这使得有的电影遭受了损失，而另外的影片则由此得利，一部电影最终能否得奖与投票人对电影的评估毫无关系。

2002年，纽约大学的政治学家史蒂文·布拉姆斯（Steven Brams）和印第安纳州布鲁明顿的软件工程师保罗·黑格（Paul Hager）合作，研究了从1952年到1996年之间的奥斯卡奖的投票情况。他们发现，独立影评人的观点（譬如美国电影协会推荐的100部最佳影片和互联网电影资料库的250部最佳影片）往往近似，而他们对奥斯卡奖的最佳影片却不太认同。布拉姆斯和黑格的结论是，"我们无法知道，奥斯卡的获奖影片到底是反映了奥斯卡奖选民的艺术判断，还是一种有着严重缺陷的投票制度造成的反常结果"。

对于让—夏尔·德·博尔达来说，只提出问题却不提供合理的解答，这简直不符合他所处时代的那种乐观精神。由于当时没人知道阿罗的不可能性定理（一种完美的投票制度是不可能的），博尔达开始设计一种投票制度。他所设计的制度如今被叫做"博尔达计数法"或"博尔达评分法"。

在博尔达计数法中，选民按他们的喜好从高到低给所有的候选人排序。具体的做法是在选票上的候选人姓名旁边标注数字。清点选票时，就把所有选票上对每个候选人标出的数字加在一起。如果"1"表示第一位的选择，那么分数越低，候选人的排名就越靠前。分数最低的候选人获胜，因为他得到了最多数人的优先选择。

另一种实质上相同的方法是给每一个排序打分。在有三个候选人参加的选举中，第一选择给 2 分，第二选择 1 分，第三选择（最不喜欢的那个人）0 分。当这样清点选票时，获得最高分数的候选人就是赢家。

也许体育迷比选民更熟悉博尔达计数法。博尔达计数法被用来确定美国职业棒球联盟的最佳选手、橄榄球赛的海斯曼奖和全美大学生体协的运动员排名。只不过在体育赛事的评选中，"选民"是体育新闻记者，"候选人"是运动员。博尔达计数法的另一个著名应用是决定季后赛资格的复杂公式（此处采用了来自哈里斯么同和《今日美国》/体育电视网对各支大学橄榄球队的排名）。

只要出现超过两个候选人的情形，博尔达计数法能反映选民的真实意愿。我们只要看看戴维·杜克的例子就明白了，有人喜欢他，也有人痛恨他。由于他狂热的支持者会把他排在第一位，在一场采取多数投票制的有多个候选人参加的选举中，他有可能获胜。大多数人也许非常讨厌这位候选人，但这并不会对结果产生影响。而在博尔达计数法中，选民对他的厌恶会被考虑在投票的程序中。这位既有人喜欢又有人痛恨的候选人的得分就会降低一些了。因此，大多数人认为博尔达计数是有意义的。

然而博尔达没有留意到，他的投票制度存在某种可怕的缺陷。法国科学院也没有注意到这一点。从 1784 年起，法国科学院在吸纳新会员时采用了博尔达计数法。

第二年，德·孔多塞侯爵发表了他自己的关于选举的理论。这是一篇论文的一个部分，该论文的英文题目是《把概率论应用于相对多数投票制的论文》。众所周知，这本著作是最晦涩难懂以及对阅读者的耐心挑战最大的法文书籍之一。

我们必须同时声明，孔多塞的这部作品是极其难以理解的；其难度不在于数学研究，而在于引介这些研究并宣布其结果时所使用的表达方式：在很多情形下，我们几乎不明白孔多塞到底想说什么。就我们所知的数学作品而言，这种晦涩和自相矛盾是史无前例的；在分析过程中，我们会给出一些例子，但是这些毛病的范围是如此之广，就是再多的例子也不足以传达我们对此留下的印象。我们相信，几乎很少有人研究过这部作品，因为我们还没有看到别人提及这些令人生畏的特性，正是这些特性让这部书令人不快地区别于其他作品。

这是艾萨克·托德亨特（Isaac Todhunter）在1865年出版的《数学概率论历史》中作出的评论，它想必吓退了好几代英文读者。孔多塞的著作对概率论（在当时是一个热门题目）在日常事务中的实际应用做了研究，但显得有些散漫。在一段对投票制度的讨论中，孔多塞重述了博尔达关于选票分散的观点。

在我们指出传统投票方式的缺陷之前，一位著名的数学家已经这样做了，并提议使用一种让每个选民按照喜好给候选人排序的投票方法……虽然建议使用这种方法的著名数学家从未在这个领域发表过任何东西，我觉得应该在这儿提起他……当这篇论文付诸印刷之后，仅仅由于各种人曾向我提到它，我才了解到这种办法。后来这篇论文被

第七章 基里巴斯的麻烦

发表在《科学院纪要》中……

孔多塞有点故作姿态，他就是《科学院纪要》的编辑。不管怎样，接着孔多塞描述了他自己关于投票的主张。孔多塞注意到如果只有两个候选人的话，原有的投票制度就不会犯错。孔多塞提出他的办法，在有可能成为对手的两个候选人之间直接进行投票。最后真正的赢家应当是那个在"一对一的战斗"中击败全部对手的人。这样的一个赢家如今被叫做"孔多塞候选人"或"孔多塞赢家"。

1991年的路易斯安那州州长竞选中，如果戴维·杜克没有参加，巴迪·罗默很可能会在一场两人参加的选举中击败埃德温·爱德华兹。如果只是他们俩竞争，罗默会击败杜克，这是几乎可以肯定的。如果是一对一的竞争，罗默也会击败克莱德·霍洛威（Clyde Holloway）和其他次要的候选人。假定这些猜想都是正确的，罗默就是"孔多塞赢家"。按照孔多塞的想法，他是应该获胜的人。

一张孔多塞投票制的选票会列出每一对候选人，要求选民指出他们支持其中哪一个（有点像眼镜商所做的检查，在那种检查中，有人不断地问你，是这副镜片……还是那副镜片……更清楚些）。一个更实际的方案是使用跟博尔达计数法一样的排序选票。根据排出的次序，选民很容易决定自己在每场双选竞赛中偏爱哪一位候选人。如果我把爱德华兹排在第一位，霍洛威排在第四位，那么，在爱德华兹和霍洛威两个人的竞选中，我无疑会选择爱德华兹。

今天，计算机可以轻而易举地清点"孔多塞选票"。在孔多塞的时代，清点选票的难度太大，让这种制度无法被采用。博尔达计数法本身的工作量就相当大。

现在你可以静下来想想，究竟哪一种投票制度更公平，是博尔达计数法呢？还是孔多塞投票制？大多数人可能会说，两种制度听起来都是公平的。既然两种制度都是"公平的"，也许可以预测，如果在同一场选举中分别使用这两种制度，获胜者会是同样的候选人。

但事情并非总是如此。孔多塞在1788年发表的一篇文章中举了这样一个例子。假设有三个候选人参选，他们分别是亚当斯、布什和克林顿。让投票者对他们排名，这里有6种可能的排序方式，计分如下所示：

亚当斯 > 布什 > 克林顿：30

亚当斯 > 克林顿 > 布什：1

布什 > 亚当斯 > 克林顿：29

布什 > 克林顿 > 亚当斯：10

克林顿 > 亚当斯 > 布什：10

克林顿 > 布什 > 亚当斯：1

第一行意味着有30个选民认为亚当斯比布什强，布什比克林顿强。对亚当斯而言，这是最受欢迎的排名。布什 > 亚当斯 > 克林顿的排序中，布什几乎一样受欢迎，有29个选民做了这样的选择。

在博尔达计数法中，布什将会获胜。（自己算一下，或者相信孔多塞的说法。）然而，在孔多塞投票制中，亚当斯会是赢家。41个选民（指第一行、第二行和第五行的那些选民）把亚当斯排列在布什前面。40个选民把布什排列在亚当斯之前。所以，亚当斯击败布什，41比40。你也可以看到亚当斯将会击败克林顿，69比12。

实际情况是，布什是博尔达计数法中的获胜者，但那是荒谬的，因为多数人偏爱亚当斯更甚于布什。不管怎样，孔多塞认为那是荒谬的。

如果条件改变了，博尔达计数法的结果也会发生逆转。假定克林顿退出比赛。重新计算不包括克林顿在内的博尔达计数法的选票，你会发现亚当斯将获胜。到底布什还是亚当斯是赢家，这取决于克林顿。孔多塞认为，这显然说不通。"只要一种制度让无关的因素影响它的最终结果，它就肯定会犯错。"

孔多塞显然是第一个发现投票悖论的人，阿罗后来重新发现这个问题。多数选民可能喜欢候选人A超过候选人B；多数选民也可能喜欢候选人B超过候选人C；同时多数选民也许喜欢候选人C超过候选人A。在这种不同寻常的情形下，没有人有必胜的把握。不存在"孔多塞赢家"，不如说，出现了一个"孔多塞循环"。

孔多塞相信纯粹理性的新古典主义的逻辑适用于人类的日常事务，然而孔多塞悖论显然与他的观点相矛盾。因为任何一种具有实际应用价值的方法必须是确定无疑的。

这种悖论并不是只在孔多塞投票制中存在。即便你以其他某种方式投票，这种怪事还是存在；只不过也许不那么明显罢了。无论如何，使用孔多塞制投票的人有必要找到一种方法，这种方法必须能解决任何有可能出现的循环。孔多塞并不是没有想到这一点，他提出了一个他认为的合理的解决办法。不过，爱德华·南森（Edward Nanson）——他是仅有的几个咬紧牙关读完这篇论文的人之一——认为，孔多塞的解释"过于简略，很难理解……由于他没有给出任何具体例子，简直没法知道他究竟是什么意思"。

孔多塞对博尔达计数法的担忧就像对于全球变暖的早期预警。只有本来就关注这一问题的人才能理解这种警报不是毫无根据的。提出的补救办法也许会带来副作用，而且不一定能奏效。

博尔达理论中的一个明显而现实的风险让它走到了头。拉普拉斯侯爵由于在微积分、概率和天文学方面所作的开拓而享有盛誉，他指出博尔达计数法很容易被操纵。

假定民主党人肯尼迪与共和党人尼克松展开一次竞争激烈的选战。根据博尔达计数法，必须对每一个参赛的候选人排序，包括那些实际上没有机会获胜的次要候选人。在这次选举中，还有一个名叫薛克格鲁伯①（Schickelgruber）的次要人物，作为纳粹党的候选人参选。你给候选人的排序如下：

1. 肯尼迪
2. 尼克松
3. 薛克格鲁伯

有一种不光彩的办法可以帮助肯尼迪。你把尼克松排到最

---

① 薛克格鲁伯（Schickelgruber）：希特勒出生时的真名。

后一位。你交上去的不是上面那张反映你真实想法的选票，而是这一张：

1. 肯尼迪
2. 薛克格鲁伯
3. 尼克松

这种办法被称作"埋葬"。在博尔达计数法中，你能通过把尼克松挪到最后一位来惩罚他。因为每一个选民的排序都被计入总分，由于你把他排在第三位而不是第二位，尼克松就少得了一分。这几乎不会有什么坏处。你知道薛克格鲁伯即使被你排在第二位也没有获胜的机会——虽然你实际上喜欢尼克松超过确实让人讨厌的纳粹分子薛克格鲁伯。

拉普拉斯意识到这是一个严重缺陷。举一个极端的例子，假设肯尼迪的所有支持者都机灵地把薛克格鲁伯排在尼克松之前，尼克松的所有支持者也同样取巧地把斯基克格鲁排在肯尼迪之前。少数真正支持薛克格鲁伯的人又会把他们的候选人排列在这两名候选人之前，那么薛克格鲁伯就会胜出。

一个较为可喜的结果是，只有部分候选人会使用这种不光彩的手段。纳粹分子不会获胜。噢！谁会获胜呢？很可能是那些没有按真实心愿投票的选民们支持的候选人。

当博尔达注意到这个缺陷时，他有一个著名的回答："我的方案只打算给那些诚实的人使用！"

为此，博尔达已经被人认为是一个头脑糊涂的幻想家了。说句公道话，博尔达发明这个投票制度是打算让法国科学院使用的，那是由一群绅士共同掌权的团体。在博尔达的时代，选票不是秘密的。科学院的成员被认为会按照他们的真实想法投票，而科学院的成员对彼此之间的想法多少是了解的。他们的确不太可能明目张胆地去使用那种不顾他人的骗术。

但这只是博尔达的想法，他完全搞错了。科学院成员们"滥用"博尔达计数法成了常规，他们"蓄意地把（他们偏爱的候选人的）最危险对手排列在最后"，科学院的成员之一、历史学家和批评家 P. C. F. 道诺（Daunou）抱怨说。美国橄榄球迷将会回忆起发生在 2004 年的一场类似的丑闻。联合媒体投票组织中的一些体育新闻记者受到指控，认为他们利用博尔达计数法去帮助或损害特定的球队。

数学家沃伦·D. 史密斯讲述过他自己经历的关于博尔达计数法的故事。"我当时在 NEC 研究院，我们这些科学家要投票决定一次人事任命。一次聚会时，我的老板（我不会提他的名字）决定使用博尔达投票法——就在那场聚会上。'就这么办吧，'他告诫我们，'我们必须诚实投票'。"

"哦，当然，由于在场的每个人都是傲慢自大、固执己见的科学家，每个人都很快意识到，要做的事情就是把你喜欢的人排在第一位，然后把他所有潜在的主要对手都排在最后。没理由做个诚实的人。事实上，如果你完全诚实地按自己的喜好排序，你就是个傻瓜。那些把他们的第二或第三选择排到最下面的人将比你发挥大得多的作用。结果完全是一塌糊涂，一个无足轻重的人当选了。负责人说，'嘿，这真奇怪，这个排序跟我预期的完全不一样'。"

"NEC 研究院最终垮台了，几乎所有的科学家都被解雇了。

这次特定的聚会也以独特的方式为它的衰落做出了一份小小的贡献。"

虽然博尔达和孔多塞提出了以自己名字命名的投票制度，但他们两人都不是第一个描述该制度的人。公元 2 世纪，罗马元老采用过博尔达计数法。这恐怕是它原本有些单薄的履历表上最光彩的一笔。1000 年后，博尔达计数法和孔多塞制都出现在拉蒙·尤依（Ramon Llull，约 1235—1315 年）的著述中，尤依是加泰罗尼亚地区的一个炼金术士、逻辑学家和神秘主义者。在他 1299 年出版的书籍《选举的艺术》中，尤依提倡在天主教会中采用孔多塞投票法，为了与"罪人、异教徒、分裂分子"进行斗争，为了把教会的"忠实拥护者"跟"恶人"区分开，"特别需要一种有效的选举方式"。

教会对此并没有流露出明显的兴趣。但尤依确实对一位后来的中世纪思想家有影响，他就是库萨的尼古拉（Nicholas of Cusa，1401—1464 年）。在他的作品《论天主教的和谐》中，尼古拉提出用博尔达计数法选举神圣罗马帝国的皇帝。虽然尼古拉对这种投票方式大力宣传，但并没有引起多少人的注意。"事实上，人们想不出比这更神圣、公正、诚实和自由的选举方法了，"他写道，"我自己都想不出比这更好的方法，哪怕我费了好多心思；你可以放心地相信这一点，就是不可能找到比这更完美的方法了。"

西方理论家很晚才发现，南太平洋的基里巴斯国使用了博尔达计数法——按照学者本杰明·赖利（Benjamin Reilly）的说法，这个新发现"就像是本以为一种奇特的动物早就绝种了，结果却发现它们其实在一个遥远的海岛上快乐地生活着"。基里巴斯人显然是独立发明了这种制度。赖利介绍说，1991 年，基里巴斯的选举被操纵了。代表政府的党派把对它们威胁最大的候选人特瓦雷卡·唐道（Tewareka Tentao）排在最后，使蒂道·蒂纳吉（Teatao Teannaki）当选。一个评论员写道，"通过暗箱的政治操纵就可以把受欢迎的候选人排除在外，人们对这样一种制度还能够容忍多久，这是有待观察的。"

美国的开国元勋们十分清楚法国的有关投票制度的争论。托马斯·杰斐逊有一份孔多塞论文的副本，他还给詹姆斯·麦迪逊也寄去一份。无论他们是花费很大力气仔细地研读了孔多塞难懂的著作，还是只是匆匆把它浏览了一遍。美国人或许都得出了同样的结论，孔多塞的投票体系还不足以实现真正的民主。麦迪逊凭着敏锐的直觉做出了判断，他认为理性的人组成的一个集体有可能做出非理性的决定。"即便每一个雅典市民都是一个苏格拉底，他们聚在一起仍然只是一群乌合之众。"他在《联邦党人文集第 55 篇》中写道。最初的美国宪法和权利法案都没有规定美国人有权力投票选举总统、国会代表，或无论什么公职。如今美国人享有的民主实际是宪法修改的产物。

1800 年 3 月，法国科学院有了一个新成员。他就是拿破仑·波拿巴（Napoleon Bonaparte），当时的法兰西第一执政。他采取的第一项措施就是要求科学院停止使用博尔达计数法。作为政治家，拿破仑很清楚，博尔达计数法易被操纵，这一缺陷比科学院里具有绅士风度的科学家们意识到的要严重得多。科学院放弃了博尔达计数法，代以简单多数投票制。如果竞争成员资格的候选人没有哪个获得 50% 的选票，这个席位将暂时空缺。

博尔达投票制逐渐被人们所放弃（除了体育赛事还在使用它）。等待着孔多塞投票制的同样是被人遗忘的命运，论述它的著作只有一本，而且几乎没人能把这本书读完。

第八章 牛津大学的新钟塔

对政治和其它几乎一切事情,查尔斯·勒特威奇·道奇森(Charles Lutwidge Dodgson)牧师都抱持最保守的态度。坐火车出门旅行时,道奇森会精细地规划路线,计算出在车票、膳食、报纸和车旅费上的确切支出。他会把每一笔开销所需的零钱分毫不差地放在多层钱包的口袋里,以随时备用。

当他看戏时,道奇森牧师会下意识地思考任何可以改善演出的点子。在伦敦,他看到一出戏剧表演中有这样一个情节,剧中的一个角色被丢下了桥。让道奇森不安的是,他没看到水花溅出的效果。"一点点现实主义……会是非常令人愉快的,"道奇森给男主角写信说。他附加了一张关于某种装置的草图,这种装置还能在适当的时候发出与情节相配的音响效果。

道奇森很瘦,因为他每天只吃一餐(他在日记里仔细地记录了膳食的内容)。他的一只眼睛和一边的肩膀比另一半要略微高一些。因为口吃,他常常会一句话讲到一半时停顿下来,说不出下一个词。对于一个不但是传教士,而且还在牛津的基督堂学院担任数学讲师的人来说,这是一个严重的缺陷。据说,他的演讲"和沟渠里的水一样乏味",他的布道是毫无特色的,除了有时他会把自己感动得流泪。

从道奇森牛津寓所的窗户可以俯瞰院长的花园。在那里居住的是那位世俗的学院院长亨利·乔治·利德尔（Henry George Liddell）、他的妻子以及一大家子人。利德尔是一位研究古典文化的学者，他与别人合作撰写了第一部古希腊词典。利德尔在很多方面跟道奇森简直完全相反。在政治上，利德尔支持自由党。

新院长是牛津大费周章才从威斯敏斯特学院聘请过来的，他几乎还没来得及安顿下来，就开始计划对基督堂学院进行雄心勃勃的建筑改造了。首先是把院长本人的住所改成一幢快餐店那样俗气的大型建筑。（直到修缮结束，利德尔夫人才搬进去。）接下来，院长又将目光转向校园的其他建筑。这位院长在新建筑方面的花费和审美观都成了敏感话题。

道奇森热爱建筑——越古老越好。他真诚地鄙视院长的改革。尤其让他恼火的是院长的新钟楼。长期以来，大教堂的几口钟一直悬挂在一个墙皮脱落的古老的塔尖里。院长在饭厅的宏伟楼梯的顶部临时新建了小阁楼，把这几口钟移到木质的小阁楼里。这让道奇森感到震惊。

在维多利亚时代，撰写宣传小手册可以起到在今天写博客一样的效果。如果一个牛津教授对某个问题有自己的看法，他可以撰写一本小手册，在学院的出版所漂亮地把它印刷出来，然后向有可能关心该问题的那个小圈子散发副本。道奇森对院长的改造工程做出的反应就是撰写了一个讽刺性的小手册，题目是《新钟楼》。在手册里，他辛辣地把钟楼的风格描述成"幼稚而拙劣"："非常幼稚，而且拙劣到难以置信的地步"。在当地的书店里，这个小册子定价一便士一册，它卖得还不错。

牛津大学举办了一场建筑竞赛，以修建一座更坚固的新钟楼。学院委员会会议采用了国会的议事规则，规定在竞争中必须采取投票的方式。利德尔是一个富有魅力的政治家，而道奇森却不是。在政治手腕上，道奇森无法跟院长竞争，道奇森把自己严格精确的逻辑头脑用在了别的地方：什么是最公平、最符合逻辑的投票方式？

当时，选举改革正在酝酿之中。1872年的《秘密投票法》头一次允许英国选民进行秘密投票。据说，道奇森参与了下议院关于这一法案的讨论。

"以下的论文是在非常匆忙的情形下撰写和印刷的，"道奇森开始撰写关于投票的几个小册子中的第一册，"因为直到星期五晚上（12日）我才想到要对这一问题进行研究，而该问题比我原来料想的要复杂得多。"

这个小册子的落款日期是1873年12月18日，它一开始评论了相对多数投票制的"超乎寻常的不公平"。接下来，道奇森提出了一种实际上跟博尔达计数法相同的投票方式（"我不敢确定这是否是新的投票方式"）。

这里出现一个问题，道奇森是否听说过那位18世纪的法国前辈？显然是没有。在道奇森的时代，博尔达（和孔多塞）的作品早已经被彻底遗忘了。在20世纪，肯尼斯·阿罗的对手邓肯·布莱克刨根究底到这个地步，他去基督堂图书馆调查了包含有博尔达文章的法国科学院会议记录的1781年卷。直到20世纪50年代，那些书页还未被裁开。

就在道奇森的第一本小手册出版的那一天，物理系在选举教授时采用了他的"博尔达"计分制。当时有三个候选人,根据当时的计算方法,分数越高越好。一个名叫贝克尔的候选人获得了 48 分,只比第二名贝恩斯高出 1 分。贝克尔本该成为赢家,但是因为得分如此接近,他们进行了第二场的决定性投票,这次只有两个领先的候选人参赛。在这场投票中,贝恩斯击败了贝克尔,比分是 11 比 9。

决赛不是道奇森计划的一部分,在日记中,他略带失望地写道:"我们只是部分地采用了我的方法。"

这场决赛想必动摇了道奇森的信心。如果参加只有两个人的竞选,在道奇森—博尔达投票制中获胜的候选人可能会输给原本击败了的对手。这种可能性曾经是博尔达和孔多塞争论中的焦点,道奇森的投票方式只是第一次使用,这种事情就真的发生了。

1874 年,他出版了第二本关于投票的小手册,"学校主管部门即将召开一次会议,在这次会议上要讨论一些很重要的事宜,很多人对这些事情有不同的、甚至互相冲突的意见"。非常重要的事宜之一就是对钟楼再一次进行投票。

博尔达计数法没有再被提及。这一次道奇森建议他们对每一对候选者(也就是是钟楼的设计方案)之间进行二选一的投票。在二选一的投票过程中击败每一个对手的候选方案才能获胜。这正是孔多塞说过的,这一次,显然又是道奇森自己想到了这一点。(要想看到孔多塞那篇令人恐怖的论文,最近的地方是另一座牛津图书馆,即博德利安图书馆。邓肯·布莱克发现该图书馆收藏的那本书中关于选举的部分有一页没有被裁开。)

1874 年 6 月 18 日召开的会议采用了这个计划。当时有 4 个钟楼的设计方案。在接连进行的二选一的投票中,乔治·弗雷德里克·博德利（George Frederic Bodley）的设计击败了托马斯·格雷厄姆·杰克逊（Thomas Graham Jackson）、托马斯·迪恩（Thomas Deane）和乔治·吉尔伯特·斯科特（George Gilbert Scott）的那些设计。作为孔多塞制的赢家，博德利的设计被选中了。

在亨利·利德尔担任院长的时期，几乎没有人会想到，查尔斯·道奇森这样一位并不为人重视、脾气暴躁的数学家有一天会成为英国最著名的人物之一，他的名声将远远超过那位牛津的著名院长。事情就是如此，而道奇森对利德尔的厌恶植根于某种比建筑品味上的分歧更深层的东西。

这种痛恨与利德尔的女儿爱丽丝有关。1856 年，道奇森在给牛津大教堂——就是这个大教堂的钟楼后来成为了争论的焦点——拍照时第一次遇见爱丽丝。爱丽丝当时还不满 4 岁，她是道奇森最喜欢的摄影对象。1856 年末，利德尔夫人在道奇森对爱丽丝和她的姐妹们的兴趣中察觉了某种不健康的东西。她叫道奇森别再给她的孩子们拍照了。

不久之后，院长和他的夫人度假去了，孩子们由家庭女教师（一位名叫普里克特的小姐）照管。这位女教师允许道奇森又来拜访利德尔的孩子们。院长夫妇回来之后，道奇森仍然继续拜访这个家庭。

1862 年 7 月 4 日，道奇森带着利德尔家的三姐妹去划船，随同前去的是三一学院的达克沃思（Duckworth）牧师。道奇森即兴给孩子们讲述了一个爱丽丝掉进兔子洞的故事来逗她们开心。现实中的爱丽丝请求他把故事写下来。他照做了，并在写作过程中大大扩展了这个故事。

就在道奇森撰写这部《爱丽丝漫游奇境》（这是道奇森为这本书起的名字）期间，又有不愉快的事情发生，使得利德尔夫妻再次禁止道奇森来拜访孩子们。当他写完这部亲笔撰稿的、有插图的《爱丽丝漫游奇境》时，道奇森已经成了利德尔家不受欢迎的人。1864年，他把手稿送给爱丽丝做圣诞节礼物。在道奇森的往往带有强迫症特征的日记中，没有提到利德尔夫妻曾经对这份礼物表示过感谢。

1865年，道奇森出版了以《爱丽丝漫游奇境》为题目的手稿。为了保护隐私，他使用了刘易斯·卡罗尔（Lewis Carroll）的笔名。这本书轰动一时，1871年，他又撰写了它的续篇——《镜中世界》。大多数传记作家相信，道奇森爱上了现实中的爱丽丝。莫顿·科恩（Morton Cohen）推测，道奇森向利德尔提到过结婚的可能性。爱丽丝当时11岁，道奇森31岁。利德尔夫妻一定是被激怒了，不仅仅是因为两人的年龄差距，还因为他们对道奇森一点也没有好感。

按照邓肯·布莱克的想象力丰富的猜测，正是这次不光彩的求婚使得道奇森此后无法再与利德尔家正常地来往：

> ……我们只简单地讲述一下在我们看来几乎无法避免的结局。到了大约1872年，爱丽丝·利德尔年满20岁，她已经长成为一个特别漂亮和迷人的女孩，全英国有许多最符合结婚条件的年轻单身汉等着她的青睐，而道奇森已经40岁了，在基督堂学院也没有太大的名气，他意识到对自己如此重要的爱丽丝·利德尔正在脱离他的生活……道奇森感到沮丧和丢脸。他最自然的反应就是利用自己手中的

笔（这是表达他天赋的工具）打击利德尔，降低他的声望。道奇森想要改变学院的建筑风格和学术政策，这些事情仍然是他，也是利德尔夫妇生活中的核心内容。

布莱克认为，道奇森对投票感兴趣的原因在于他对爱丽丝和其他孩子朋友的暧昧感情，他对这段历史的新解读似乎不无道理，但并不是每个人都接受布莱克的这套心理分析。卡罗尔的传记作家之一罗杰·兰斯林·格林（Roger Lancelyn Green）写信对布莱克说，"坦白地说，我认为你是找错了目标，在朝着一棵图姆树乱叫"（图姆树是"胡话诗"中的树①）。

道奇森日记中写到跟利德尔一家断交的那几页不见了，是被剃刀裁掉的。日记中的其它地方写满了对上帝的恳求，祈求上帝原谅一种没有被具体说明的罪。就在带给他爱丽丝故事灵感的那次划船旅行后的第18天（1862年7月22日），道奇森这样写道，"求主帮助我，引导我走向一种新的、更好的生活"，那个月稍后的时期，他推延了一次约好的布道："除非我能更好地控制自己，否则，布道只不过是一种严肃的讽刺——'向别人布道的人难道自己就不需要接受主的教诲吗？②'愿主恩准，这样的日记是我不得不写的最后一篇了！"

上帝显然没有恩准他的这个要求。在道奇森的日记中，接下来还有超过一百则类似的自我训诫。最痛苦的一则写于1866

---

① 胡话诗（Jabberwocky）是卡罗尔在《镜中世界》中写的一首诗，诗中提到了这棵屯屯树。——译者注

② 见《圣经·罗马书》第2章第21节。——译者注

年6月5日:"仁慈的主啊,请派你的圣灵来,停留在这份对你的冷淡的爱之中吧,来巩固堕落的信仰,把你的迷途羔羊从荒野中领引回去吧,让我真心悔改,让我能加强自己与魔鬼的诱惑抗争的决心,让我能改变自己罪恶的癖性吧。"

1876年3月,就在《斯纳克之猎》即将出版的前几天(这部书出版于4月1日),道奇森撰写的关于投票的最重要的小手册付印了。这本小册子再次印证了道奇森对利德尔院长的忌恨。牛津大学的语言学家马克斯·缪勒(Max Müller)已经宣称,为了翻译东方经典,他有意退休。维也纳大学给他提供了一个这样的职位,允许他按自己的喜好做这项工作。利德尔院长提交了一条"学院命令",希望把缪勒留在牛津。他提议为缪勒支付薪水,同时以正常薪水的一半再聘用一个新人。

道奇森反对花一半的钱雇佣一个新教师。牛津的众人表示他们支持院长。大多数人把"学院命令"当作是对缪勒的去留进行公决投票。"该命令的支持者拼命地颂扬马克斯·缪勒,"道奇森在日记中写道,"而对只给接任者一半薪水视而不见,我曾站起来提醒他们不要忽视事实。"

利德尔的提议最终按照简单投票表决,以94对35票获胜。当利德尔亲自走向缪勒的住所,向他转告这个好消息时,兴高采烈的人群涌过来向他表示祝贺。

在这之后,道奇森花了一个星期的时间对投票方式进行了更深入的思考。就在8天后,道奇森"用一个下午写出了《投票的方法》,把它送到印刷厂去排版做校样"。

这篇文章被命名为《对两件以上议题进行投票的方法》,它是道奇森的第三本出版物,也是最富有原创性的一本。扉页上

印刷着"尚未公布"的免责声明,还有作者的按语:

> 由于我希望对这一题目作更多的研究,并出版一本关于这个题目的更全面的小册子,如果你在阅读本书的过程中有任何新的想法,将它们记录下来并告知我,我将非常感谢……

这本小册子中添加了留给读者写评语的空白页。"关于他获得了怎样的反馈(如果有反馈的话),我们不得而知,"邓肯·布莱克写道,"不过即使有人回信,很可能也是微不足道的"。

这个小册子探讨了投票悖论,远比孔多塞的讨论要深入。在爱丽丝系列的许多地方,我们都能发现道奇森对悖论的兴趣。故事中的年轻女主角遇到的权威人物永远不会意识到自己的言行是缺乏逻辑的。《爱丽丝漫游奇境》中的一个情节"决策会议式赛跑"也许跟投票有关。

> 渡渡鸟划出一个比赛路线,有点类似圆圈(它说:"具体形状并不重要"),然后,这一大群家伙就在圈子内散乱地站着……他们想开始跑就开始跑,想停下就停下,所以,要知道这场比赛在什么时候结束是不容易的。当它们跑了大约半个小时……渡渡鸟突然喊道:"比赛结束了!"听到这话,它们都喘着气围拢过来,问:"谁赢了?"
>
> 对这个问题,渡渡鸟要考虑很长时间才回答……最后渡渡鸟说:"每人都赢了,都必须拿到奖品!"

第八章 牛津大学的新钟塔

美国读者喜欢提爱丽丝提过的问题——"什么是决策会议式赛跑?"在大西洋两岸,"决策会议式"都是一个政治措辞。在英国,这是一个用来描述政治派别在投票时保持一致的贬义词。道奇森的"决策会议式赛跑"究竟是指什么,我们并不是很清楚。批评家猜想他是在嘲笑牛津委员会的那些人,他们围着圈子转,却没有明确的目标。

在他的第三本投票小册子中,道奇森向人们展示,多数投票制是一场有可能每个人都获胜的荒谬赛跑。"多数也许是'循环的'",他写道,"譬如,也许相对于 B,A 获得了多数票;相对于 C,B 获得了多数票;相对于 A,C 获得多数票。"是道奇森首先使用了"循环"这个词来形容选举中相互胜出的情况。

道奇森列举并评论了几种解决循环问题的方案。不过,他断定,这些方案中没有一种是完全让人满意的。最后,他沮丧地建议,解决"持续性"循环的办法应该是"不举行选举"。投票这种选举应该被彻底放弃。

这种建议也许是不现实的。不过它确实向人们显示,对于任何想实现公正的投票理论来说,投票循环是多么大的一种挑战。

道奇森坚持认为,《斯纳克之猎》中并没有描述题目中提到的那只虚构野兽的形象。他不想把他的小读者吓跑,也不打算驱散他想要营造的那种神秘气氛。这本书的要点在于揭开道奇森构造的(也是孔多塞的、阿罗的)那只野兽的神秘面纱。这有助于让我们在头脑中对投票循环形成一幅清晰的"图像",即便只是为了确定它可能产生的结果有多么可怕。

我们可以把这幅图像想象成一张选区地图。18 个黑点代表了 18 个选民所住的位置。他们分别住在三个小镇上。这一地区将以投票的方式决定新的核电厂的地址。选票上标注了三个被建议的地址 A、B 和 C。

在这种情形下，政治非常简单。每个选民都希望核电厂"就在自家后院"。每个人都希望能在电站里找份工作，没人愿意到远处去上班。

投票循环的说明图

又称作"投票悖论""孔多塞循环""阿罗悖论""循环的大多数"

三组投票者所在的小镇以及候选地址的位置

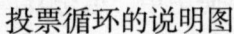谢尔比维尔镇
★C地址

斯普林菲尔德镇
★A地址

中央空地

★B地址

中心城

大部分黑点
距离A比距离B更低……大部分
黑点距离B比距离C更低……大部分
黑点距离C比距离A更低

首先投票决定是否在地址 A 建厂。12 个选民的住址（斯普林菲尔德区和谢尔比维尔区）更靠近 A。另 6 个选民（中心城）离地址 B 更近。这样，将有 12 个人会投票选 A，地址 A 获胜。

如果在 B 和 C 之间做选择，让我们看看结果会怎样。12 个选民（斯普林菲尔德区和中心城）更靠近 B。B 将以 12 比 6 击败 C，而被选中。

最后，让我们在 C 和 A 之间投票。谢尔比维尔区和中心城更靠近 C（稍微靠近那么一点），于是 C 击败了 A，这一次又是 12 票比 6 票。

无疑，这就是一个选举中常见的投票循环，在这里，地理位置的选择相当于意识形态的选择。就意识形态而言，每个候选人占据一个固定的位置。选民们倾向于支持那个跟他们观点最为接近的候选人。一种好的投票制度最大程度地减小了选民的意愿和最终结果之间的"距离"。

这个图表实际上是一个"诡计图"，这些黑点必须特别仔细地摆放才行。随意的分布几乎肯定不会形成循环。实际上，选举循环在现实中是罕见的。这个图表显示，要想出现循环，必须满足一些条件。选民们必须集中于不在一条（意识形态的）直线上的三个（或更多的）团体内。一些候选人（或所有候选人）必须偏离这些团体之间的中间位置。也就是说，在中间位置上，必须既没有选民也没有候选人。

这种整体安排导致了一种不断变化的联盟。在某一场投票中，斯普林菲尔德跟谢尔比维尔成为盟友；另一场投票中，斯普林菲尔德又会跟中心城一起抵制谢尔比维尔；在又一场投票中，斯普林菲尔德可能要独力对抗中心城和谢尔比维尔。

很多人赞同道奇森的观点，认为这样一种对称的循环应该被宣布为平局（"循环平局"是这种循环的另一个名字）。如果二选一的投票是我们唯一能用的手段，这样做是合理的。不过，这个例子不一样：我们知道每个人真正在乎的是缩短交通时间。选民们的投票是由他们在路上节省下的时间和公里数决定的。那么，为什么不计算出（18个选民的家）到达每个地点的总距离呢？整体而言，总计距离最短的那个地址将会是"最靠近"所有选民的地址。这样就不会产生平局了。

但是你甚至不必去测量。只要看一眼图表，就明白A是居民们的最佳选择。它毗邻斯普林菲尔德区，离谢尔比维尔区也是比较近的。不利因素是开车从中心城到A的距离很远。另外两个地址也好不到哪儿去。中心城的居民对这三个选择中的任何一个都不会感到高兴。

最差的地址是B，它离哪儿都不近。你也许会奇怪，在二选一的投票中它怎样能做到击败C的。解释是两害相择取其轻。地址B到斯普林菲尔德区和中心城只比C近了一点，居民们有些勉强地投票给它——即便它对任何人来说都不是一个便利的选择。

这是二选一的比较根本性的问题。人们喜好程度上的差异并没有被计算在内。斯普林菲尔德区的居民想必喜欢A远超过B。它每趟要让他们少跑10英里路（假定是这样）；在B和C的比较中，选择B将会让斯普林菲尔德区的居民少走2英里。但二选一的投票只会告诉我们胜者是谁，而不能反映出这10英里和2英里的差别。因为统计时没有考虑到人们喜好的程度，才会发生投票循环。在这种情形下，循环只不过是一种假象。悖论遮掩了一个事实，就是选民其实是有他们最偏好的选项的。

查尔斯·道奇森想要出版一部关于他的投票理论的书籍。但他从未能付诸实施。他担心自己没有能力设计一种真正让人满意的制度，为此感到沮丧。"我们似乎仍然缺少一种能让选民总体上感到满意的真正科学的投票方法，"他在1877年12月承认说。

道奇森死于1898年1月14日，利德尔院长在四天后也去世了。爱丽丝比他们多活了36年。爱丽丝并不幸福，她的丈夫和两个儿子都比她先过世，她的健康和财产状况也越来越差。仅仅是靠苏富比公司对《爱丽丝漫游奇境》原始手稿的拍卖，她才能维持自己的生活，而那时正是股票市场崩溃的前一年。"但是，哦，亲爱的，我对成为奇境中的爱丽丝感到厌倦，"她在自己漫长的一生即将结束时写道，"是的，这听上去有些不知道感恩。但我的确厌倦了。"

想要收藏刘易斯·卡罗尔的物品的粉丝们保存着道奇森的投票小册子，但他们不理解其中的含义。于是，未来的投票理论又一次被几乎全盘遗忘了。道奇森的关于政治的遗产留给了政治漫画家，三月兔、睡鼠和帽匠的疯狂茶会是无穷无尽的隐喻来源。

改革党有可能的总统候选人,帕特·布查南(Pct Buchanan,三月兔)、唐纳德·特朗普(Doncld Trump,帽厉)、罗斯·佩罗特(Ross Perot,睦鼠)。图中的艾丽丝说道:"这是我有生以来参加过的最愚蠢的茶会。

第九章 排序复选制

在波士顿的公共花园中，很多雕像和喷泉都有点爱德华·戈里（Edward Gorey）① 式的怪异。其中的乙醚纪念碑是一座40英尺高的哥特式塔碑，顶端有一组雕塑，用以纪念麻醉剂的初次使用。纪念碑的作者是约翰·昆西·爱德蒙·沃德（John Quincy Adams Ward），他在石碑的顶部雕塑了一个救死扶伤的好人形象。这座雕像更适合波士顿人保守的口味，它替代了1846年一位波士顿牙医托马斯·莫顿从病人脖子上切除肿瘤的血淋淋的场面。这座纪念碑是建筑师威廉·罗伯特·韦尔（William Robert Ware，1832—1915年）的独特设计。韦尔还想出了另一个独特的主意，它对于我们所讲述的故事有着重要意义——那就是如今被叫做排序复选制的选举制度。

跟查尔斯·道奇森一样，韦尔终生未娶，他把全部精力都投入到布道、建筑和选举制度中。作为唯一神论者牧师的儿子，韦尔的日记里写满了对布道的批评。哈佛毕业之后，他先是去

---

① Edward Gorey：美国插图画家，其插图风格充满怪诞和诡异的要素。——译者注

欧洲游历了一番，然后在理查德·M·亨特的工作室从事一份固定工作，这位亨特是镀金时代涌现出来的一位伟大的纽约建筑师。韦尔后来在波士顿创办了一家建筑公司。他的公司设计了若干教堂（尤其是布鲁克林的高街教堂和后湾的第一教堂），以及哈佛的纪念堂和圣公会神学院，还为马萨诸塞州的伍斯特市修建了一座火车站。韦尔认为自己真正的天赋是在教学方面。1865年他33岁时，受托为麻省理工学院创办一所建筑学院。韦尔在麻省理工学院一直待到1881年。后来，由于学院未能及时支付他开出的支票，他被惹恼了，离开了那里（韦尔声称，学院要求他为科普利广场的一座规划中的建筑绘图，却没有支付事先答应的酬劳）。在麻省理工学院，以及后来的哥伦比亚大学，韦尔都拥有美国建筑教育之父的盛名。1902年，他患上了神经衰弱症，随后以荣誉教授的身份退休。在剩下的岁月里，韦尔跟他的姐妹哈丽叶特（Harriet）一起居住在马萨诸塞州的米尔顿。

大约在19世纪70年代，韦尔对选举产生了兴趣。他开始密切地关注大西洋另一边选举制度争议的新闻。英国已经开始把选举权扩大到工人阶级（也就是说，不拥有土地的阶级）。这使得自由党的人数大为增长。保守党在国会的席位开始迅速流失，其损失比他们想象的还要严重。维多利亚时代的英国人的政治观点大致相近。如果自由党人在每个选区都赢取了51%的选票，那么赢取国会的所有席位并非是一件不可能的事。即使拥有49%的选票，保守党仍有可能完全被排除在国会之外。

哲学家约翰·斯图尔特·米尔（John Stuart Mill）警告说，"统治权不该被交给那些只具备体力劳动者的智力和道德的人"。

无论如何，有必要设计一种制度，它能保证让国会里某一党派的代表权与该政党所获得的总体投票份额成比例。这种制度被称作比例代表制。它的宣传口号是"多数的暴政"，这句话是米尔从托克维尔（Alexis De Tocqueville）的《美国的民主》中摘录的。这个充满感情的语句的主要观点是，多数人的统治不一定就是公平的。只有比例代表制才能保证少数人（即保守党人）的利益也能获得公平表达意见的机会。韦尔和英国人的观点产生了共鸣，他本人的政治观点就是保守的。

找到比例代表制的合适的投票方法是一项极富挑战性的数学难题。它和设计一种只有一个人获胜的投票制度（单一公职制度）同样困难，但困难的性质是完全不同的。单一公职制度是为了调和全体选民之间的矛盾，为所有的人找一个最合适的代表。比例代表制力争要在立法机构这种较小的范围内重现全体选民的多样性和矛盾性。在很多方面，比例代表制需要解决的问题跟单一公职选举制要解决的问题正好是相反的。

今天我们所知道的最流行的比例代表制是单一可转移投票制（STV）。它的产生年代至少可以追溯到 1821 年——其创立者是托马斯·赖特·希尔（Thomas Wright Hill）——至今为止只有很小的变动。19 世纪 50 年代，一位名叫托马斯·黑尔（Thomas Hare）的英国大律师和丹麦人卡尔·乔治·安德烈（Carl George Andrae）也各自独立地提出了单一可转移投票法。

单一可转移投票制使用了一种分级的选票。也许有 20 个候选人参与竞选一个学校委员会的 6 个席位。投票者将把所有这 20 个人按受欢迎度分成不同等级（的确，对投票者来说，这不是一件愉快的工作）。计票的方式也颇为复杂。不受欢迎的候选人依次被淘汰，被淘汰者的选票会按照选票上的排序转移给其他候选人。这个制度在确保任何人的选票都不会"作废"方面是卓有成效的。

接下来就要谈到比例选举制了。假设女性做出这样的判断，认为男性立法者不能代表她们的真正利益。女性选民大可以联合起来，坚持把所有的女性候选人都排在男性候选人之前。如果每个女性都这样做的话，就可以确保大约一半的立法职位归女性所有。同样的道理，共和党人、绿党成员、生活在美国的拉丁美洲人、福音会成员、大学学生、马克思主义者、富裕的男性白人……只要他们愿意，所有这些人都可以按照他们的人数比例获得相应的代表权。这并不是说每个人都必须参与拉帮结派或身份认同的政治游戏。单一可转移投票法能让选民决定哪种差别更为重要。

支持比例代表制最有力的理由来自道德层面。立法机构通过的法律对每个人都有约束力。的确，我们不能保证每个小派系都能称心如意。但我们可以确保任何一个群体在立法讨论中都有话语权。这正是比例代表制的意义所在。

单一可转移投票法不是唯一可行的比例代表制。查尔斯·道奇森发明过一种与众不同、也更为聪明的办法，他允许"被淘汰"的候选人自行决定该怎样重新分配其支持者的选票。1884年，道奇森向索尔斯伯利（Salisbury）勋爵推销自己的选举方案，后者是保守党的领袖，后来做了英国首相。道奇森在给斯伯利的信中写道："我十分希望您能采用我信中所附的方案，这样会有更多的人关注它。"索尔斯伯利客气地答复了他，指出想要彻底地改变选举程序是件困难的事。

索尔斯伯利在回信中说"无论你的目的有多么保守",道奇森立刻进行了反驳:"请不要称我的方案'保守'……!('不要以过去的眼光来评判我,等等。')……我只是想确保,持不同观点的选民的比例能真实地反映在议员的构成上。正如你所见的,这个方案也许有时会支持这个政党,有时会支持那个政党。但它本身是不带任何政治偏见的。"

1884 年,道奇森出版了另一个小册子,即《国会代表制原理》,并给所有的下议院成员都寄发了一份。他跟黑尔、各种各样的保守派和自由派议员一起创建了比例代表制学会(后来被改名为选举改革学会,至今仍在运作中)。

道奇森并不是大力宣传比例代表制的唯一一名人。H·G. 威尔斯(Wells)也是比例代表制的一名拥护者,约翰·斯图尔特·米尔(John Stuart Mill)说,黑尔的投票制度"驱散了悬于未来文明上空的乌云"。

维多利亚时代的英国很少用到黑尔的制度。但许多英联邦国家,包括苏格兰、爱尔兰、北爱尔兰、马耳他、澳大利亚和新西兰,都采用了他的制度(虽然做了少许的改变,使用了不同的名字)。在美国,它的 DNA(性质)经历了微小的改变。

威廉·韦尔知道,宪法已经规定了美国国会中不同地区的议员代表人数,要想对它进行改革是极其困难的。在美国政治中,立法机构所起的作用不如英国的立法机构大。美国把更多的权利赋予了某一部门最高职位的官员,譬如市长、州长和总统。

韦尔意识到在只允许一个候选人获胜的情况下,可以使用单一可转移投票制。当然,在只有一个职位待选的情形下,也不可能应用比例代表制。不过,在选举单独职位时,单一可转移投票法具有另一个优势——它可以预防"搅局者效应"。

只选出一个候选人的单一可转移投票制如今被叫做排序复选制(IRV)。正如这个名字所显示的①,排序复选制在很大程度上类似于一场公开选举,在最受欢迎的几个候选人之间举行一次或多次决赛。如果需要的话,很快就能看到决赛的结果。

假设我们采用手工计票的方式(这样更便于解说)。选票被收集起来,按上面的排名分给不同的候选人——这样每个候选人的名下都有一堆选票了。每一堆选票包含了将该候选人排在第一位的所有选票。如果一名候选人得到的将他排在第一位的选票超过了半数,他将立刻获胜。

假如第一轮没有出现获胜者,就选出最少的那一堆。它代表了获得被排在第一位的选票最少的候选人。将这名候选人淘汰掉,然后清点被淘汰者的选票,把它们转移到排在选票第二位的候选人那里。分配完毕后,再做一次统计,看是否有哪一位候选人现在获得了多数选票。如果有人获得了多数选票,他就赢了。如果没有出现多数选票,就以同样的方式继续淘汰候选人,重新分配被淘汰者的选票,直到最终出现一个获得多数选票的候选人。

这个办法能够避免搅局者所起的破坏作用。至少,当你有两个主要的候选人和几个次要的候选人时,它能做到这一点。在这样的选举中,第三党候选人的选票被依次地转移给主要党

---

① 排序复选制的英文名字是 instant runoff voting,其中的 instant runoff 是"即时决赛"的意思。——译者注

派的候选人，两个主要党派候选人之一将会胜出。没错，你可以给一个次要候选人投票（把他排在第一位），但最终你的选票仍然会被计入你青睐的主要党派候选人的总票数中。

排序复选制的优点还不仅于此，它能够避免博尔达计数法中常常出现的不光彩的策略问题。一位共和党人如果把民主党人排在最后一位的话，他不会获得任何好处，反之亦然。那是因为把两位领先的候选人中的一人排在第一位的选票不会再有重新分配的机会了。你将自己讨厌的人排在靠后的位置并不会真正损害到他，除非你把一个次要候选人排在第一位。

韦尔没有把自己的选举制度公布于众，或者通过一次重要选举来示范和推广它。他似乎只利用自己麻省理工学院教授的身份去游说在学院范围使用这种制度。麻省理工学院开始采用这种制度进行大学的选举，并且至今仍在使用它。排序复选制很快传到了哈佛和剑桥。韦尔的制度一次解决了许多问题。你可以采用排序复选制进行单独职位的选举，并采用与之非常类似的单一可转移投票制，按比例要求为立法机构选举代表。在接下来的几十年里，排序复选制和（或）单一可转移比例代表制在美国获得了广泛的运用，尤其是在大学里。

"与我们目前使用的相对多数票选举制相比，排序复选制是一种进步，这是毫无疑问的，"加州大学欧文分校的投票理论家唐纳德·萨里（Donald Saari）告诉我，"不过，它也存在糟糕的问题。让我给你举个例子，比如路易斯安那州在1991年的选举……"

戴维·杜克并不是一个典型的搅局者。他是支持率排第二的候选人。如果采用排序复选制，可能会产生与路易斯安那州开放式初选一样的结果。巴迪·罗默排在第三位，他本会被淘汰，他的选票本会被转给排在第二位的候选人。如果采用排序复选制，爱德华兹可能会获胜。

与相对多数票选举制一样，排序复选制对第一位的排名非常重视（因为它们决定了至关重要的淘汰顺序）。人们普遍认为，第一名很重要，因为它从总体上反映了选民的态度。"排序复选制挑选出的是那些既有核心的支持人群，又受到普遍欢迎的候选人"，投票暨民主中心散发的一本宣传手册这样写道，该中心是一个提倡排序复选制的组织。他们所说的拥有"核心支持"指的是那些能激发选民热情的候选人，正如真正的领袖必须做到的那样。

没人反对这一观点。问题是，选票上的排序并不是衡量这种"核心支持"的万无一失的办法。孤立地理解"排在第一"这个概念是可笑的。如果我告诉你，我是班上的第一名，或许会给你留下深刻的印象。但如果我告诉你我是在家自学，而且是独生子，你的感受就完全不同了。第一名只有在它所处的背景中来理解才有意义。第一名的重要性取决于竞争是否激烈、以及它是怎样的竞争。

排序复选制往往受到所谓"中心挤压"（center squeeze）效应的影响。一位受欢迎的温和派可能获得相对较少的排在第一位的选票，不是出于其自身的过失，而是由于选票被分散给了左、右两侧的极端候选人。温和派更容易在早期就被淘汰。中心挤压有时会导致令人不快的、两害相较取其轻的两难局面。

假设贝蒂是沙滩上唯一的冰激凌零售者，那么她的摊位对沙滩上的每个人都是"最佳选择"。可是，艾伦插了进来。他把自己的摊位安置在距离贝蒂摊位左边 6 英尺的位置上。艾伦抢走了贝蒂的几乎一半生意。接着，克里斯蒂娜也加入进来，她在贝蒂摊位右边 6 英尺处摆下了自己的摊子。克里斯蒂娜几乎抢走了贝蒂剩下的所有生意。克里斯蒂娜的摊位是右边沙滩上所有人的第一选择，艾伦的摊位则垄断了左边沙滩的所有生意，事实上，根本没有人再去光顾贝蒂的摊子了。这就是传统意义上的"中心挤压"。这意味着艾伦和克里斯蒂娜的冰激凌比贝蒂的冰激凌更好吗？不，他们都是从同一个批发商那里进的货！是不是贝蒂选择的地点不好？也不是，在竞争夺去了她的地盘之前，那并不是一个坏地点。这一切意味着，"第一选择"并不是衡量人们对贝蒂冰激凌的感受的好方法。

在阻止传统的搅局者方面，排序复选制效果显著——在那种情形下，次要的候选人常常不合理地导致胜利的天平从一个主要候选人倒向另一个主要候选人。但如果这位"搅局者"真有机会获胜的话，那可不是什么好事。

吉迪恩·多伦（Gideon Doron）和理查德·克劳尼克（Richard Kronick）在 1977 年发表了一篇题目尖锐的文章：《单一可转移投票法：一种荒谬的社会选择功能的范例》。作者向我们证明，在排序复选制中，选民能通过将某个候选人排在比较靠前的位置而让他落选。哈，居然有这等事！

这种现象即所谓的"赢家转输家的悖论"。34% 的选民选爱德华兹，32% 的选民选杜克，27% 的选民选罗默。（为了简要起见，我就不提 1991 年实际发生的那场选举中较次要的候选人了，虽然这三个人的总票数加起来是不到 100% 的。）因为爱德华兹没有获得多数人选票，排在最末位的候选人就要被淘汰，那就是罗默。罗默的选票将转给剩下的两位候选人,爱德华兹将会轻松地战胜杜克(正如1991年实际上发生的那样)。

好吧。现在假设在竞选之前,爱德华兹想获取杜克的选票。他发表演说,做负面的攻击广告或散布谣言,导致原本支持杜克的部分选民(全体选民的6%)把自己的选票转投给爱德华兹了。他们把爱德华兹列在第一位,排在杜克之前。

经过这样的变化,爱德华兹获得40%的选票,杜克获得26%的选票,罗默获得27%的选票。看到发生了什么吗?杜克现在成了第三名。被淘汰的人成了杜克。决赛将在爱德华兹和罗默之间进行。杜克的大多数极端保守派选民把温和派的罗默列在自由派的爱德华兹之前。因而,杜克的选票主要被转给了罗默,他以多出13%的选票击败了爱德华兹。这个结果跟人们的认知是一致的,就是在一场二选一的竞选中,罗默将会击败爱德华兹。罗默以47%的选票战胜获得46%选票的爱德华兹,这跟1991年的民意调查基本上是一致的。

对于转投其它候选人的那6%的选民来说,投票给爱德华兹而不是杜克导致了爱德华兹的落选。这就是政治的镜中世界[①],甚至比搅局者效应更疯狂。

排序复选制、博尔达计数法和孔多塞投票制有一点是相同的,它们都要求选民对候选人排序。替一大群候选人排序是件麻烦的事。2003年的加州州长的重新选举就有135个候选人

---

① 《镜中世界》(Through the Looking-Glass)是刘易斯·卡洛尔的小说。小说里,镜中的一切景象都是颠倒的,造成了十分荒诞而又滑稽可笑的效果。

参加。

难免会出现这样的情况，在一场激烈的选举中，有许多候选人的名字甚至是大多数选民从未听说过的。选民们该怎样为这些候选人排序？

> 查尔斯·杰伊（个人选择党）
> 厄尔·道奇（禁酒党）
> 吉恩·安蒙森（民意党）
> 斯坦福·安德烈斯（独立竞选人）
> 伦纳德·佩尔蒂埃（和平自由党）

这些可不是编造出来的名字，所有这些人都参与了2004年的美国总统竞选。

为了应对这个问题，人们设计了各种解决方案。在采用排序复选制的澳大利亚，投票是强制性的。任何没有为候选人排序的公民都被要求付一笔罚款。不过，有一个被叫做"横线上方"的选项，选民可以在选出自己最支持的一位候选人后填写这个选项，这表示选民默认了选票已排好的其它候选人的次序。

排序复选制的选票很少需要替所有的候选人排序。在从2004年开始采用排序复选制的旧金山市，选票上印了三栏，分别是选民的第一、第二和第三选择。这是一种很实用的方法，也起到了良好的效果——你的前三个选择中必须包括一个"主要的"候选人（否则的话，你的三个选择会被视作无效，你的选票将不能转移给任何还在竞选中的候选人）。

排序复选制选票的计票工作要相对复杂一些。在清点选票之前，人们是无法知道"被淘汰者"的选票的流向的。这意味着，或许有必要把每一张选票或它的数据传递给一个中央计票系统或电脑。相对多数票投票制、博尔达计数法、孔多塞投票制或计分投票制都不需要做这样的记录。这些选举制度中，统计出选区的总票数就足够了，而不需要记录下每一张选票上的详细排序情况。

"排序复选制中，一旦两名没有希望获胜的候选人获得的票数接近，我们必须耐心地等待。直到这两个小角色所得的确切票数被统计出来，其中一个被淘汰以后，我们才能进行第二轮投票。"数学家沃伦·D. 史密斯解释道。

旧金山市的选举委员会很明智地把他们的选举办法叫做"排位选择"制。他们之所以不用排序复选制的名称，是不想给人一种选举很快就能产生结果的印象。[①] 2004 年 11 月，在这个城市的第一次排序复选制选举中，投票结果推迟了好几天才公布，原因被归咎为"软件问题"。

[①] 排序复选制的英文拼写是 'Instant-runoff voting'，Instant 是立即的意思。——译者注

第十章　谁害怕那个该死的循环？

对于亚伯拉罕·林肯的长子罗伯特·托德·林肯（Robert Todd Lincoln），人们最深的印象是，不知为何，他总是亲身经历一些不幸的重大事件。罗伯特曾经目睹两位美国总统（加菲尔德和麦金利）遭到暗杀，而且还差点目睹了自己的父亲被枪杀的过程。林肯被暗杀的那天晚上，罗伯特是临时决定不去福特戏院的。在麦金利总统被暗杀之后，林肯对自己的这种名声了解得太清楚了，他成了白宫的死亡天使。因此，他谢绝了任何一位美国总统的邀请。

罗伯特·林肯还有一个让人奇怪的习惯。他一直活到1926年，他在晚年不喜欢到有黑人的地方去。他的父亲在历史中所扮演的角色成了一半的讽刺。罗伯特·托德·林肯在事业上很成功，他本人是普尔曼公司的总裁。这家公司专为火车提供卧铺车厢服务员，在战后拥有最多的黑人雇员。

罗伯特·林肯最后几年是在佛蒙特州度过的。当他晚上想出去的时候，就让司机送他去意昆诺克斯酒店吃晚饭。车子刚刚抵达目的地，许多黑人雇员会赶过来替林肯的劳斯莱斯开门。林肯会愤怒地用自己的手杖把他们赶跑。为了避免更多的不愉快,意昆诺克斯酒店的管理人员被迫想出一个办法。他们从雇员中挑选了一个"最白的"侍者,他是来自纽约哈莱姆黑人住宅区的年轻人,长着近乎金色的卷发。管理阶层每周多付他10块钱,让他为林肯开车门。林肯并不知道这种安排,他非常高兴,每次都给这个侍者一个银元的小费。

这位"白人"侍者名叫小亚当·克莱顿·鲍威尔(Adam Clayton Powell),后来当上了纽约州的众议员,此后他的整个政治生涯都在与种族歧视做斗争。鲍威尔成年以后,美国对比例代表制表现出前所未有的兴趣,这种热情是从19世纪70年代起慢慢变强的,其拥护者包括像詹姆斯·加菲尔德(James Garfield)总统这样的有影响力的人物。有些人认为,如果加菲尔德不过早去世的话,他也许已经让比例代表制通过立法程序,成为美国通用的选举办法了。(担任总统4个月后,加菲尔德邀请几位内阁成员陪同他进行一次火车旅行。战争部长罗伯特·托德·林肯赶到的时候,刚好听到夺去总统性命的枪声。)

20世纪早期,有数十个美国城市采用了单一可转移投票法,包括克利夫兰(1921年)、辛辛那提(1925年)和纽约(1936年)。政治的背后总有人们看不到的动机。纽约的共和党人推动了这种新制度。作为少数党,他们认为可以利用比例代表制来增加他们在市议会的席位,而不是眼看着坦慕尼派的那帮家伙夺走所有的席位。①

对共和党而言,采用新的投票方式也并非全是好事,因为

---

① 坦慕尼派是纽约的民主党组织,常常通过贿赂和领袖党控制的手段来获得政治影响力。——译者注

第十章 谁害怕那个该死的循环？

共和党并不是纽约唯一的少数党派。黑人以前实际是不可能获得多数选票而担任公职的。小亚当·克莱顿·鲍威尔认为，在纽约推行新投票制度有助于开拓自己的政治事业。他当时已经是一个知名人物了。他继承了父亲的浸礼会教堂讲坛，该教堂位于哈莱姆社区，会众主要是阿比西尼亚裔的黑人。鲍威尔认识马尔科姆·X①也很欣赏他。在马尔科姆的影响下，鲍威尔很快就把活动的重心从宗教宣传转向具体的社区行动了。1941年，鲍威尔说服了由哈莱姆教堂会众、劳工利益集团和社会主义者组成的同盟，要他们投票给他。由此他成为了进入纽约市议会的第一个非洲裔美国人。

"我认为比例代表制是我所见过的最有违于美国精神、最恶毒的欺骗选民的选举制度"，丽塔·凯西（Rita Casey）写道，她是市议会的一个民主党人。民主党人有理由感到担心。在采用比例代表制之前，民主党控制了91%的席位。那之后，他们占据的席位就猛跌到了68%。

共和党人也并不感到欢欣鼓舞。他们在市议会中的席位仅从9%小幅上升到13%。真正的受益者是少数民族党、美国劳工党（它获得了比共和党人更多的席位）和共产党（它获得了5%的席位）。

《纽约世界电讯报》惊呼，"比例代表制是上天送给共产党人的礼物"，宣称这种新的投票制"极为复杂，让人烦厌，过程拖沓，耗费金钱，容易让受共产党人控制的、机警而阴险的少

---

① 马尔科姆·X（Malcolm X）：美国民权运动中的黑人激进派领袖，1954年在纽约市被刺杀。——译者注

数民族获利"。显然有些选民会觉得,他们的选票不可思议地被"转给"了共产党。《布鲁克林之鹰》警告说:"支持比例代表制的群体拒绝承认这样的事实,它在德国催生了希特勒,在意大利成就了墨索里尼。"

直到今天,阿道夫·希特勒还是比例代表制的反对者所能举出的最有力的反例。德国国会采用了比例代表制,它使许多处于边缘的小政党都获得了席位。其中之一就是国家社会主义党。许多人认为,如果不是因为比例代表制,希特勒本应是一个"第三党"候选人,永远不会在选举中赢得什么。兴登堡就不会任命他担任总理,希特勒就没有可能成为一个民选的独裁者。

莫里斯·迪韦尔热(Maurice Duverger)是一位20世纪的法国社会学家,他提出,在使用相对多数投票制的国家里,胜者将赢得一切,这就很容易产生两个主要的政党。在使用比例代表制的国家里,更有可能出现多个政党。如果不考虑其它因素,这会让政治变得更有趣。在意大利,色情明星伊欧娜·史特拉(Ilona Staller)作为激进党候选人进入了国会。史特拉在群众集会上露出自己的左乳,任职期间继续拍摄赤裸裸的色情电影,还说如果能让中东和平,她愿意和萨达姆·侯赛因睡觉。史特拉不必担心会冒犯那些容易被冒犯的人,她支持者的数量刚好足够让她被排在较为保守的政治家之前。

你也许会提出疑问,在立法机构中存在像希特勒乃至史特拉这样的"异类"是否是件好事。但是比例代表制并没有凭空创造出任何疯狂的派系,它只不过是把选民的面貌反映出来罢了。德国的真正问题并不是比例代表制让国会里的任何极端的少数群体获得了发言权；而是总理这个单一职位是靠任命来实现的。这很难归咎于比例代表制。

纽约的民主党和共和党却把希特勒的崛起归咎于比例代表制，还认为它要为共产主义的崛起承担责任。"付出的所有代价只不过换来了二战后始终处于紧张状态的、被分裂的世界"，罗布·里奇（Rob Richie）说，他是投票暨民主中心的创始人。"由于出现了红色恐怖，人们更不能容忍不同意见了"。坦慕尼派和大佬党（共和党别称）鼓动纽约的选民推翻比例代表制。1947年纽约市的一个提案称，比例代表制是"'斯大林·弗兰肯斯坦'项目"，要求废除它。"到1960年，坚持比例代表制的只剩下剑桥、霍普金斯、以及明尼苏达了"，里奇说，"霍普金斯随后也废除了它"。

亚当·克莱顿·鲍威尔精明地把握住了比例代表制的这段"空窗"期。他以自己市议会议员的身份作为跳板，去竞争哈林区新设立的众议员职位。鲍威尔在民主党和共和党的初选中都获胜了，一路凯歌，最终当选为议员，并在该职位上连任了12届。他善于跟其他政客合作，互投赞成票，迄今为止，他是国会里最有影响力的非洲裔美国人。人们普遍认为他是一个不诚实的人（应该说，这种看法是有根据的），一个狡猾的政客，所以鲍威尔跟其他民权运动领袖的英雄形象有很大差别。然而，正是鲍威尔把马丁·路德·金的理念转变为政治行动——在这一点上他比任何人都干得出色。鲍威尔比马尔科姆和马丁·路德·金幸运，躲过了60年代的暗杀。在后半生的大部分时间里，他一直隐居在比米尼的巴哈马岛，不参加重要的民主党委员会会议，拒绝填写所得税表，有意躲避自己的情妇、前妻以及来自纽约的逮捕令。当他在 1970 年露面打算重新参加竞选时，民主党内已经没有人支持他了。他甚至连独立候选人的资格都争取不到。

鲍威尔自己也没有想到，他不光明的政治手段让他成为了人们讨论阿罗不可能性定理意义时的最好范例。我们是否应该毫无保留地支持阿罗的悲观结论？

好吧，投票制度不是"完美"的。不过，我们还是有可能期待投票制在大多数时间里能够良好运作。某些异常现象（如选举中的悖论）将会是温室里的珍稀品种，我们在现实的政治中很少遇见。

学者们发现，《爱丽丝漫游奇境》的作者正好对这一问题发表过自己的意见。邓肯·布莱克在 1958 年再版了道奇森的选举制小册子。在真正意义上，道奇森阐述的是阿罗之后的现代观点。在道奇森的第三本关于选举制的小册子里，他先是描述了投票悖论，接着为自己辩解道：

> 对于我举的那些例子，人们大概会这样回应"喔，那是一个极端的情况，它可能永远不会真的发生！"人们总是立刻给出这样的答案，而且信心十足，但他们根本没有仔细了解这些事例中的细节。这符合人思维的一般原则，他们通常会这样想——"我相信某个理论是正确的。而这个例子跟我的理论恰好相违背。所以这是个极端的例子，在现实中永远也不会发生。"

但道奇森坚持认为，当人们有策略地进行投票时，他所说的循环是有可能发生的。在随后的例子中，道奇森使用了维多利亚时代的选举词语"划分"。它是指聚在一起的选民们自主分成不同候选人的支持群体。

假设 A 是我想要选的候选人，但是划分只在 B 和 C 两位候选人之间进行；那么我应该投票给我真正支持的人呢？还是应该采取一切有利于 A 的方式投票呢？有些人会选择前一种方式，有些人会选择后一种方式。但实际情况是，一旦没有哪个候选人能够获得绝对多数的排在第一位的选票，最后必然产生循环多数的结果。（循环多数即"投票循环"、"投票悖论"。）

道奇森由此推导出了一个在政治上通用的、马基雅弗利式的能够确保成功的法则。他写道：

选举中的这种法则，使得选举更多地成为了一种技巧游戏，而不是选民意愿的真实反映。而我认为，选举的结果应体现大多数人的意愿，而不该由那些选举中的这种法则，手段高明、操纵竞选的人决定。所以有必要让人们了解他们惯用的方法。这个方法其实很简单："如果你必须在两个你同样不喜欢的选项中做选择，投票反对那个最受欢迎的选项。"

事实上，政治家们对道奇森的这套理论再清楚不过了。1995 年，比尔·克林顿制作了一则电视广告，攻击共和党人在削减社会医疗保险方面的立场。为了达到最大的效果,该广告需要引用一个有知名度的共和党人的讲话录音,参议员鲍勃·多尔(Bob Dole)或者众议员纽特·金里奇(Newt Gingrich)是最好的选择。根据克林顿顾问迪克·莫里斯(Dick Morris)的说法,他们在仔细考虑后,选择了金里奇,因为他们不想打击多尔。多尔被认为将在1996年的大选中挑战克林顿。他们认为,与其他那些或许更强有力的共和党人相比,多尔要容易被击败些。所以,他们不愿做任何有可能减小多尔被提名的机会的事情。

同样的办法被用到了另一个克林顿身上。2006年,福音传道者杰里·福尔韦尔(Jerry Falwell)告诉他的支持者,他希望希拉里·克林顿在2008年成为民主党的总统候选人,因为她比撒旦本人更能够激起保守派的反对。

我曾在前文中提到过,2006年的一次加利福尼亚议会选举中,民主党人为了让一名"不可能被选上"的共和党人(兰迪·格拉夫)击败另一名更受欢迎的共和党对手,出资为他制作竞选广告。这就是实际运作中的道奇森法则。你也许注意到了,它与一条中东的谚语不谋而合:敌人的敌人就是我的朋友。

有一个人把道奇森的理论铭记在心,他就是威廉·H. 赖克。赖克(Riker,1920—1993年)做了大量的推广工作,是让人们最终接受阿罗的不可能性定理的关键性人物。赖克本人是一个研究保守理论的政治学家,从哈佛毕业,其后执教于劳伦斯学院和罗切斯特大学。20世纪50年代,赖克发现了博弈理论(game theory)。他认定自己找到了解开政治奥秘的钥匙。对于冯·诺依曼(von Neumann)、摩根斯坦(Morgenstern)和阿罗的理论，他很快就有了深入的了解，并开始在劳伦斯学院的政治课上教授它们。赖克的观点被称为"积极的政治哲学"。正当博弈理论在国防规划和经济学领域中的热度开始消退时，在赖克的努力下，这一理论在政治学中的应用却成为了一种新的潮流。

赖克认为，所谓的鲍威尔修正案就是道奇森理论，或者说选举循环在现实中得以实现的一个明显例子。1956年，由于战后的婴儿潮，对于新学校的需求达到了前所未有的程度。众议院正在审议由民主党提出的为修建学校提供联邦经费的提案。两党都对这项提案表示极力支持。大家都同意现在急缺学校，政府有责任予以财政上的支持。两党都急于迎合那些身为父母的选民。

小亚当·克莱顿·鲍威尔对该议案提出了修正案。这项修正案规定，只有那些不在学校实施种族隔离政策的州才能获得联邦的资助。两年前，最高法院在布朗起诉教育局一案中已经做出判决，认定实行种族隔离的学校是违宪的。

鲍威尔所在的纽约州服从了最高法院的决定。只有南方诸州还在拖延。南方的议员们喜欢最初的学校资助提案，它能替梅森—迪克森线①以南的诸州争取到更多的联邦资金。而根据鲍威尔的修正案，实行种族分离的南方将得不到任何资助。要想避免这种情况，南方各州就必须立刻整合自己的学校。曾经支

---

① 梅森—迪克森线，通常用来判断美国北方和南方的分界线。实际上它是划分宾夕法尼亚与自马里兰至西弗吉尼亚一部分的东西边界线，也是马里兰和特拉华之间的北南边界线。——译者注

持最初提案的南方民主党人对鲍威尔的修正案提出反对。

根据国会法，必须先在修正案和最初的提案之间进行投票表决。然后，人们再对这两者中胜出的方案与维持现状进行表决。最后获胜的方案才能成为真正的法律。你可以把修正案、议案和维持现状视为三个候选人。修正案要想获胜的话，必须在孔多塞投票制中获胜（假定每个人都诚实地投了票）。

在第一轮唱名表决中，鲍威尔修正案以 229 对 197 票战胜了最初提案。然后，在鲍威尔修正案和维持现状之间进行了投票。鲍威尔修正案以 199 票对 227 票落败了。就这样，国会拒绝向修建学校提供联邦经费。可这实际上是一个悖论，因为大多数国会议员原本都是支持最初的议案的。

1958 年，赖克认定对鲍威尔修正案的投票是一个出于政治理由巧妙设计的"孔多塞循环"。他并不是指鲍威尔或国会里的任何人曾经听说过"孔多塞循环"。要维持现状，议员们只要懂得怎样计算选票就行了。每个人都知道鲍威尔的修正案会减少学校资助提案获得通过的几率。因而，那些反对增加任何联邦支出的顽固共和党人就在第一轮投票中支持鲍威尔的修正案。在第二轮的选举中，这些共和党人投票赞成维持现状。

前总统哈里·杜鲁门在给国会的信中这样写到鲍威尔的修正案：

> 国会里的共和党领导阶层一向反对联邦政府向教育提供资金，他们利用鲍威尔的修正案来打击要求联邦资助的提案，同时为自己捞取了政治利益。如果国会被共和党的这种手段蒙蔽，那就太糟了……结果是哪一项联邦立法都

没法通过,损失最大的将是我们的孩子,无论他们在哪个州,属于哪个种族,拥有什么样的信仰。

在整个投票过程中,有97个人转变了立场,他们先投票支持鲍威尔修正案,后来又投票反对它。所有这97个人都是共和党人。赖克说,在随后的其它提案的表决中,这97人里面至少有12人投票反对过民权修正案。这说明他们不是民权运动的支持者,投票给鲍威尔修正案只不过是一种策略。这就是道奇森法则,它在鲍威尔修正案的投票中得到了充分体现。

"孔多塞循环"之于威廉·赖克就如同共产主义之于乔·麦卡锡(Joe McCarthy)①。他列出了可能发生"孔多塞循环"的各种情况,认为它们潜伏在每个角落,险恶地破坏着美国的价值观。对于赖克而言,每次发现国会投票中存在"孔多塞循环"都是一次有意义的成功。这就像是一个阴谋理论,看似无关紧要的事之间是相互联系的。赖克的这种看法得到了许多人的认可。

出现这种情况的根本原因在于不可能性定理。"阿罗定理和一切相关著述的要旨就在于,逻辑和公平之间存在着无法解决的对立关系,"赖克写道,"人们尚未发现这种对立的适当的解决办法,看起来似乎没有人能发现。"于是,赖克断定不可能性定理"把民主的结果——因而也包括民主的方法——都交由愚蠢的专断行为来决定"。

赖克把民主说成是一种骗局。"容易受骗的人"(选民们)

---

① 乔·麦卡锡是美国共和党人,极端反共主义者。——译者注

之所以忍受选举制度，只是因为他们相信它是一种公平的游戏。而这种游戏中精明的"操盘手"知道选举有多么容易被操纵。选举中每次出现的"悖论"都是圈内人用来达成自己目的的好机会。

投票悖论让人们意识到社会选择理论远非完善，并日益成为这一领域中的研究重点。投票的细节（以往几乎没有人留意过投票过程）和公众的意愿对最终的选举结果同样重要。任何制定投票规则的人都能得到他想要的"民主"结果。"我不在乎投票的是谁，""老板"特威德①开玩笑说，"重要的是提名的权力。"

当代的政治理论家唐纳德·萨里公开说过一段话，标志着操纵投票的做法达到了顶峰："只要给一个合适的价钱，我可以在下一次重要选举前为你的团体提供帮助。只要告诉我，你想让哪位候选人获胜。我会与选民交谈，了解他们对候选人的偏好。然后，我会设计一个包括所有候选人的'民主的投票方法'。最后，你中意的候选人将胜出。"

萨里向我保证，他只是在开玩笑。但并不是每个人都认为他是在说笑。"我不想说出他们的名字，但有几个众议员和至少两个（或三个）参议员，还有一个国家的总统派人联系过我，向我进行咨询。还有几个竞选公职的政客给我打了电话。"

---

① 老板特威德（"Boss" Tweed）：美国政治家，19世纪纽约民主党领袖。——译者注

第十章　谁害怕那个该死的循环？ | 201

托马斯·纳斯特（Thomas Nast）给纽约民主党领袖威廉·特威德（William Tweed）画的漫画。这类讽刺画让特威德大为恼火，他说："不要让他们再画这些该死的画了。我不在乎报纸怎么说我，我的选民都不识字。可是，该死的，他们能看懂图画！"

在他 1982 年出版的一本颇具影响力的、但也不无偏颇的著作中，赖克对投票循环的狂热得到了充分体现，书名是《自由主义对平民主义》（*Liberalism Against Populism*）。他的观点是，美国的历史是由那些操纵着模棱两可的选举的精明的政治顾问塑造的。根据赖克的说法，亚伯拉罕·林肯能当选总统也是由于选举循环。根据赖克的富有洞察力的重新评估,迪普修正案、威尔莫特限制性条款,还有大家在历史课本上看到的许多类似的名词,都是操纵选举的例子。全书的基调是,奴隶制以及它永远也无法解决的后遗症是选举悖论的根本原因。

赖克的著作将关于阿罗定理的讨论置于一个更易理解的框架内。阿罗具有启示意义的文章里充斥着各种专业术语和大段的公式,是逻辑严密的学术著作。《自由主义对平民主义》则是回顾投票制度演变历史的明快易读的著作,是政治学家和政治顾问们适合的读物。利用阿罗定理智力上的高度,赖克引导人们深思一个实质属于哲学领域的观点。个人自由和服从多数人的意见同样是美国传统。美国人一向否认两者之间有潜在的冲突。我们总是相信,采取民主制度的多数群体永远不会投票赞成把所有的左撇子会计都砸死——但是如果多数人真的赞成,我们该怎么办?赖克抨击了个人权利和"自由主义"(或自由意志论,我们更可能这样说)。赖克乐于按照字面意思接受阿罗的数学结论。民主政治根本不是什么好制度。

赖克将他在课堂上所举的例子收录进《政治操纵的艺术》(*The Art of Political Manipulation*)一书中,这些事例曾经影响了好几代政治权术家。现在我要讲一个赖克的书里没有的故事。某一天,《美国新闻和世界报道》杂志的一名记者联系赖克,说他们想要写一篇介绍美国顶尖大学政治学专业的专题文章。该杂志正在请像赖克这样的业内权威人士列出他们心目中最好的学校。赖克在罗切斯特大学创建了一流的政治学专业,并且为自己取得的成就感到骄傲。他了解到一个事实,该杂志将根据博尔达计数法来计算各学校的排名。毫不奇怪,赖克把对罗切斯特构成最大威胁的对手列在了他的名单的最末位。

撇开这件轶事,至少在某些细节上,赖克是错误的。他最让人感兴趣的一个观点是,1860年的总统大选的普选是一个"孔多塞循环"。这次选举的确是那种被认为有可能导致循环的选举。当时有四个强有力的候选人和两大主要阵营,即奴隶制对抗废奴主义——就党派而言,是民主党对共和党(或辉格党)。赖克认为如果进行一对一的竞选,斯蒂芬·道格拉斯将击败亚伯拉罕·林肯……林肯击败约翰·贝尔……而贝尔则击败道格拉斯。(南方的民主党人约翰·布雷肯里奇不在赖克认定的循环之中。)

1999年,亚历山大·塔巴罗克和李·斯佩克特(Alexander Tabarrok and Lee Spector)在《理论政治期刊》——这是一份内容恰如其名的刊物——发表了一篇专题论文,令人信服地反驳了赖克的主张。首先要澄清一点,1860年选举的官方计票记录里找不到充足的证据显示是否存在投票循环。你不得不对那些早已过世的选民的第二选择和第三选择进行猜测。赖克(他本人早已在1993年去世了)做出了自己的猜测,但他并不是一个内战研究方面的专家。塔巴罗克和斯佩克特询问了一些专门研究内战史的著名历史学家。他们让13位历史学家对这些分级做了评估,然后取其平均值。历史学家们的结论是这次选举中并不存在循环。根据他们统计的数据,道格拉斯会击败林肯(正如赖克声称的,而且也是每个人都相信的),不过林肯和贝尔的票数是持平的,而贝尔本会败给道格拉斯(这就驳倒了赖克)。这意味着道格拉斯本会是孔多塞投票制中的赢家。

更深入的理论研究显示很少会出现这样的循环。候选人们有动机向中间移动，即接近第八章图表中的"中空地带"。一位候选人只要尽量向"中间"靠拢，就能够避免循环的出现，成为孔多塞制的赢家。所以，出现循环不但需要一群意见分歧达到不同寻常程度的选民，还需要一个有意跟自己过不去，故意以不受欢迎姿态示人的候选人。

这有助于解释，为什么仅有的几个可信的明显循环事例都出现在立法机构的投票过程中。显然，亚当·克莱顿·鲍威尔只是想激怒种族隔离者（并替家乡的选民表明立场?），并不真的期待他的修正案得以通过。他提出了一个让三个立场截然不同的政党（北方民主党人、南方民主党人和共和党人）结成不稳定同盟的修正案。他知道没人能立刻拿出一个更可行的修正案。国会必须先就当前的修正案投票。这样一来，一个潜在的循环就出现了（赖克颇有创造性地重构了它）。

1992年的一篇论文的题目概括了人们态度的转变，"谁害怕那个该死的循环?"作者是斯科特·L·费尔德和伯纳德·格夫曼（Scott L. Feld and Bernard Grofman），他们考察了英国和爱尔兰专业协会的36次选举，它们全都采用了排序选票。所有这36次选举都有一个孔多塞制的赢家。费尔德和格夫曼对这36次选举都做了统计，他们把参加同一次选举的候选人分成三人一组。在所有的14270个三人小组中，只有71组形成了循环。这意味着，对任何一个三人组来说，出现循环的可能性只有二百分之一。

"我们并没有解决循环多数的悖论，"费尔德和格夫曼写道，"不过我们希望，我们的工作能使人们对投票循环对于普通政治选择的影响有一个正确的认识。"

今天，大概每个人都会同意，投票循环是一种几乎不值得担心的数学概念上的小概率事件。不过，从更广泛的意义上说，赖克也许是对的。选民和候选人仍然有可能利用任何一种投票制度中都具有的不确定性。我们在评估投票方法和理解政治的时候，必须考虑到这一点。

阿罗的理论没有为受到操纵的（即"策略性的"）选举提出解决办法。随后的理论家们也一直致力于寻找投票悖论的解决方法。在赖克的时代，这一领域上的新理论发展反而让人们对解决这一问题越来越缺乏信心。有可能设计出一种投票制度，让所有人都认为没有必要作假、诚实投票的吗？可惜的是，目前的答案（根据某些看来合理的假设）仍然是"不可能"。数学论证得出的也是同样明确的结论。密歇根大学的艾伦·吉伯德（Allan Gibbard，1973年）和西北大学的马克·萨特思韦特（Mark Satterthwaite，1975年）各自独立地发展出一种几乎相同的理论，现在它的名字是吉伯德—萨特思韦特定理。该理论表明，正如鲍威尔修正案投票中的共和党人做的那样，选民可能通过选择他们不喜欢的选项而最终达到他们想要的结果。没有哪一种投票制度能预防这样的操纵行为。

这种令人沮丧的研究触动了阿马特亚·森（Amartya Sen），他想出了一个引人发笑的社会选择的寓言：

"你能告诉我去火车站的方向吗？"陌生人问道。

"没问题，"当地人回答说，实际上他指的是去往邮局的方向，与火车站的方向正好相反。"你能路上顺便帮我寄一下这封信吗？"

"没问题。"陌生人说，暗暗盘算着在路上打开它，看看里面是否有什么值得偷的东西。

和这个故事中的人物一样，选民也并不总是诚实的。自由社会的许多重大决定恰恰是依据这种我们称之为投票的相互欺骗的游戏而做出的。

第十一章　巴克利与复制品

奥斯卡·摩根斯坦得知了一些任何一个自负的经济学家都不应该知道的事情。他知道了他的同事们的薪金水平。摩根斯坦大吃一惊。他无法相信其他经济学教授的薪水居然那么高，相比之下，自己的薪水则如此之低。作为一个具有如此高的自尊心并且相信市场价值的人，这样的发现是他无法接受的。摩根斯坦也不打算接受它。1970年，他跟普林斯顿断绝了关系，并接受了纽约大学的教授职位。

或多或少，摩根斯坦再一次受到了命运的戏弄。在纽约大学，他遇到一位名叫史蒂文·布拉姆斯的年轻政治学家。布拉姆斯崇拜摩根斯坦，把他看成一位在世的传奇人物。布拉姆斯的妻子碰巧也是奥地利人，风度优雅，上了年纪的经济学家被她迷住了。这对夫妻一直跟摩根斯坦保持着交往——直到他病情垂危之时。布拉姆斯在摩根斯坦临终的时候拜访了他。在去世前不久，摩根斯坦告诉了布拉姆斯一些他有可能用得上的东西———种新的投票方法。

第一个想出这种投票方式是乔治·A. W. 伯姆（George A. W. Boehm, 1922—1993年）。伯姆毕业于哥伦比亚大学，做过数学家、编辑和作家,他替《新闻周刊》、《财富》和《科学美国人》这样的杂志撰写文章。伯姆还是一位桥牌爱好者,因为推广纸牌游戏中所谓的"莱本索尔约定叫牌"而为人所知。伯姆从未公布过他发明的投票方法。他只是在1976年就该投票方法写了一篇简短的描述,把油印副本发给了几个朋友。这篇描述的标题是"一种反对温特格林的热诚的投票法"。

这个有些陈旧的名字隐射的是1931年的一部百老汇音乐剧《为君而歌》(*Of Thee I Sing*)。它是乔治·S. 考夫曼和莫里斯·里斯金德(George S. Kaufman and Morris Ryskind)原作,乔治和艾拉·格式温(Ira Gershwin)作曲的政治讽刺剧。剧中的主人公是一个叫做约翰·P. 温特格林(Wintergreen)的愚蠢的投机取巧者,他以"爱"作为竞选纲领成功地当选为总统。对于该剧的情节,你只需要了解这么多,就足以理解伯姆给他的理论所起的名字了。伯姆认为,选民应被赋予投温特格林反对票的权力,而不是仅仅有权投票给自己支持的候选人。他把这称为"否定的投票"。

否定投票并不等同于否决权。你显然没法给数百万选民中的每个人都授予否决权。否定选票只不过是一种负选票,从投给温特格林的正常的、肯定的选票中扣除。通过向温特格林投否定票,你就能削弱他获胜的机会。在伯姆的制度中,每个投票人都有权选择向自己喜欢的候选人投肯定票,或者向自己不喜欢的候选人投否定票。

布拉姆斯认为这个点子是有价值的。1976年夏天,他出席了康奈尔的一个研讨会,在那儿遇上一位名叫罗伯特·韦伯(Robert Weber)的年轻博弈理论家。他们向对方谈及自己喜欢

第十一章 巴克利与复制品

做的项目。韦伯正在研究某种被他称之为"认可投票"的东西。他们很快意识到,韦伯的认可投票与伯姆的否定投票之间有紧密的联系。

纽约州的一次有争议的参议员竞选促使韦伯设计了新的投票方案。1968 年 6 月 6 日,一个刺客在洛杉矶枪杀了纽约州的参议员罗伯特·F. 肯尼迪。纽约的自由派共和党州长纳尔逊·洛克菲勒(Nelson Rockefeller)负责任命参议员的取代人选。洛克菲勒行使了他的特权,让具有强烈自由主义色彩的共和党众议员查尔斯·古德尔(Charles Goodell)取代肯尼迪的位置。

照理说,纽约州的共和党人本会因为他们在参议院多出一席感到高兴,但情况却并非如此。古德尔对越南战争和新当选的共和党总统理查德·尼克松持批评态度。60 年代末期,人们关于越战和尼克松的看法日趋对立,而古德尔越来越站到了左派一边。

1970 年 11 月,古德尔的参议员席位——也就是原先肯尼迪的议员席位——要进行重选了。古德尔打算争取尽量多的选票,以巩固他在参议院中的位置。他有很多有利条件。他是一位颇受欢迎的在任议员,还获得了洛克菲勒所在的"大佬党"和纽约自由党的提名。

但保守党觉得古德尔只不过是名义上的共和党人。他们决定推出自己的候选人。毫无疑问,他们心仪的人选是小威廉·F. 巴克利(William F. Buckley)。巴克利是《国家评论》的创始人,曾在 1965 年以保守党人的身份竞选过纽约市市长。甚至自由派的媒体也为他的机智所折服(当被问及如果当选会做什么的时候,巴克利回答说,"我会要求重新计算选票。")。这场竞选协助巴克利当上了美国公共广播公司"火线"节目的主持人。到1970年，巴克利成为了所有媒体的收视保证，但他的政治观念一直是保守的。他最不需要的就是公众知名度了。他不太愿意参加一场未必能赢的政治竞选。可对保守党而言，幸运的是，巴克利有一个哥哥。

詹姆斯·L. 巴克利比威廉·F. 巴克利大两岁。他从耶鲁大学毕业，风度翩翩，头脑灵活。威廉·巴克利的市长竞选活动就是由他负责组织的，他对政治相当了解。如果说詹姆斯·巴克利没有他弟弟那么出名和机智的话，至少詹姆斯拥有巴克利这个姓，对于美国右翼来说，这是一个响亮的姓氏。詹姆斯同意竞选纽约的参议员席位。他比他弟弟更重视这场竞赛，投入了在当时看来是惊人的180万竞选经费。出乎几乎所有人的意料，詹姆斯获胜了。

詹姆斯能获胜是因为选票被分散了。在社会选择理论中，"复制品"一词指的是那些特点相似、其选票有可能被分散的候选人。巴克利的对手、共和党人查尔斯·古德尔和民主党人理查德·奥廷格（Richard Ottinger）就是典型的例子。他们俩在意识形态上具有惊人的相似性。两人都是反战积极分子。甚至连他们的履历也极为相似。两人都曾经在空军服役。奥廷格于1953年进入哈佛法学院，古德尔则是1951级耶鲁法学院的校友。两人都担任过不止一届的纽约众议员。

较早的民意测验显示奥廷格可能获胜。在特性相似的情况下，选民会习惯性地选择民主党候选人而不是共和党的"复制品"，而真正的保守人士支持的是巴克利。接着，尼克松政府的副总统斯皮罗·阿格纽（Spiro Agnew）亲自去了纽约。

第十一章 巴克利与复制品

阿格纽是一个强硬的保守派人士。他到纽约来并不是要声援遭受批评的共和党候选人古德尔。相反地，他攻击古德尔是一个"政治上的克里斯蒂娜·乔根森（Christine Jorgenson）"（乔根森是当时最著名的变性人）。结果同情古德尔的人数大增。阿格纽的攻击反而帮助了古德尔，对奥廷格造成了伤害。

人们对阿格纽的做法有两种看法。一种看法认为尼克松政府做得很聪明；另一种认为它干了蠢事。认为这种做法聪明的根据是，尼克松和他幕僚想要的就是这样的结果。他们知道阿格纽粗暴简单的做法会让纽约自由派感到厌恶。被阿格纽痛恨的人反而会立刻得到人们的同情。通过谴责古德尔，阿格纽能帮助他从奥廷格那儿夺回选票。这就会减小民主党人获胜的机会。赢家将会是古德尔（或巴克利），跟民主党人获胜相比，这两个选择都是可以接受的。

认为这种做法愚蠢的依据是，尼克松无法容忍一个共和党人对他和他那场不受欢迎的战争进行批评。他让阿格纽去纽约拆古德尔的台，不管这会带来怎样的政治后果。

在我看来，尼克松做了蠢事的看法更接近事实。尼克松是一个喜欢记仇，不愿轻易宽恕的人。最终，詹姆斯·巴克利仅靠39%的票数赢取了竞选。奥廷格获得大约37%的选票，古德尔只得到了24%的选票。事实上，自由派和反战人士获得了61%的选票，然而，一个极端保守派成了最后的赢家。

巴克利的事例证实了经济学家克劳德·希林格（Claude Hillinger）强调过的一种悖论："最糟糕的候选人有时也能获胜。"这并不是针对巴克利个人。它只不过反映了一个事实，在三个主要的候选人当中，巴克利是最不受纽约的自由派选民欢迎的。巴克利会是"孔多塞制的输家"。如果跟他的两位对手中的任何一位进行一场二选一的竞选，巴克利都会落败。

这场竞赛的结果让罗伯特·J. 韦伯感到不安。"为什么查尔斯·古德尔和理查德·奥廷格的支持者不能同时给两人投票？他们有着相似的政治主张。"韦伯感到疑惑，"赢取一场竞选的最好办法就是希望几个政治立场相似的对手互相之间分散选票，这不是很荒谬吗？"

"否定投票"本可能解决"复制品"问题，纽约的自由派选民本可以向巴克利投否定票。这等于是说，"我不太在乎哪一个自由派候选人能赢，因为他们太相似了；重要的是确保得胜的不是巴克利"。

但是当有三个以上的候选人参选时，否定投票就不那么吸引人了。1971年，纽约州伊萨卡（Ithaca）大学城（康奈尔大学所在地）举行了一场市长选举。这是一场可以没有资格限制的选举，一共有两个民主党人和三个共和党人参选。最后获胜的是一位民主党人，他只获得了29.1%的相对多数票。荒谬的是，有一名共和党候选人获得了28.9%的选票。

还有更糟糕的，三个共和党人一共获得了60.7%的选票。伊萨卡的多数选民投了共和党人的票，却让一个民主党人当选了。

韦伯当时在康奈尔大学读研究生，他和其他康奈尔人讨论过这种结果与多数选民意愿相反的选举。他本人研究的是博弈理论，这种理论假定，游戏中的每个人都是无情、自私和不择手段的。博弈理论并非有意要宣扬一种特别愤世嫉俗的人性观点；它只不过探讨了在给出明确规定的条件下事情会如何发展。

令人吃惊的是，相互之间完全不信任的党派是有办法和平共处的。

一个我们都熟悉的、能反映博弈论思想的具体例子是两个孩子如何公平分配蛋糕。要想实现公平的分配，只要让一个孩子负责把蛋糕切成"同样大小的"两块，给另一个孩子优先选择的权利就行了。切蛋糕的孩子肯定想给自己切一块更大的蛋糕，然而他知道，假如他切出的两块蛋糕不是同样大小，那么首先挑选的那个人就会选中那块更大的。切蛋糕的孩子只能尽量把蛋糕切得平均一些。双方的自私心态迫使他们得出了一个所罗门式的公平结果。（现在学术领域中已经出现了专门研究公平划分的次级专业，史蒂文·布拉姆斯就是该领域的专家之一。）

投票制度的受害者往往是那些诚实的选民。如果古德尔的所有支持者都"撒谎"，假装他们喜欢奥廷格，把他们的选票投给奥廷格而不是古德尔，奥廷格就会以61%的选票当选。但实际情况是，大多数的纽约自由派选民——他们是绝对多数——都诚实地投了票，并为此付出了代价。

显然，不诚实的行为反而受到奖励是件糟糕的事情。投票制度无法揭示选民心中的真实想法。当投票不再反映人们的真正情感时，找到一位公正获胜者的"不可能"（！）任务就变得更加没希望实现了。

韦伯设计了一种简单到让人吃惊的投票方案，他认为使用这种方案，就没人能作假。两句话就能概括这个方案：人们可以给他们支持的多个候选人投票。获得最多票数的候选人就是赢家。

这里我稍作补充，该方案规定选民只能给每个候选人投一票。设想一下，如果采用这种投票方式，纽约的自由派本可以向古德尔和奥廷格各投一票。铁杆保守派恐怕只会给巴克利一个人投票。1971年的伊萨卡共和党人本可以向所有三个共和党候选人投票，而民主党只能给两个民主党候选人投票。在这种一人多票的投票制中，多数派一定会获胜。两个自由派候选人之一会取代巴克利成为赢家；伊萨卡的市长会是一个共和党，而不是民主党。韦伯把他的制度叫做"认可投票"。顾名思义，就是允许你向你认可的候选人投票。

对于韦伯的方案，一些人最初的反应是："那不是不公平吗？"在认可投票制下，一个选民也许会投出五张选票。另一个选民可能只投了一张。那个只投了一票的人岂不是吃亏了？

我可以简短地回答："你错了。"首先，每个人都有同等的机会去投不止一张选票。如果你觉得给5个候选人投票更能体现你的主张，那么，你大可多投几张票。

但你会发现，多投票对你并没有好处。如果你给选票上的每个候选人都投一票，你的选票就相互抵消了。那就是说，你的选票只不过是给每个候选人的总数上加了一票，不可能起到决定性的作用。这就跟你呆在家里没有去投票一样。

一张有实际意义的选票必须至少要选择一个候选人，同时至少不选其中的一个候选人。认可投票有些像博弈论中的切蛋糕，选民同时有不太吝啬，也不过分慷慨的理由。

如果有一群人打算找一个餐厅就餐或看一场电影，认可投票是一种便利而有效的方式。在大城市里，这可能是一个很难做出的决定；因为在那里，可供选择的对象也许比做选择的人还要更多。每个人都会有不同的选择。这时该怎么办?

为了去自己想去的地方,人们会举出各种口是心非的理由,例如,某人受不了韩国食品或加字幕的巴西电影。打破这种僵局的一种有效办法是让每个人对名单上的每个选择都做一次表决,大拇指朝上表示肯定,或大拇指朝下表示否定。获得最多大拇指朝上的选择就赢了。(这是另一种认可投票的形式。你不必计算大拇指朝下的否定,只要清点大拇指朝上的肯定就够了。)

一次赞成的投票可能得出下面的结果:

赞成的票数	
४	红鲷鱼泰国烤肉
४४	印度天妇罗
४४४४	威廉斯烧烤
४४	孟买之星
४४४	墨西哥恰罗

名单上有两家印度餐厅。因此采用简单的相对多数投票对印度食品的爱好者是不公平的。这两家印度餐厅将会分散印度食品爱好者的选票,使得其中的任何一家都不能获胜。如果使用认可投票制,喜欢印度食品的人可以给两个印度餐馆都投票。这并没有欺骗想要吃墨西哥或泰国餐的人。它只不过是确保印度餐厅不受选票分散的损害或帮助,从而创造更加公正的竞争

环境。

结果五个人中有四个人选择了烧烤店。它也许只是一个人的最爱,不过,绝大部分人都能接受烧烤,因此给了它"大拇指朝上"的认可。其它选择则没有获得更广泛的支持。在认可选举制中,烧烤店取得了胜利。

如果刚好有三个候选人,认可投票和否定投票的结果是一样的。给巴克利投一张否定票,或给古德尔和奥廷格两人都投认可票(而不给巴克利投票),这两种做法的效果都是一样的。但如果有四个或四个以上候选人,就像1971年伊萨卡进行的选举,情况就不同了。认可投票显得更灵活一些。例如,你可以给五个候选人中的三个投票。布拉姆斯和韦伯都认为,否定投票制相对于认可投票制要更好一些。

布拉姆斯和韦伯几乎同时注意到了认可投票制的优点并在康奈尔相遇,这不能不说是一种惊人的巧合。但还有比布拉姆斯和韦伯所意识到的更巧的事。在同一时期内,至少还有其他三个个人或群体各自独立地阐述了认可投票制。

在1977年发表的一篇文章中,约翰·凯利特和肯尼斯·莫特(John Kellett and Kenneth Mott)对总统初选的候选人的挑选方式提出了自己的观点。在初选中,选票分散一直是一个严重问题;凯利特和莫特提出用认可投票的方式来选择各党派的被提名人。理查德·A. 莫林(Richard A. Morin)也想到了这个主意,并在1980年出版的《结构改革:选票》中提到了它。70年代中期,好几个小组都发表了关于投票制度的文章,在这些小组成员中,人们公认盖伊·奥特维尔(Guy Ottewell)是第一个想到认可投票这一方式的人。奥特维尔出生在英国,博学多才,他最为人所知的发明是一种在天文学业余爱好者中广泛流行的天文历法。他声称自己在60年代早期就产生了使用认可投票的想法。1968年的总统选举——那场选举中乔治·华莱士被视作一个潜在的搅局者——启发了他,1968年2月,他在一篇名为《投票的算术》的文章中阐述了自己关于认可投票的设想。奥特维尔给几位洛杉矶的朋友看过他的手稿,但这篇文章直到1977年才正式发表。奥特维尔的文章总结说:"认可投票是除了一人一票制以外最简单的投票方式了。而且,采用认可投票并不需要多大的成本,现在是时候对它进行检验了。"

如果你不深究,认可投票的确是简单的。然而一旦你开始提问,它就变得复杂起来了。

在认可投票制中,选民该怎样界定他要认可的"好人"和他要否定的"坏人"呢?人们已经就这个问题想出了许多的解决办法。认可投票的发明者和推广者提供了至少三种方案。你可以把这三种方案分成"完全诚实的"、"半策略性的"和"策略性的"。

"完全诚实"的方案认为,认可投票制中的选民应该投票给每一个所谓的他们认可的候选人。因而,一场选举就像确定一个候选人"获得认可的程度"的民意测验。投票相当于一次大规模的关于候选人支持度的调查。

当然,这只是一种正面意义上简单的解释,媒体对认可投票制还有更为详尽的阐述。"可接受的"只是一个含糊的概念。也许这个概念并不重要。对候选人认可程度的调查毕竟可以让我们知道些什么。民意调查员没有向选民解释"认可"的真正含义,很少有哪个接受调查的人认真思考过自己的回答,而有些人的回答完全是建立在荒谬的理由之上。只要接受调查者达到了足够的数量，不和谐的杂音就会消失。你能得到一个理想的数据，显示公众是如何拥护某个特定的政治人物的。这份数据可以用来比较各个政治家的声望，或用来确定某个政治家在不同时期的声望。

当你试图弄清究竟怎样的候选人算"可接受"时，或许会听到这样的说法，就政治能力而言，凡是排在中间程度以上的就算"可接受"。但问题仍没有解决，如果你以 100 分作为满分，同时认为没有哪个候选人能超过 2 分。这说明你不接受任何一个候选人。的确，在民意测验中这算不了什么，这样的结果不过说明那些人都是蠢货罢了。如果是投票挑选某人担任公职就不一样了，这时你要做的决定是从这些"蠢货"中选出一个来管理这个国家。如果你谁都不选，等于被剥夺了自己的公民权。如果你很容易被取悦，认可了所有的候选人，你也同样等于被剥夺了公民权。

要知道，尤其在政治中，"可接受的"是一个游标尺上可以滑动的标准。实际上，我们的观点是在一条光滑的曲线上慢慢地发生变化，而我们自己并没有意识到这一点。这就导向了第二种方案，即"半策略性的"认可投票。在一群有资格竞选公职的候选人中，支持那些平均水平以上的。

半策略性的投票方式有那么一点不诚实。有时你假装喜欢某个候选人（你会投他一票），而你的真实想法是，他不过是选票上列出的一群笨蛋中你反感的程度最小的那个（这好比当你点菜时，发现菜单上所有的食物都很糟糕，你只能选择其中最好的一样）。有的时候，你还得装成不喜欢某个候选人（不给他投票），因为有许多更好的选择。人们通常认为，认可投票制中没有选民会不计后果地诚实到让自己的选举权无效的地步。

现在谈谈第三种方式，即"最佳策略"的认可投票。罗伯特·韦伯、沃伦·史密斯和其他一些人对这种方式做过详细的描述。首先，问问你自己为什么要投票。答案是每张选票都会增加你所投的那个候选人的获胜机会，哪怕这种几率是微乎其微的。你希望你的选票将会起到决定性的作用。

使用"最佳策略"时，你认可任何一个候选人的唯一理由应该是，该候选人当选的前景比这场选举的"预期结果"要高。这个"预期结果"是一个加权得票数。① 我们可以以一个游戏为例，在这个游戏中，你有权在一样确知的事物和门后一件不知道的事物中做选择。如果你要选择下一任美国总统，一号门后面可能是克林顿、布什或佩罗特，选中你想要的人的几率就和你猜对谁将在总统大选中获胜的几率一样大。你是宁愿选择一号门背后未知的下任总统呢，还是愿意用它去交换一件确信的事情，就是让佩罗特当下一任总统？如果你同意了，说明你认可佩罗特。如果说不愿意，你必定不喜欢佩罗特。

佩罗特是你的第一选择、第二选择或第十选择，这无关紧要。你还要投票给多少个别的候选人也无关紧要。重要的是，佩罗特是否比你合理预期的那个结果要更好——打开电视，知道佩罗特赢了，这会不会是个好消息？

我们很少能知道各个候选人获胜的可能性究竟有多大。所

---

① 加权计票指按某种规定的比例计票，而不是计算平均票数。——译者注

以才有了民意调查。这类调查通常能让我们有把握地确定选举中排在前两位的是谁。一个方便的、近乎完美的办法就是投票给你偏爱的那个领先者,不给那个你不那么喜欢的领先者投票,同时投票给其他所有你认为比那个得到你支持的领先者更好的候选人。

除了这些规则外,还必须做到一点。民意调查员们必须询问受调查者打算认可哪些候选人,如实上报候选人受到认可的排名情况。这样做是有道理的。如果认可投票真被采用,民意调查数据就可以为选举的实际结果提供参考。

对于认可投票制的支持者来说,它是唯一一种诚实的投票方式。这种说法或许有些奇怪。但认可投票制的选民被限制在一种"是"或"不是"的判断中。而现实政治比这种简单判断要更加微妙!

当然,高谈阔论并不能证明一个人的坦率。长篇大论的饭后演讲是否就比那些简短的讲话更诚实呢?真正诚实的表现可能是:"别问我问题,我不想撒谎。"

在任何投票制度中,一个"策略的"投票者都会把候选人分成两类,一类是她想要支持的,一类是她想要打击的。认可投票制实际是问"策略性"投票者:你支持谁?策略性选民没有必要对此撒谎。

认可投票制的一个优点是人们不会做出违背自己意愿的决定,它允许选民根据自己的真实想法投票。杰姬喜欢拉尔夫·纳德尔,对阿尔·戈尔也算满意,但她讨厌乔治·W. 布什。她可以给纳德尔投一张认可票,而不用担心这么做会导致布什而不是戈尔获胜。

为了让自己的投票对最终的结果至少有那么一点影响，杰姬也会投戈尔一票。不过，她不必因此不投票给纳德尔，或假装自己喜欢戈尔甚于纳德尔。

这样一来，认可投票似乎简单而轻松地解决了选票分散的问题。不可能性定理对此该如何解释？

从最严格的意义上来说，不可能性定理的确无法回答这个问题。不可能性定理只适用于排序投票制度。而认可投票制是一种"得分"制度，它保证每个候选人都得到一个分数（认可或不认可），这个分数并不受其他候选人的得分状况的影响。如果选民完全诚实（正如阿罗的理论所假设的那样），认可投票制能够满足阿罗的所有条件。

你也许认为这会是认可投票制最大的"卖点"。但情况并非如此，几乎没有人对认可投票制的这一特性加以阐述。

阿罗在1972年获得了诺贝尔奖，这使认可投票制更难得到人们的关注了。与许多诺贝尔奖一样，在很大程度上，阿罗获得的诺贝尔奖是一个终生成就奖。诺贝尔奖授奖词只是在叙述阿罗在经济学方面的众多成就时，顺带地提到了不可能性定理。尽管如此，这次获奖还是在投票理论研究的小圈子里引起了极大的反响。阿罗的不可能性定理"被围上了一层光环"，沃伦·D. 史密斯解释说。"不可能性定理被认可的事实，以及他们授予他诺贝尔奖的事实"，加深了一种认识，即不可能性定理已经给"所有投票的问题定了性。不存在合理的投票制度，更没有所谓最好的投票制度这种事"。

而且，认可投票显然也不是"完美"的。如果人们有策略地进行投票，认可投票就无法满足阿罗为合理的投票制度预设的 4 个条件中的第 3 条，不相干选择的独立性（这一点很重要，因为阿罗说它很重要）。你可以感受到，阿罗不可能性定理的"精神"——即使不是它的字面意义——仍然在发挥着作用。

和博尔达计数法一样，认可投票制好几次被人发现、遗忘、再被发现，这几乎成了一种循环。威尼斯共和国在 1268 年到 1789 年间一直采用认可投票制，这段时期是威尼斯在经济和军事力量上处于巅峰的时期。每当要选出一位共和国总督时，他们会举行一次盛大的仪式，挑选出 41 名贵族，由他们组成威尼斯的选举团。之所以挑选 41 个人，是为了避免出现平局。这些选举人不能离开总督府，在"有四扇门的屋子"里就餐，睡在医院病房那样简单布置的房间里——他们睡的床是由仆人从各自的宅邸送过来的。

当然，投票的具体细节在采用这种制度的 5 个世纪里有所变化。最普遍的做法是分配给每个候选人一个标记了数字的箱子。每个箱子被分隔成左右两个区域。41 个投票人给每个候选人投一个球，把它放进箱子的左侧区域，意味着"si"（即"是"，"认可"或"大拇指朝上"），要么就是投进右侧区域，意味着"no"（即"不认可"、"大拇指朝下"）。所有人都投票之后，一个从露天广场上征募来的年轻人负责打开箱子。一个候选人需要得到 25 票"si"（即 61% 的认可率）才能获胜，如果不止一个人的得票数超过 25，那么其中得票最多的人获胜。假如没有人获得所需的 25 票，就需要进一步讨论，然后再进行一次投票。

威尼斯是世人所见到的延续最久的共和国之一。它的总督们更多地是由于贝利尼和提香（Bellini and Titian）为他们所绘制的肖像，而不是历史书中所记载的肮脏政治而被人记住。历史学家罗伯特·芬利（Robert Finlay）在《文艺复兴时期威尼斯的政治》一书的最后做了这样的总结：

> 贵族共和国制让威尼斯保持了500的国内和平和稳定，它让政治得以远离暴力。选举与投票促进了合作和奉献精神，保守而有节制的统治一直维持了下去，普遍的腐败并不威胁市民的利益。这种平淡、波澜不惊的政治生活使一些人过分乐观地认为，至少有一个社会已经成功地超越了其它政体通常会面临的难题和威胁。但并不是所有的共和国都如此幸运。

直到被拿破仑征服之后，威尼斯才停止使用认可投票制。（拿破仑应为废除两种被认为是优越的投票制度负责。）

罗马教廷或许从威尼斯的选举制中得到了启发。从1294年到1621/1622年，教廷采取了相似的制度选举教皇。苏联解体前最后的日子里，曾采用一种可以说是认可投票制镜像的选举方式。选民们得到一张候选人名单，他们可以把名单上不认可的人都划掉。今天，只有一个著名的政治团体在使用认可投票制，联合国采用它选举秘书长。

当今的美国有可能实行认可投票制吗？1983年，当一本名叫《认可投票制》的书籍出版后，这种制度开始获得广泛的关注。该书的作者是史蒂文·布拉姆斯和贝尔实验室的彼得·菲什伯恩（Peter Fishburn）。布拉姆斯和菲什伯恩论证说，认可投票制不但可以阻止搅局者，还可以增加投票人数，减少攻击性的负面竞选活动。布拉姆斯对法律进行了研究，断定认可投票制并没有违反美国各州的宪法，只缺少一条落实认可投票制的法令。

在 20 世纪 80 年代，布拉姆斯发动了一场推广认可投票制的公众宣传运动。布拉姆斯的讲话从容不迫，但富有感染力，给人一种喜剧电视剧中的父亲身上常有的诚实正直的印象。他或许更习惯教书这一行，如今却成了一个半公众人物，他向纽约、新罕布什尔和佛蒙特州的立法机构证实认可投票制的好处，撰写社论，参加电视访谈节目《早安美国》。媒体的反应是积极的。现在终于有了一种投票制度，它鼓励人们诚实投票，能避免搅局者效应，或许还能让选民不受狡猾的党派和政治顾问的操纵。对于那些知道阿罗定理并对此感到不安的人来说，认可投票制给他们带来了希望。

"1984 年，我在明尼苏达州参加一次会议，"数学家唐纳德·萨里回忆说，"我碰巧遇上了斯蒂文·布拉姆斯。史蒂文对我说，'唐，干嘛不在认可投票制上试一试你的新理论呢？'"萨里同意了。"我知道我会发现其中的缺陷，因为我的方法可以在任何事物中都找到缺点。不过，我也预料我会发现很多优点。花了几天时间，我发现认可投票制存在很大的问题。非常、非常糟糕。"

只花费了几天的时间，萨里就得出这样的结论：认可投票制是已知的投票制度中最糟糕、最危险的一种。

第十二章　邪恶的圣诞老人

唐纳德·萨里酷似圣诞老人，20 年来，他一直在学院的节日派对上扮演这个角色。如今，60 多岁的他仍然精神矍铄，完全是一个阿特金斯食谱①调养出来的圣诞老人。他蓄着圣诞老人式的胡须，有一头干净稀疏的白头发。由于曾经担任过学校的演员，至今萨里还喜欢用戏剧式的强调语气讲话。他的姓是芬兰裔美国人所特有的。萨里来自密歇根州半岛北部的一个地区。他说，他的家乡过于靠北，那里的居民讨厌漫长的冬季，会驱车南下，在明尼阿波利斯过冬。

在一些同事看来，萨里在投票理论上做的研究让他成了一个"坏圣诞老人"。萨里生来就有一种让人讨厌的特质，他总能在别人的主意中找到缺陷。他已经为此卷入了一场漫长的、有时几乎无法保持礼节的学术争议之中。史蒂文·布拉姆斯说，他和萨里最终不得不同意，对方有权在认可投票制上保留自己的意见。

不久前，我坐在萨里位于加州大学欧文分校的阳光充足的

---

① 美国的一种低卡路里的减肥食谱。——译者注

办公室里，听他解释他是怎样意识到认可投票制是人们想出的最糟糕的投票制之一，以及为什么他和布拉姆斯没法就这个问题再讨论下去。我首先提到了我从布拉姆斯那里听到的一段"不实之词"，他说萨里一度也赞成过认可投票制。

"喔，那真是好笑！"他说，"是的，但那是在我对认可投票制进行认真的研究之前。"

就像很多这个领域的人一样，萨里并不是直接对投票理论产生兴趣的。在普渡大学的研究所里，他专注于天文学中最著名的未解决问题之一——"多体问题"（n-body problem）①。计算月亮围绕地球的轨道，或火星围绕太阳的轨道都很容易。如果只涉及两个物体，运动法则是简单的。一旦加入第三个物体，就很难找到固定的规律了。就如同萨里后来意识到的那样，投票也是如此。只有两个候选人时，投票是简单的，然而当有三个或更多候选人时，它就变得极端复杂了。

在西北大学数学系任教时，萨里密切地关注着芝加哥的政治，他对这个城市的政治巨头们发展出了一种暗中的兴趣。投票成了他"周末或平日晚间节目必看的消遣"。然后，西北大学的莱恩·爱德华兹（Len Edwards）"向我介绍了阿罗定理。我回答，'啊，它不可能讲得通'"。然而，阿罗定理的确是成立的。"我像上瘾一样被它控制了。过了一阵子，我开始意识到，这正是我要研究的学术领域。"

---

① 天体力学和一般力学的基本问题之一，又称为 N 体问题，N 表示任意正整数。它研究 N 个质点相互之间在万有引力作用下的运动规律，对其中每个质点的质量和初始位置、初始速度都不加任何限制。——译者注

第十二章 邪恶的圣诞老人

1983年11月,西北大学要为刚就任的校长投票选出一个研究委员会。萨里当时是数学系的系主任。"他们问我,我们应该使用哪一种投票制。当时我对投票制度并不是很了解,不过我说,认可投票制是种很好的方式。"

萨里当时已经读过史蒂文·布拉姆斯和彼得·菲什伯恩关于认可投票制的著作。根据萨里的推荐,学校采用了认可投票制。没过多久,萨里接到了历史系主任打来的电话。

"你知道他们正在使用的那种愚蠢的投票方法吗?"历史学家问道。

"我说,'是的。能说具体点吗?我想知道它为什么糟糕。'"

历史学家说,如果使用认可投票制,只需历史系和数学系合作就能决定这个委员会的组成了。"从他们系中选三个人,从我们系也选三个人,投票时我们两个系的所有教师都给这六个人投赞成票,我们就会赢。"

西北大学的错误在于用认可投票制去选举一个委员会,而不是一个单独的职位。实质上,历史学家的意思是,历史和数学系可以进行合作,通过投相同的认可票,他们就能让自己支持的人当选。这就好比古德尔和奥廷格的支持者达成一个明确的协议,为了击败巴克利,他们可以相互支持对方的候选人。

至于我们数学系是否操纵了这次选举,"就留给你自己去猜吧",萨里说到这里,发出北方人特有的欢快的笑声。

自从这次经历以后,他对认可投票制产生了怀疑。1984年,在和布拉姆斯会面之后,萨里仔细研究了认可投票制。按照萨里的说法,结果令人震惊。

"瞧，当时我处于两难的境地。"萨里对我说。"一个朋友请我研究投票理论。从理性上来说，你必须给他一个答复。但我的文章不必只针对认可投票制，不是吗？"

萨里说，为了减轻他在认可投票制上的发现可能对人们造成的冲击，他在论文中还同时对其它一系列投票制度进行了评述。他把论文提交给《公共选择》期刊（*Public Choice*）。文章被转交给匿名的专家评审，这些人是投票理论方面的专家。

"布拉姆斯和菲什伯恩反对我文章中的观点，"萨里说，"一共有四份评审报告，三个人赞成我的观点，一个人认为我的文章很糟糕。"编辑决定发表萨里的文章，但同时附带一篇由布拉姆斯、菲什伯恩和塞缪尔·梅里尔三世（Samuel Merrill III）联合撰写的表示反对的评论。

萨里与吉尔·范·纽恩黑森（Jill Van Newenhizen）联合撰写的文章的题目是《认可投票、多重投票和简单投票制度中的不确定性问题》。"我们开始分析认可投票制时，原本期望它在某种意义上比其他的制度要更先进，"萨里和范·纽恩黑森写道，"但我们发现，它有若干让人不安的特性，这些特性似乎让它比相对多数投票制更加不可取。事实上，这些特性看来是如此糟糕，以至于认可投票制很难成为一种切实可行的投票制度。"

与它们将要遭受的批评相比，这些语言算是温和的。布拉姆斯、菲什伯恩和梅里尔在评论中，对萨里—范·纽恩黑森文章中的"牵强古怪的例子"提出了异议。他们的评论被转发给萨里和范·纽恩黑森，他们对自己的观点进行了辩护。这辩护再一次被转到布拉姆斯、菲什伯恩和梅里尔那里，再一次遭到了批驳。随着每一回合的交锋，双方的火气越来越大。

萨里和范·纽恩黑森在反驳中坚称，"认可投票制比我们最初在文章中暗示的要糟糕得多"。认可投票制"具有所有投票制度的缺陷"。"对于认可投票制，一个更适合的名称是天真选民投票制（Unsophisticated Voter System，缩写是 UVS）"。两位作者在此后的文章中一直使用这个缩写。

作为众多投票制度中的一种，萨里和范·纽恩黑森承认，认可投票制也许会在世界上有一席之地，不过那决不会是在文明世界中。

> 在一个刚刚接触到投票制度和民主的社会里，采用 UVS（或认可投票制）也许行得通。但对于任何一个其选民具有一定鉴别力的社会来说，UVS 都是不合适的……在我们看来，这样的地区包括所有"西方"国家以及许多"第三世界"国家。

凑巧的是，萨里的女儿考入了纽约大学，成了布拉姆斯的学生。一天，布拉姆斯在课堂上讲到了认可投票制。那天晚上，萨里接到了女儿的电话，她显然是有些疑虑，"爸爸，《认可投票为什么是一种糟糕的投票制度》这篇文章是你写的吗？"

萨里承认确有其事，他告诉女儿："史蒂文是个好人。我对他个人并没有意见，但他在认可投票制上的看法绝对是错误的。"

萨里和其他批评者至少发现了认可投票制的三个问题。第一个问题是，选民有可能做出过于随意甚至是任性的选择，在无法确定谁"好到"足以被认可的情况下匆忙作出决定,这将动摇选举结果的公正性。

至于第二个问题,我之前已经说过了,任何听说过认可投票制的人想必都知道它。认可投票制"要么全有、要么全无"的特点让它成为了判断政治和政治家的一种笨拙的方式。或许会发生这种情况,由于选民不能恰当地表达观点,最终让"错误的"候选人当选。

第三个问题是策略性投票。在认可投票制中,选民会根据他们认为其他人有可能投票给谁而决定自己支持的对象。而所谓的其他人将会根据他们认为你可能投给谁而进行选择。这就成了一间摆满镜子的大厅,每个人都成了别人的影子,谁知道会产生什么样的结果?

了解萨里对投票制度所持的某些基本观点,将有助于我们更好地理解这些问题。萨里投票理论的基础是对称。"数学上的对称和伦理正确之间的关联可能比人们意识到的更为紧密,"邓肯·布莱克写道。他的意思是,我们关于公平竞争的概念实际上是一种对于对称的描述。无论是富人还是穷人,在法律面前都是平等的;己所不欲、勿施于人。民主本身就是一项极为重视对等的事业。每张选票的效力都是相同的,不管投票者是谁。

但是从最终的投票数据统计表上是看不出这种对称性的。萨里花了多年的心血,终于设计出一种能反映投票对称性的几何模型。设想一个立方体的橡皮擦。整齐地切掉其中相对的两个角,它就变成了一个八面体,它的每个面都是一个三角形。这个奇特的、颇为可爱的形状是萨里设计的选举模型之一。截去角的立方体、分割的三角形和 n 面的立方体都能体现投票的复杂性。在这些模型中，每个选民都是空间中的一个点，所处的位置由该选民对候选人的排序决定。

萨里曾使用这些模型对可能在选举中出现的悖论进行了归类，并对导致这些悖论的原因进行了深入的思考。他的结论是"对称遭到了破坏"。为了使自己的投票具有实际的效力，选民可能做出奇怪的选择。萨里喜欢在课堂举这样一个不算少见的例子，有一对名叫马克斯和玛克辛的夫妻，一个是共和党，一个是民主党。"嘿，我们干嘛还要去投票？"马克斯对妻子说，"我们的选票互相抵消了！"

在任何一场竞选中，如果真正的竞争是在一个民主党人和一个共和党人之间展开，这对夫妻就都不投票。对他们来说，这么做或许是最好的办法了。

如果三个人参加竞选，情况要稍微麻烦一点。例如，马克斯最喜欢爱德华兹，其次是罗默，最后是杜克。玛克辛最喜欢杜克，其次是罗默，最后爱德华兹——两人的顺序正好完全相反。假设他们是仅有的两个选民，哪个候选人应该胜出？

你也许会说这是个双方对等的平局。马克斯会投票给爱德华兹，玛克辛会投票给杜克。罗默一张票都没有。这是相对多数投票制的运作方式。

萨里认为，这应该是一个三个候选人之间的三方平局。既然马克斯和玛克辛的观点正好相反，他们的投票将会完全抵消。事实上，三个候选人都没有从这对夫妻正好相反的排序中获益。萨里把这个规律叫做"反向对称"。

你不一定认可萨里的看法。我们中的大多数人只体验过相对多数投票制,或许要好好想一想才能领会萨里的意思。以博尔达计数法为例,这种投票方式的确能保证反向对称。在博尔达选票上,马克斯给爱德华兹打两分,罗默一分,杜克零分。玛克辛给爱德华兹打零分,罗默一分,杜克两分。总计起来,每个候选人各获得两分。与既被人喜爱又被人讨厌的候选人爱德华兹和杜克相比,位于中间的候选人罗默的成绩并不逊色。

认可投票制体现了反向对称的原则吗?萨里的答案是没有。马克斯当然会认可爱德华兹,玛克辛会认可杜克。但是如果只知道马克斯和玛克辛的喜好,我们无法断定他们是否会认可自己的第二选择——罗默。罗默也许一张认可选票都拿不到,也许能拿到一张,还有可能拿到两张。在只有两个选民的选举中,这会产生完全不一样的后果。罗默有可能拿到两张选票并胜出。也可能出现三个候选人之间的三方平局,或爱德华兹和杜克之间的两方平局。简直每一种结果都有可能发生,哪怕我们已经知道选民的喜好。萨里的几何图表把这一点阐述得很清楚。在排序投票制中,一场选举的结果是空间中的一个点。在认可投票制中,这个点膨胀成了一个多边形或多面体,表明各种结果都有可能发生。

萨里把这叫做"不确定性"(indeterminacy)。他指的是选民对候选人的喜好程度并不足以决定赢家。赢家还取决于谁"好到足以"被认可,这是个含糊的主观判断。

萨里断言,没有人知道真正的认可投票制选民会做出怎样的决定。在人们应该怎样投票、会怎样投票或可以怎样投票方面,甚至是认可投票制的支持者也有相互矛盾的观点。"在喝咖啡时产生的关于人们行为的设想听起来也许不错,但它可能并不符合实际的情况,"萨里说,"而且我发现,这种猜想有时非常危险。"

认可投票制能帮我们分清好人和坏人,不存在灰色地带。萨里和范·纽恩黑森举了一个例子,来说明这种想法的错误。假设有1万个选民和3个候选人A、B、C,这1万人中有9999人都喜欢候选人A,他们都认为A极为出色,B普普通通,C非常糟糕。

唯有一个古怪的选民跟他们的看法正好相反。他喜欢C,讨厌A,但也把B放在了中间的位置上。

在相对多数投票制中,A会获胜,他与B的得票之比将是9999对0,跟C的票数比是9999对1。候选人A在孔多塞投票制、博尔达计数法或排序复选制中也会大获全胜。这并不令人惊讶:选民们的意见几乎是完全一致的!A怎么可能不获胜呢。

然而如果使用认可投票制,结果就有可能不同。萨里和范·纽恩黑森指出,9999个支持A的选民有可能都投认可票给B,因为他至少也还过得去,比那个可怕的C要强得多。唯一支持C的选民也可能同时给B和C投票。

这样一来,A总共就获得了9999票,C获得了1票,而B则拿到10000票。候选人B得到了全体选民的一致推选。

这种结果是荒唐的。除了一个"疯子"之外,每个人都希望A当选。每个人(包括那个疯子)都认为B只不过是个平庸的人。"虽然'优秀'是这些选民的显然选择,"萨里和范·纽恩黑森写道,"认可投票制却选择了'平庸'"。

正如萨里和范·纽恩黑森指出的,根本的问题在于,B所获得的这10000张票其实全部是"第二选择"的选票。它们跟A的9999张第一选择的选票是不同的概念。但是在认可投票制中，每张选票的作用都是相同的。

"事实上，问题已经严重到我们应该考虑是否要取消认可投票作为一种通用投票制的资格，并对它进行更仔细检查的程度了。"萨里和范·纽恩黑森写道，"我们越来越怀疑，认可投票制是一种看上去吸引人，实际却很糟糕的制度。"

布拉姆斯、菲什伯恩和梅里尔没有在附录的评论中直接反驳这个例子。萨里和范·纽恩黑森在反驳中首次使用了9999个选民的例子，布拉姆斯等人并没有就此做出让人信服的解释（他们专门用了一个段落批驳这个例子，不过这段话像是咬着牙写出来的），他们只是软弱地重复已经说过的观点。

很显然，庸才先生并不打算离去。他正打算竞选美国总统呢。

在研究电流的早期时代，托马斯·爱迪生（Thomas Edison）和乔治·威斯丁豪斯（George Westinghouse）就直流电和交流电的功效进行过激烈的争论。爱迪生发现，威斯丁豪斯对交流电的鼓吹是错误、令人恼怒、没有商业价值的——因为爱迪生的新公司（通用电气）正在宣传直流电。为了公众的安全和利益，爱迪生特意示范了两种电流的安全性，一条狗被搁在通了直流电的金属板上，这条狗安然无恙。然后，爱迪生把同样这条狗搁在通了交流电的金属板上，它立刻就被电死了。在关于认可投票制的斗争中，"佩罗特总统"就是那条狗。

第十二章 邪恶的圣诞老人

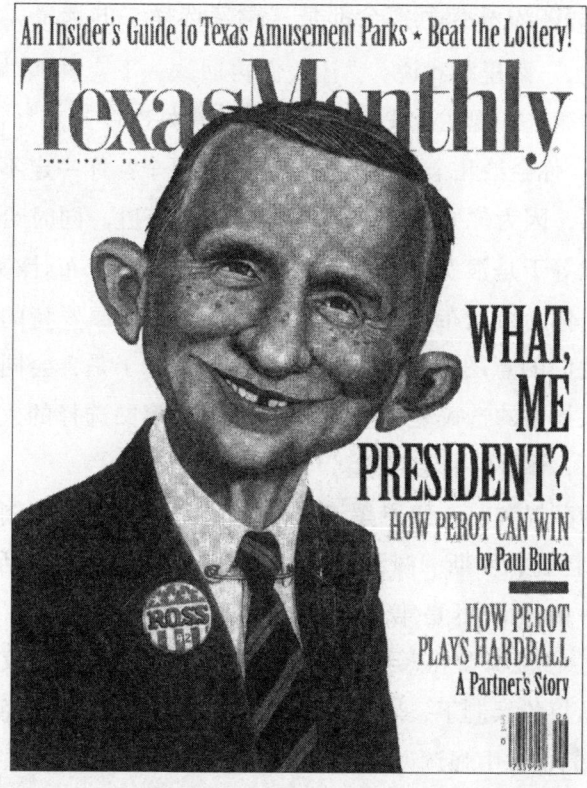

罗斯·佩罗特①当总统：你害怕了吗？媒体精英们把佩罗特获得总统获选人资格看做是两千万美国人没通过智力测试的"事故"。然而佩罗特的确有可能当选总统，这一事实成为了人们反对认可投票制的有力证据。

---

① 罗斯·佩罗特是最大的独立计算机服务公司 EDS 的创始人。1992年，佩罗特打算竞选总统，成功地在 50 个州获得了正式候选人的资格，并在大选中赢得了 19% 的选民票，是独立竞选人参加竞选以来取得的最好成绩。——译者注

"让我给你举个真实的例子,这个例子我对史蒂文·布拉姆斯也说过,"萨里跟我说,"让我们再回顾一下克林顿/佩罗特/老布什的竞选。现在让我们假设,你的喜好次序是克林顿/布什/佩罗特。你会给几个人投票,一个还是两个?你一定不会给两个人投票,因为你知道布什或克林顿将会获胜。同时给两个人投票,就等于是浪费了选票。如果你的次序是老布什/克林顿/佩罗特,你会给老布什而不是克林顿投票。而佩罗特的选民为了实现他们的意图,就只会给佩罗特投票。于是,会同时给两个候选人投票的选民是那些把佩罗特列为第二选择的人。在这种情形下,佩罗特将会当选。"

作为萨里和范·纽恩黑森笔下的认可投票制可能制造出的"庸才"怪物,罗斯·佩罗特已经成了最具示范效应的活生生的例子。萨里或许不是第一个赠与佩罗特这项"荣耀"的人。1994年,布拉姆斯和塞缪尔·梅里尔三世发表过一篇文章,名为《在认可投票制下,罗斯·佩罗特会赢取1992年的总统选举吗?》他们在文中强调说,这是不可能的。他们宣称,在认可投票制下,佩罗特有可能会获得两倍的选票,不过他仍然会名列布什之后,成为第三名。尽管这篇文章的作者用了温和的学者式的语气,人们仍可以感觉到,作者对"有独裁作风、擅长玩弄阴谋的(他的敌人会说是偏执狂的)"佩罗特并没有很高的评价。

正是这篇文章导致了亚历山大·塔巴罗克(Alexander Tabarrok)的一篇反驳文章,它发表于2001年。在认可投票制问题上,塔巴罗克是萨里一派的坚定支持者。塔巴罗克坚称(他用斜体字加以强调):"如果采用认可投票制,克林顿会是最后一名，佩罗特会成为第一名。"

佩罗特的例子证明了萨里对于认可投票制最担心的一件事，一个在政治上处于中间位置的不合格候选人有可能得到足以获胜的认可选票。1992年总统竞选与萨里和范·纽恩黑森一开始举的极端例子有所不同，克林顿和布什的得票接近，而不是9999票对1票的压倒性多数。但有一点是相同的，克林顿和布什的许多支持者可能把佩罗特当做他们的第二选择。

很明显，如果每个把佩罗特当做第二选择的人都对他投认可票，而把克林顿或布什当做第二选择的人却没有投他们认可票，那么佩罗特将会获胜。佩罗特有可能在认可投票制中大获全胜，而不是只以一票的优势获胜。塔巴罗克承认这种假设的情形不太可能发生，但这种可能性的存在是令人担忧的。

"不确定性，就像不一致性，或许听起来有些让人觉得不安，甚至是让人讨厌。"布拉姆斯、菲什伯恩和梅里尔写道。然而他们论证说，不确定性是一件好事，恰恰证明了认可投票制能反映选民哪怕是微小的意见变化。

他们的观点是，选民会根据情感的强烈程度（"基数效用"，carinal utilities）来决定是否认可佩罗特。喜欢佩罗特而把他作为第一选择的选民会认可佩罗特。认为佩罗特不合格的选民则不会认可他。对佩罗特的投票只会是它应该是的那个样子，即由全体选民按照自己的心愿决定，佩罗特是否是一个合格总统的公正选举。佩罗特有可能获胜——如果他具有普遍的吸引力，而克林顿和布什的支持者分化成对立的、相互憎恨的阵营。反之，如果人们认为他自大、偏执、性格可怕，他就可能会输。

"佩罗特总统"与巴迪·罗默有某些相似之处。两者都是夹在一对具有极端意识形态的候选人之间的中庸派。我们想要一种制度，它不会自动地把这样的候选人排除在获胜的可能之外，但它同时也不会让任何自称温和派的傻瓜轻而易举就获取胜利。罗默的竞选对手是他所在的州有史以来性格上最有缺陷的两个人。从另一方面来说，与更沉稳老练的竞争者相比，佩罗特似乎是一个冒险的选择。在认可投票制中，选民们只能根据经验判断，哪一个中间选择好到足以被认可。布拉姆斯认为选民不会做得太差，萨里则认为他们会做出糟糕的选择。在某种程度上，数学和图表反映的是对人的行为的或乐观或悲观的看法。

购买橱柜的人通常用的方式是，让木工过来量一下尺寸。橱柜是否适用就是木工的责任了。另一种不那么保险的办法是户主自己量尺寸，再把尺寸交给家具木匠。如果橱柜不合适，用户将承担责任。

投票可以被分为两个环节。头一个是"评估"环节，选民按自己的喜好投票。第二个是计票环节，对所有的选票进行统计。萨里认为，认可投票制对投票的两个环节都负有责任。这与请人做橱柜的例子是一样的。萨里的观点是，如果两环节中的任何一个出了问题，认可投票制都对此负有责任。

为了方便比较认可投票制与其他投票方式，我们选择的其它方式也必须为整个选举的顺利完成承担责任。在排序投票时，选民同样在很大程度上行使了自由权。在对待那些不那么重要的候选人时，选民也许会随意地进行排序，或干脆不对他们排序（即所谓"删简的"选票）。选民们还可能出于某种目的，做出策略性的虚假的排序。这种情况下，选票上微小的变化同样会对最终的结果带来巨大而"无法确定"的影响。

萨里把选民对候选人的排序看作一个已知事物,就像交给木工的橱柜的尺寸是确定的(任何错误都是顾客的责任!)。这是阿罗理论有效的一个假设性前提,后来关于社会选择的大多数文献都采用了这一观点。不过,这仅仅是一个有用的假设。你不可能看穿每个选民的心思,找到他们心里对候选人进行排序的名单。在选民经过一番思考,做出实际的决定之前,这种假定的排序是不存在的(当然,认可投票制也一样)。选票上的排序并不一定就是人们诚实的想法。

真正的"已知事物"是选民。一种制度是否成功,要看它能否适应不同人的特点和需求。普通选民是更适于填写排序选票,还是认可选票是一个仍未解决的重要的问题。

大部分关于认可投票的争论最终都会变成一种反复陈述自己观点的僵局。萨里说,如果许多选民认可佩罗特,佩罗特将会获胜,这证明了认可投票制是一种多么荒谬的制度。布拉姆斯和韦伯反驳道,不对,如果许多选民认可佩罗特,那证明选民们有多么喜欢佩罗特。这种反驳可能听起来有点像"走到哪算哪"。当然,"走到哪算哪"有时碰巧是对的。

对于很多人来说,认可投票制中最让人担心的是策略性投票。在决定是否认可"中间"选项时,认可投票制中的选民会考虑其他人会怎样投票。这个分析成了一种复杂的自我参考循环(complexly self-referential)。萨里嘲笑说,认可投票制中,选民必须策略地投票,只有这样,才能表达出自己的真实意愿。不仅仅是萨里,罗伯特·韦伯也为此感到困扰——他是这种认可投票制的创始人之一。韦伯说:"认可投票制面对的最大问题是,它最终得出的结果或许与民意调查完全不符。"

在我们这个到处都有民意调查的时代里，选民就像镜子中的变色龙。民意调查从公共舆论中提取样本，调查结果一旦公布，反过来又会改变公众舆论。民意调查的数据能改变候选人的立场，以及他们表达立场的方式。这种相互作用的过程会一直延续到选举日那天的最后一次民意调查。

对策略性投票的顾虑并非只在认可投票制中才有。在相对多数投票制中，往往因为对某个候选人是否能够获胜的判断发生了变化，人们会突然支持或抛弃某个候选人。这就是人们通常说的"花车效应"①。1998年明尼苏达州州长的竞选中，民主党人斯基普·汉弗莱（Skip Humphrey）最初领先于共和党人诺姆·科尔曼（Norm Coleman）。汉弗莱的竞选团队坚持要求，让改革党候选人耶西·文图拉（Jesse Ventura）也参加他与科尔曼的辩论。民主党的顾问们认为，文图拉在财政方面的保守态度会从共和党人手中夺走选票。他们甚至想到，文图拉的生活方式对汉弗莱也是一个有利因素。文图拉是一个上过电视的摔跤手，还是海军的海豹突击队成员，与猎手、运动员和枪支拥有者有密切的联系，这些人通常是共和党人。所以，任何能让文图拉成为一个需要严肃对待的竞争者的事情都是不利于科尔曼，而有利于汉弗莱的。但结果却出乎意料。选民越是认为文图拉确实有获胜的机会，愿意投票给他的人就越多。最终文图拉在选举中获胜（虽然仅仅获得了37%的选票）。人们认为，他是

---

① 花车效应（bandwagon effect），指人们随大流，转而支持占上风的政党，花车原指游行队伍中雇来的乐队花车，人们挤上胜利一方的花车，试图沾光。——译者注

从汉弗莱而不是科尔曼那里分走了更多的选票。

韦伯担心,过去他认为能够体现认可投票制的优点的一些范例选举实际上是有问题的。1970年的纽约州参议员竞选中,在该州占多数的自由派有理由担心,选票分散可能会导致一个保守派候选人获胜。只要他们给两个自由派候选人古德尔和奥廷格都投认可票,就可以避免这种情况。但这时的民意调查显示,古德尔和奥廷格大幅领先,因为大多数自由派选民同时认可了他们。两人之间实际是一个平局。

得知这个民调结果之后,自由派人士甲来到了投票处。"我是个民主党人,我更喜欢奥廷格,"甲暗自想道,"如果我同时认可他和古德尔,就等于浪费了自己的选票。我应该只给奥廷格投票。这将会增加奥廷格而不是古德尔获胜的机会。我不必担心巴克利。民意调查说他还落后很多呢。"

但是如果所有的自由派人士都只给他们喜欢的人投票,巴克利将会胜出!

几乎所有的博弈理论家都了解这个悖论。它类似于"囚徒困境"①,在这种常见的情形中,狭隘的利己主义暗中损害了共同利益。在西北大学凯洛格管理学院的一次午餐研讨会上,韦伯公开表露了他的这些担忧。罗杰·B. 迈尔森(Roger B. Myerson)是在场的人之一,他想到了一个聪明的办法来解决这个问题。1993年,迈尔森和韦伯发表了他们合写的一篇题为《投票均势的理论》的文章。韦伯说:"我认为,就是这篇文章从理

---

① 囚徒困境是两个被捕的囚徒之间的一种特殊博弈,说明为什么甚至在合作对双方都有利时,保持合作也是困难的。——译者注

论上给认可投票制做了最有力的支持。"

这篇文章让人们想到了另一个冷战时期产生的概念,即"纳什均衡"。数学家约翰·纳什（John Nash,电影《美丽心灵》讲述的就是他的故事）是兰德公司的顾问,他提出了一种解决核威慑、投票或其他"博弈"问题的独特方法。"纳什均衡"是指在知道别人作何选择的情况下,再让每个人做出自己觉得满意的决定,最终得到的结果。这样,没人会对自己的决定感到后悔。

以选举为例,这意味着所有的选民都对自己的投票满意（不过,这并不意味着他们对选举的结果感到高兴）。也就是说,如果告诉他别的所有人怎样投票,再让他重新投一次票,他也不会改变自己当初的决定。

搅局者和选票分散产生的结果不一定是"纳什均衡"。例如,在多数投票制中,我认为戈尔一定会赢,于是投给纳德尔一票,但是,由于我的投票,布什最终获胜了,我会责怪自己没有投票给戈尔,这样一来,我投出的票就不能算作"纳什均衡"的一部分了。

毫不奇怪,百分之九十九以上的选民从未听说过纳什均衡。不过没关系,民意调查的数据无形中会影响选民的选择,最终达到均衡的结果。萨里担心的正是这种"无意识"的均衡。我走进投票间,坚信这次竞选中只有比尔·克林顿和乔治·H. W. 布什有可能获胜。我给我更喜欢的那个领先者投了认可票,然而最终的结果是,佩罗特赢了。或许是与这个小人物有关的某件事吸引了我,或许我投票给佩罗特是想对华盛顿权贵包揽一切的做法表示抗议。总之,既然佩罗特无论如何都不会有机会获胜，我在给自己喜欢的候选人投票的同时也加上了他。可我没想到的是，数百万其他的选民也这样做了，天啊——佩罗特赢了?!

萨里暗示佩罗特的当选会让所有的人都大吃一惊。如果提前进行民意测试，这种情况就不可能发生了。比方说，一次较早的民意测试显示，如果采用认可选票，佩罗特将排在头一位，克林顿第二位，布什第三位。这种民调对于每个打算认可佩罗特的人都会是一种提醒。你投票时一定要非常、非常小心地考虑，佩罗特是否就是你想要的总统。

当然，并不是每个人都会根据一次民意测验改变自己的想法。有的人甚至不知道某次民调的结果。但经历了一次又一次民意测试、报道和再评估之后，选民们会不知不觉地转向"纳什均衡"。到了选举日，选民们通常都清楚投票会怎样进行以及怎样做才能最好地增进自己的利益。一般不会产生让人意外的糟糕结果，也不会选出"佩罗特总统"——除非选民们在深思熟虑后，确定他就是他们想要的总统人选。

萨里所举的许多会产生糟糕结果的例子（譬如 9999 个选民的故事）都有着相同的模式。它们的相似之处是全体选民中很大一部分人同时给两个领先者投票（认可投票制中的领先者）。这些例子的不合理性被这样一个事实所掩盖，即我们倾向于认为，民意调查能告诉我们选民们会把谁排在第一位。实情并非如此，谁排第一位是现在的民意测验要弄清的，在相对多数投票制中人们的投票才代表第一选择。如果清点的是认可投票制的选票，民意调查结果显示的只是人们心目中的认可人选。"佩罗特总统"不会是无缘无故产生的。

对于萨里讲述的西北大学的"受到操纵的"委员会选举也有类似的分析。历史系和数学系私下约定支持对方推荐的候选人。认可投票制使这样的事情得以发生,这不是很糟糕吗?

我们可以换一个角度看这个问题。通常情况下,双方都能获利时才能达成协议。双方会事先约定,如果你认可我的候选人,我就会认可你的候选人。但如果是秘密投票,你永远不会知道我有没有遵守约定。只有当双方都能确信对方没有理由违反这个约定时,约定才会是可靠的——换句话说,这时投票必须是"纳什均衡"。在这种情形下,约定已经多余了。因为每个人同时也在为自己的最大利益投票。

迈尔森和韦伯设想了一场与巴克利、古德尔和奥廷格三人之间的竞选类似的竞选。选前的民意调查会让选民知道,两个"复制的"候选人哪一个更强。假定奥廷格更强,那么,"纳什均衡"的结果是这样的,奥廷格的支持者只认可奥廷格,古德尔的支持者既支持古德尔,也支持奥廷格,而巴克利的支持者只会支持巴克利。奥廷格将会获得大约60%的认可投票,轻易就击败了巴克利的差不多40%的选票,同时也击败了古德尔。

这意味着为了帮助奥廷格获胜,古德尔的支持者牺牲了他们自己的候选人获胜的机会。奥廷格的人并没有回报这种好处。为什么古德尔的人做得如此高尚?原因就在于其他人投票的方式,他们没有更好的选择。古德尔的支持者知道,如果他们只投给古德尔认可票,他们会帮助巴克利,而不是古德尔,赢得选举。对他们来说,奥廷格至少要比巴克利好些。

迈尔森和韦伯得出这样的结论,认可投票制中的策略性选民通常只会给他们最喜欢的人投票（这是一种被叫做"子弹投票"① 的实践）。长期以来，这一直是让人困惑的一点。人们普遍存在一种误解，认为只给一个候选人投认可票是一种"欺骗行为"。萨里就这个问题举了几个例子。1983 年，宾夕法尼亚州的民主党州委员会打算采用认可投票制进行一次意向性投票，测试一下谁有可能在总统大选中获胜。在给萨里的信中，前北卡罗莱纳州州长特里·桑福德（Terry Sanford）说道："我认为最大的问题是，大多数选民……喜欢做一点手脚，为了达到目的，他们会'只选一个人'，通常情形下，这种方法的确奏效。宾夕法尼亚州进行测试投票时我在场，负责为选民解答疑问。我并不感到吃惊，很少有人在给候选人 A 投票的同时还给别人投票，即使肯定还有能让他们接受的其他候选人。"

桑福德显然觉得，每个"可接受的"候选人都有权获得选民的认可选票。桑福德告诉投票代表该怎样填写认可选票。接下来发生的事很能说明问题。代表们知道怎样投票后，便不再理会桑福德的指导，而是策略性地进行投票。

在史蒂文·布拉姆斯的建议下，社会选择与福利协会在一次选举中采用了认可投票制。这是一个萨里感到得意并经常引用的例子。

"他们有三个出色的候选人。三人中的任何一个都会是一个优秀的主席。好吧，既然有三个出色的候选人，人们就会有策略地进行投票。怎样的策略？你只会给一个候选人而不是两个

---

① 子弹投票是一种即使有多个喜欢的候选人也只给其中一个投票的策略性投票。——译者注

候选人投票。因此，我做了大胆的预测，说 60% 的投票人将会只给一个候选人投票。60% 已经是一个很高的数字了。但我错了，在所有的投票者中，只有史蒂文·布拉姆斯给两个候选人投了票。"

韦伯认为，允许投多张选票是认可投票制的一个特色，如同安全气囊是你汽车上的一个特色一样。但这并不意味着，你每次开车去购物中心都会使用安全气囊。你不必在每次竞赛中都投多张选票。在一场只有两个主要候选人的典型的美国选举中，大多数共和党人和民主党人会像他们今天所做的那样进行投票，只给他们自己的政党候选人，而不是其他任何候选人投票。可能给不止一个候选人投票的是绿党、自由意志党、宪政党和其它小党派的支持者。

萨里最清醒的一个认识是，没人能确定在 21 世纪，现实世界中认可投票制的选民们会做出怎样的行动。迈尔森和韦伯已经证明了，如果选民是博弈理论中理想的马基雅弗利主义者，认可投票制就能产生合理的结果。这是一个重大的优势，因为其它的选举制度在很大程度上被选民的策略投票损害了。当然，并不是说所有的选民的投票都是精心计算的结果，或所有的选举结果都达到了"纳什均衡"。实际上，很多选民要么不了解外面的情况，要么知道的是错误的信息。他们只是单纯地投票，或对政治根本不感兴趣。进行策略性计算所需的民调结果可能是错误的。常见的做法是在选举之前使用阿特沃特惯用的伎俩，污蔑竞选对手，这样可以最大程度地激起选民的反感。而且由于时间紧迫，这种反感将不会随着选民的反思、进一步的民调、新闻报道、有关证据的披露而减弱。

第十二章 邪恶的圣诞老人

一些真实的事例显示，萨里的担忧并不是毫无道理的。其中最有趣的一个例子被人们称作"伯尔的困境"。在美国早期的几次总统选举中，选举团采用了一种有点类似于认可投票制的制度。每个选举团成员都可以给两个候选人投票。获得最多选票的候选人如果同时获得了多数票，就会成为总统。第二名则是副总统。

1800年总统选举时，民主共和党①的选票被两个野心、能力以及声望不相上下的候选人阿伦·伯尔（Aaron Burr）和托马斯·杰斐逊分散了。为了获得多数选票，民主共和党只需要一个候选人代表他们。否则，就要由被他们的对手联邦党控制的众议院来决定选举结果。可是最终，民主共和党没能确定哪一个候选人"更有实力"。伯尔和杰斐逊各获得了73张选举团的投票，打成了平手。（在众议院的投票中，杰斐逊以36票获得了胜利。）人们要想取得策略上的最佳结果并不容易，即使他们有强烈的动机想这么做。

---

① 民主共和党是美国建国早期的一个政党。由托马斯·杰弗逊和詹姆斯·麦迪逊在1790年代创建，可被视为今日民主党的前身。——译者注

第十三章　笑到最后的人

1979 年，为了纪念刚刚过世的西部片明星约翰·韦恩（John Wayne），加利福尼亚州的奥兰治县将郊区机场命名为"约翰·韦恩"机场。三年后，该机场为一座比真人更大的"公爵"（韦恩的绰号）青铜像举行了落成典礼。这座铜像如今摆放在道奇城的一个汽车租赁处旁边。他用冷峻的目光盯着想象中的对手，右手小心翼翼地向自己的枪套移动，枪套里是一把 1873 年柯尔特点 45 口径手枪的精致复制品。

在参加关于投票理论会议的旅行途中，唐纳德·萨里经常看到这座韦恩像。对于萨里而言，这座雕像象征的不是西部牛仔的男子气概，而是有关投票的某些错误观念。或许这两者之间是有联系的。"他会是孔多塞制的赢家！"萨里告诉我。"我们的文化骨子里认为最勇敢的决斗者是最优秀的人。'我会接受每个人的挑战——我又赢了！——我就是那个笑到最后的人！'我们需要时间来理解投票理论中更微妙的问题，我们忽略了一些非常、非常珍贵的信息。"

2001 年 3 月，萨里来到阿拉莫（Alamo）传教士们的故乡圣安东尼奥市，参加公共选择协会的会议。与会的人们还清楚地记得德克萨斯的布什和他的政治顾问罗夫不久前取得的胜利。萨里和肯尼斯·阿罗两人的发言争锋相对,把会议推向了高潮。两人都在演讲中谈到了不相干选项的独立性。阿罗为自己假设条件的直觉合理性作了很有说服力的辩护。一场主要竞争者是 A(戈尔)和 B(布什)的竞选,其结果不该由 C(纳德)来决定。这是孔多塞的投票原理的核心所在。萨里对此提出了质疑。他认为人们过高地估计了不相干选项的独立性和孔多塞投票制的可靠性。萨里高度赞扬了博尔达计数法的一些特点——而很多与会者(即使不是全部)认为这种制度是不切实际和荒谬的。伊恩·麦克莱恩(Iain McLean)也参加了这次会议,他把这会次议称作"聋子之间的对话"。

萨里响亮而清楚地指责了孔多塞投票制的危害,除非是聋子才听不到。"孔多塞制的获胜者是一个危险而又混乱的概念,"萨里用他特有的坦白写道,"一对一的投票只会把事情弄糟!"

这段时期正是孔多塞投票制的繁荣期。两个世纪以来,没有人采用孔多塞制度,因为它要花费太多时间清点选票。但如今,软件只要十亿分之几秒钟就可以完成电子选票的清点工作。孔多塞投票制的再度兴起在很大程度上要归功于 Linux 操作系统。Linux 是数百个几乎从未谋面、狂热地爱好电脑的编程者集体创作的成果。有些 Linux 团体自己建立起地球村里的"民族国家",创建了"宪法"、"社会契约",使用民主制度来选举领袖。通常会有很多候选人竞争一个领袖的位置,没有任何政党对申请者进行审核。在这种情形下,相对多数投票制操作起来十分不便。2000 年是一个转折点,Linux 集团下属的一个 Debian 项目小组委托一家研究机构确定一个最好的内部投票机制。

三年后，Debian 采用了一种孔多塞制的投票方式。

选民们填写好他们的排序选票。软件实际进行的是一对一的对比。如果戈尔和布什是仅有的两个候选人，软件实际要解决的问题是谁会获胜？具体的办法是，检查一下有多少选票把戈尔排列在布什前面，或者相反。这个软件将快速地对每两张选票进行比较，甚至包括纳德对布什或布坎南对布朗这样的看起来毫无意义的比较。如果运气好，某个候选人会在这种一对一的竞争中击败所有人，他就是赢家。

如果情况并非如此，工作就会更麻烦。要是孔多塞制投票没有赢家，那就是出现了剪刀—石头—布的投票循环。这时，人们必须找到一种打破僵局的办法来决定哪个候选人获胜。Debian 小组使用的办法是由德国理论家马尔库斯·舒尔茨（Markus Schulze）在 1997 年发明的。他们通常把它叫做"防止复制品的施瓦兹连续排除法"（Cloneproof Schwartz sequential dropping），这是一个程序员才会喜欢的名字，其缩写形式是 CSSD（"施瓦兹"是由另一个社会选择理论家托马斯·施瓦兹的名字而来）。

孔多塞投票制可看作 CSSD 的变种，它已经被许多网上团体和组织广泛采用，包括著名的参考网站维基百科，它也使用认可投票制。维基百科的创始人拉里·桑格和吉米·威尔士（Larry Sanger and Jimmy Wales）并不需要处理 Linux 必须应对的那样复杂的问题。Linux 的编程者必须懂得怎样编码，维基百科的撰稿人则完全不需要这方面的知识。人们用"旋转者"一词来形容那种维基百科撰稿人，他们不接受批评，反对他人的编辑，不停地重发已被删掉的文章。从某种角度看，维基百科采取了一种让人害怕、难以控制的《动物庄园》式的民主结构。

2005 年 5 月，维基百科的撰稿人讨论了是否要在人物传记中使用正式头衔。你会把伊丽莎白二世女王称为"殿下"或把金正日称为"伟大领袖"吗？这是一个标准统一的问题，其它机构或许会去参考同类标准。维基百科的解决办法是进行投票。他们的选票上列有五个由委员会起草的选项。

1. 赞成。作为维基百科的一个方针问题，任何已知的正式头衔都应出现在传记性文章的起始位置。
2. 赞成。但也存在例外。在某些有争议的情形下，文章的开头可以只用本名，正式头衔可在后文中介绍。
3. 反对。正式头衔应置于人物本名之后的介绍段落中，并不得以其他形式写入前缀中。
4. 反对，但应不同于选项 3 中采取的办法。
5. 以上皆不适用。

如果你能在读一遍时就理解这些选项的含义，说明你的理解能力已经远远超过大多数人了。维基百科的投票人不但必须理解这些选项，还必须根据自己的偏好为它们排序。73 个人这样做了。结果是，五个选项中的任何一个都没有成为孔多塞制的赢家。出现了这样一个循环，选项 3 击败了选项 1，选项 1 击败了选项 4，选项 4 击败了选项 3。最后采用了舒尔茨（Schwartz）投票法①）来打破僵局，选项 3 被宣布获胜。

---

① 舒尔茨投票法是 1997 年由马库斯·舒尔茨发明的只选出一个获胜者的投票方式。——译者注

我摘录下了一些网民们对这种投票方式的嘲弄（"对不起，我想出了一个可以改善维基百科的'个人计划'。你同意我把这个问题交给由你和 jguk［原文如此］组成的委员会决定吗？你可以用舒尔茨投票法对它进行投票。"）。一些热心人士总想让维基百科使用他们推荐的"实验性"投票制度，这招致了人们的不满。"这并非工党（WP）的目的，"维基的一个撰稿人写到，"我们不应鼓励在网上使用更复杂和更理论化的投票制度。"

先把这些抱怨搁在一边，众多的网上项目实际上已经成了新的投票制度的试验场。孔多塞投票制正在开始从电脑空间转向现实世界。推动这种转变的是一个名为孔多塞互联网投票服务处（www.cs.cornell.edu/andru/civs.html）的网站，它由康奈尔大学计算机科学系的安德鲁·迈耶斯（Andrew Meyers）创办。这是一个免费网站，允许任何团体或组织在上面举行孔多塞投票。你可以进行不一定"重要"的投票项目。一个三年级的班级可以为班级养的仓鼠的名字举行投票。完成投票只需要知道每个投票者的电子邮箱地址。

2002 年，华盛顿州的代表托比·尼克松（Toby Nixon）开始争取在州选举中使用孔多塞投票制。越来越多孔多塞制的网上支持者对该制度的法国名字感到了不安（照一般的推测，一旦提到法语音符，你就已经失去选民的支持了）。有人提议把它改成"真正多数投票制"和"即时循环赛投票制"这样更符合美国人口味的名称。

也许孔多塞投票制最大的障碍是它简单化的倾向。孔多塞制的支持者大谈特谈约翰·韦恩以及他的男子气概具有怎样的吸引力，似乎大多数美国人都会赞成这种制度。但事实是，如果不解释投票循环、施瓦兹的连续排除法和节拍路径投票法，人们就没法深入了解孔多塞投票制。机器人的面具一旦落下，里面的电线和微晶片就露了出来，看到真相的大众争相逃窜。到目前为止，孔多塞投票制更容易吸引那些能用 Java 语言为它编写程序的人。

叶家平（Ka-Ping Yee，译音）就是这样的一名支持者。叶是伯克利大学的计算机专业研究生、IBM 的前研究员、软件工程师。2004 年的总统选举让叶对投票制度产生了兴趣。他知道 2000 年佛罗里达州混乱的清票惨败后，通过《美国投票协助法案》的要求逐步采用电子投票机器。作为计算机安全和界面设计方面的专家，叶发现电子计票的条件尚不成熟。这些投票机器上运行的是微软的 Windows CE 操作系统，它过于复杂、有许多漏洞，是一种面向用户的操作系统，超出了投票的需要。如果想要检验 Windows 的安全性，任何热心公益的市民都会感到失望。微软不会公开代码。投票机器不会打印纸质的收据作为存根。一旦电脑崩溃，选票就有可能丢失。更糟糕的是，没有办法确定是否有选票丢失了。这很容易让一些人钻空子，故意扔掉那些他们不想统计的选票。叶认为在 2004 年清点选票的过程中，某些地区出现的"可疑的数字"或许就与此有关。

叶对阿罗定理和投票制度进行了研究。他对认可投票制产生了强烈的兴趣，决心从身边做起。他向自己在伯克利的公寓"金曼堂"提出动议，建议他们使用认可投票制。金曼堂每半年都要举行一次选举，选出房屋管理员和若干其他职位。叶的提议被交付表决，但没能获得所需的三分之二多数票。

这个提议失败之后，有几个居民向叶询问孔多塞投票制

——叶在提议中也介绍过这种制度。金曼堂的居民喜欢排序选项这个主意。叶有点吃惊地发现,更复杂的制度比相对简单的制度有更大的吸引力。不过,叶认为孔多塞投票制也是一个好主意。他又提出在金曼堂采用孔多塞投票制的动议,这项动议在 2005 年 4 月被通过了。

叶亲自编写了清点选票的软件。当我和叶进行交谈时,已经使用新制度进行两次选举了。金曼堂的居民们为此感到自豪,他们认为孔多塞投票制是一种相当先进的投票形式。然而按照唐纳德·萨里的说法,他们犯了不幸的错误。

孔多塞投票制最糟糕的地方是什么?和其它所有的投票制度一样,它有可能被操纵。维基的一名撰稿人特里·哈里斯(Trey Harris)写道,维基百科就传记中是否要使用正式头衔举行投票的例子"让我想到了,根据维基百科投票的特点,其实有可能用孔多塞制度来进行'博弈'"。"你没法通过虚假投票增加你偏爱的选项获胜的可能性。但你能看到其它所有人的选择并进行调整,当你看到你支持的选项正在落败时,你可以采取一种策略,让投票朝着孔多塞循环的方向发展。"

这就是孔多塞投票制中的"掩埋"策略(buring),把你支持选项的对手推到名单的底层。如果你偏爱的对象与对手进行的是决定性的一对一的竞争,这么做并不能对它的对手造成任何损害。然而有时候,这种策略能阻止该对手成为一个孔多塞制的赢家。这或许对你是有利的。(在维基百科,这么做尤其容易,它允许投票人在看到网上公布的临时结果之后改变他们的选票。)

如果一场选举有三个或甚至更多实力强劲的候选人参选,

第十三章 笑到最后的人 | 255

"掩埋"策略更有可能发挥作用，好比爱德华兹/罗默/杜克三人之间的竞选。假设当年的路易斯安那州使用了孔多塞投票制，你支持爱德华兹，但知道他会落败——因为民意测验显示罗默是孔多塞制的赢家。无论如何你都没法让爱德华兹成为孔多塞制的赢家（你已经把他列为第一选项了），但是你可以把罗默列为最后一位，放在杜克之后，从而减小他成为孔多塞赢家的可能性。假设足够数量的爱德华兹的支持者采取了这种做法，杜克将会击败罗默。杜克将同时获得自己拥护者的真正支持和爱德华兹拥护者的并非出自真心的支持。

这样就会产生一个循环。罗默击败爱德华兹，爱德华兹击败杜克，杜克击败罗默。最终的结果取决于使用什么规则打破这个循环。如果爱德华兹的支持者能够猜到爱德华兹将被宣布为罗默—爱德华兹—杜克循环的胜者，"掩埋"策略对他们而言就是最有吸引力的了。如果你中意的候选人注定无法获胜，"掩埋"策略也是一种值得考虑的备选投票方式。事实上，如果操纵投票，爱德华兹的支持者有可能看到三种结果，爱德华兹胜选（这是最理想的情况），罗默获胜（这种结果也不坏），杜克胜选（这是最糟糕的结果了）。

对于大多数埃德温·爱德华兹的支持者来说，1991年的选举可能成为一次糟糕的赌博。在其他情况下，这种赌博可能是值得的。如果爱德华兹的支持者知道罗默其实和杜克一样不得人心，他们即使操纵了这次选举，也不会有什么损失。

甚至诚实的孔多塞投票也可能出现问题。唐纳德·萨里发现，有时候"错误的"候选人会从孔多塞制中获胜。

假设在1992年的总统选举中，选民们被要求对候选人进行排序，出现这样的结果：

克林顿＞布什＞佩罗特（3000 选民）
布什＞佩罗特＞克林顿（3000 万）
佩罗特＞克林顿＞布什（3000 万）

这是一个完全对称的剪刀—石头—布的循环。每个人都以同样的6000万选票对3000万选票的压倒性优势战胜了另一个人。显而易见的，如果说这三个候选人中的任何一个比另外两个更有资格当选，你都会觉得很荒唐。

因此，萨里认为所有的选票应该都互相抵消。假设重新点票时发现了一张多出的选票，上面的排序显示布什＞佩罗特＞克林顿时，这张选票就能打破僵局。布什现在成了合乎逻辑的赢家。

这种情况下，布什可以说是，也可以说不是孔多塞制的赢家。克林顿仍然以6000万票对3000万零一票领先于布什。巨大的孔多塞循环像是一个"漩涡"，吞没了那张新的、没有被抵消的选票。

事情甚至有可能更糟。假设多出的不是一张选票，而是添加3500万张这样分布的新选票：

布什＞克林顿＞佩罗特（2000 万）
克林顿＞布什＞佩罗特（1500 万）

在这些增加的选票中，支持布什的选票是最多的。布什显然应该获胜。当你把新选票加入旧选票当中，会有这样的结果：

克林顿＞布什＞佩罗特（4500万）
布什＞佩罗特＞克林顿（3000万）
佩罗特＞克林顿＞布什（3000万）
布什＞克林顿＞佩罗特（2000万）

克林顿还是胜过了布什（7500万张选票把克林顿排列在布什之前，另有5000万张选票把布什排列在克林顿之前）。现在，克林顿击败了佩罗特（6500万对6000万），因为所有的新选票都把克林顿排列在佩罗特之前。克林顿将在孔多塞制中获胜，他是那个笑到最后的人。但他显然不配这样的胜利。

人们可以批评这个例子不切实际。它要求所有选民的选择形成一种"看不见的"循环，而我们有理由相信，现实生活这种循环是很少出现的。尽管如此，萨里的证明使得孔多塞投票制的光环黯淡了不少。两个世纪以来，几乎所有人都认为孔多塞制是一种足以作为标准的投票制度。常识告诉我们，一个候选人如果击败了每个选手，他就应当获胜。好吧，这儿还有一个有关错误的常识的例子，甚至没有显而易见的循环出现，警告我们可能发生荒谬的事情。

萨里是少数几个替博尔达计数法做辩护的人之一。他知道很多人认为，他对博尔达计数法的偏爱显得很奇怪。"操纵非常重要"，萨里在他出版于1995年的书中坦承（这本书的题目是《投票的基本几何学》）："但在一种制度中，它永远不该是决定性的因素。打个比方，为了避免你的汽车被人打劫，你可以开一辆破烂生锈的、很不舒服、还不停喷黑烟的车,但是很少有人这样做。"既然所有的投票制度都有可能被操纵,按照这样的逻辑,"所有的制度都应该和博尔达计数法一起被置于耻辱的殿堂中"。

至于是否真的在公共选举中使用博尔达计数法,很难让萨里对这个问题表明态度。"我对宣扬一种制度比另一种更好这类事不感兴趣,"他补充道,"如果人们问我哪一种制度最好,我会从数学的角度考虑这个问题。"他确实说过自己所在系里的委员会成功地使用博尔达计数法进行过选举。还有一个故事是1991年的"数学启蒙周"时,他给匹兹堡的一个四年级班级讲课的经历。萨里让一群孩子自己决定他们要看哪一个电视节目。令他吃惊的是,孩子们立刻就发现了相对多数投票制的不公平之处。他们倾向于博尔达计数法,认为它是最公平的决定方式。"孩子们想给国会写信,问他们为什么使用错误的投票程序,"萨里回忆说。

与布拉姆斯或孔多塞制的其他支持者不同,萨里没有发动使用博尔达计数法选举的公共宣传。他认为现在还不到时候。"我认为这个领域正在快速地发展,从现在开始,5年到10年之后我们就该认真考虑"改变美国选举的方式了,萨里说。

博尔达计数法简直太容易被操纵了,该怎么解决这个问题呢?

"这本来也是我的看法。"萨里说,"事实上,我还一直试图证明这一点。但让我吃惊的是,我发现博尔达计数法是最不容易被操纵的制度。"

这就是他的一些同事发出叹息的原因。从萨里定义博尔达计数法的方法而言,他的理论是正确的。要想操纵一次选举,候选人的得票必须非常接近，只有这样，少数选票才能改变选举结果。"由于它的对称性，博尔达计数法具有最小的表面积，只有这种表面积才能让一种结果转变成另一种结果，"萨里说，"与普遍的看法相反，它完全不依赖于直觉。"

牛津的政治学家伊恩·麦克莱恩更愿意这么说："在所有的排序方式中，博尔达计数法是最容易被操纵的。"

麦克莱恩认为，很大一部分选民会在博尔达选举中策略性投票。这种手段虽然简单，但总能在选情接近时发挥作用。（民主党人会把共和党人排到最后！共和党人则把民主党人排到最后！）这正是拉普拉斯和拿破仑所担心的情况；也发生在基里巴斯共和国以及2004年联合媒体的体育记者投票的时候。

萨里反驳说，这种大规模的操纵不太可能发生，因为必须满足三个条件。首先，它要求"公众提前知道'有实力的候选人'的信息，这需要进行大规模的宣传"。第二，它需要一个"协调者进行组织工作，确保一定比例的选民策略性投票"。否则，作为工具的次要候选人就有可能真的获胜。第三点，必须有一套"纪律规则，让指定的策略性投票者服从拟订的计划"。

萨里的批评者反驳道，候选人"先期宣传"信息很容易接触到。新闻中就有这样的消息，不是吗？正式的"协调者"和"纪律规则"也并不是必需的。毕竟只有少数投票人会进行操纵行为。这就足以改变一场选情接近的选举的结果了。

2000年，每个人都知道布什和戈尔在进行一场势均力敌的较量。如果采用了博尔达计数法，布什的投票人一定会把戈尔列在纳德之后的最后一位。他们会担心纳德获胜吗？显然不可能嘛——除非每个人都把纳德排列在第二位。同样的道理，戈尔的支持者会把布什排列在布坎南之后。

现实情况让人沮丧，不择手段的党派反而会占到便宜。每一次选情接近的选举之后，失败者都会抱怨说，他之所以落败，只是因为获胜者的支持者操纵选举的能力更强。

"博尔达计数法能以最小的付出取得最大的成果，在这一点上，萨里显然是正确的。"麦克莱恩说，"博尔达规则凭借它的简单和优雅击败了其它所有的排序制度。如同萨里和他的同事宣称的那样，博尔达规则多方面的优越性很容易为人们所认识。但事情总是有利有弊的……博尔达计数法在理论上作为一种选择程序是非常适宜的，正是这一点让它被彻底排除在可以实践的选择程序之外了——至少，对于人类来说是这样。"

作为投票理论的开拓者，阿罗的本意是找到一种简单且符合人们常识的投票制度。这种理念在今天依然被许多人认同。如今介绍投票理论的文章中，充斥着"真实标准"①、"单一性"和"复制品的独立性"这类探讨投票特性的特有名词。人们依然抱有模糊的期望，期望存在一种既好用、又符合常识的投票制度。是的，我们想找到一种最佳的投票方式。但迄今为止，这种理想中的制度还没有被发现。"我们开始就投票制各种特性的重要性进行无休止的争论，"沃伦·史密斯评述道，"然而50年来，这种争论没有得出任何有价值的结论。"

"投票制度的种类实在是太多了，"萨里承认，"现在我有些后悔。我在文章中对许多种投票制度的特点发表过的观点或许

---

① 真实标准，The Favorite Betrayal Criterion (FBC)，指选民在投票中不把其他候选人排在自己最喜欢的候选人之上。——译者注

不是十分恰当。"

　　学者们一直都无法达成一致意见，这或许是美国投票制度改革所面临的最大障碍。让人们知道相对多数投票制有严重的缺陷其实并不难。只要学者们达成共识，找到一种新的制度来取代它，投票改革原本是有可能完成的。但每种投票制都会有人强烈反对。当媒体对投票制度进行专题报道时，他们通常会采访唐纳德·萨里和史蒂文·布拉姆斯，并采用他们的观点，《发现》杂志在2000年的选举月就是这么做的。萨里指出了认可投票制致命的缺陷，布拉姆斯评论了博尔达计数法的无法补救的缺点。该杂志随后的报道给人留下了这样的印象：（a）相对多数投票制确实很糟糕。（b）别的投票制度也一样糟。

　　"学者们从来都不擅长推销自己的概念，"布拉姆斯和彼得·菲什伯恩担忧地写道，"他们总是相互争执。几乎没有哪个社会学家的观点能在所有的情形下都被证明是'正确的'，因此由认知差异产生的争执是可以理解的。但不幸的是，有时情况并非如此。"

第十四章 我漂亮吗?

"你有过这样的经历吗?跟朋友出去喝酒,别人说的某些话让你突然想到了一个疯狂的点子,这正是在我身上发生的事情。"

詹姆斯·康(James Hong)如此描述 hotornot.com 网站的起源。它的意思是"我漂亮吗"?这是又一个与 MySpace 或 Facebook 类似的交友网站。与其它交友网站不同,它采用是投票的模式。登录 hotornot.com,你能看到所有会员的照片——大部分用户是大学生年龄的男性和女性。网站访问者可以免费浏览照片并对照片评分,分数从 1 分到 10 分。10 分代表"非常漂亮",1 分表示"不漂亮"。

该网站的规则非常简单,访问者如果想看下一张照片,就得给当前的照片打分。新照片出现时,你就能了解到你刚才评分的那个人的平均分数。例如:"已有 271 人评分,正式得分 6.1。"

人们都有一种难以抵抗的好奇心,想比较自己跟别人的评分。是的,找到最合适的配偶能让你的基因得以延续(迅速!没有距离的限制!)。这是交友版的射击电子游戏。该网站像是一个未经整理的民间风格的摄影博物馆。很多人的照片是对着浴室镜子用手机自拍的。照片的背景有汽车、过去的恋人、孩子、宠物和纹身。

"我漂亮吗？"网站甚至让闪约的速度都显得相形见绌。只要点几下鼠标，你就能确定你选择的对象的年龄、性别和地理位置。如果你想和某人会面，只需再敲击一下"我想跟她联络"的选项就可以了。如果对方也喜欢你的照片，网站就会帮你们取得联系（这项服务需要缴费）。

这个网站具有强大的复制功能。为了维持运转，它必须把参观者变成展示者。提交照片是勇气和受虐倾向的有趣混合。几乎所有登录它的人都会被牢牢地吸引住。浏览器窗口左边刚被评分的小照片的下面，有一组清楚的统计数据。例如，"你对她的评分：9 分。她查看了自己的评分：3 小时前。"

3 小时只是一个中间值，很少有人能忍住 3 小时以上不看自己的评分。对于海洛因上瘾的人来说，毒瘾发作间的那 8 个小时反而更容易度过。

hotornot.com 的创意来自于康一个朋友吉姆·杨（Jim Young），杨在一次派对上遇到一个女孩，他认为如果打分，这个女孩可以得"满分 10 分"。"我们住在硅谷，这里的人们整天都在谈论网站，"康解释说，"我们在客厅里挂了一面白色书写板。我们说，如果有这样一个网站，在上面你能查看是否某个人是一个'满分十分'的人，这不是很有趣吗？"

吉姆·杨只花了几天时间就写好了这个网站的代码。2000 年 10 月，杨和康通过 email 告知朋友们他们新建的网站。个人照片如雪片般地涌入，网站的访问量成指数倍增长。仅仅在第八天，网站的点击数就达到了 180 万。截止 2001 年初，NetNielson 把它列为最适合刊登网络广告的 25 个网站之一。很快，Slashdot 和《花花公子》专门撰写了关于它的介绍文章。通过提供配对服务的办法，网站迅速实现了盈利。康现在是网站的 CEO，他说，差不多每天都有一对通过该网站认识的人登记结婚。"我漂亮吗？"网站上的总投票数达到了 120 亿张，相当于美国建国后历次总统选举投票总和的四倍多。

"我漂亮吗？"网站使用的投票制度叫做计分投票制，它是互联网上常用的一种投票方法。YouTube 和亚马逊网站采用五颗星为满分的标准为视频和图书评分。互联网电影资料库（IMDb）用 10 颗星来给电影评分。在这种情形下，你所看到的评分只是网站的所有访问者提交的评分的平均值。

计分投票制比互联网要古老得多。平均成绩就是一种计分投票制（老师给学生评出的分数）。班级毕业致辞的学生通常是由计分投票选出的。消费者调查和《消费者报告》使用的 5 分制——1 分是"差"，5 分是"优秀"——是计分投票。《米什兰》、《戈·米约》和《扎格特》等美食指南用星的数量来评分，这也是计分投票。人们通常认为计分投票的结果是可靠的。《消费者报告》的读者对汽车可靠性的评分能影响该款二手车的价格。2003 年，法国厨师长贝尔纳·卢瓦索（Bernard Loiseau）向自己的脑袋开了一枪，因为《戈·米约》杂志把他饭店的评分从 19 分降低到 17 分（满分是 20 分）。

当同一组人给所有的候选人打分时，计分投票制的效果最好。但这个条件很难在互联网上实现。你必须先看过一部电影或图书，才能在互联网电影资料库或亚马逊图书排行榜上给出具有实际意义的评分。很难比较独立制作的小电影和好莱坞大片的评分,因为评分是由不同的观众群给出的。

计分投票制在公共选举中可能会效果更好。公共选举中,给候选人打分的是所有的选民,这对每个候选人都是公平的。假设评分等级是从 1 到 5,选票上每个候选人名字下方都有 5 个数字以供选择,选民只需要把自己选出的数字涂黑就行了。例如某个选民喜欢爱德华兹,可以给他打 5 分,这是选票上列出的最高分了。相比于仅仅在爱德华兹的名字上打个勾,填写一张计分选票提供的信息更加丰富。这些分数能告诉我们某个选民非常不喜欢杜克,或者认为霍洛威和罗默比杜克要稍好一些,或者认为两人差不多。而采用传统的相对多数选票制,我们不可能了解选民对其他候选人的感受,只能知道他最支持的候选人的信息。

网络调查是计分投票制形式之一,它的结果是所有分数的平均值。另一种方法是将所有的评分加在一起。无论是哪种方法,获得最高分的候选人都会胜出。

	差	不好	尚可	好	极好
杜克	●	②	③	④	⑤
爱德华兹	①	②	③	④	●
哈罗威	①	●	③	④	⑤
卢默	①	●	③	④	⑤

计分投票制解决了搅局者和选票分散的问题。在刚才举的

选举例子中，一共有三个共和党和一个民主党候选人。任何喜欢这三个共和党的选民可以给他们每个人都打高分。爱德华兹是唯一的民主党人，他不会因为共和党人的选票被分散而获得本不该得到的利益。

计分投票制满足了阿罗提出的"不相干选项的独立性"。如果互联网电影资料库中《第七封印》的评分高于《野草莓》，它们之间的对比不会因为珍妮弗·安妮斯顿（Jennifer Aniston）一部新片的上映而发生改变。这是符合情理的。安妮斯顿电影的得分跟伯格曼电影的得分是没有关系的。允许选民给候选人评分而不是排序，这样一种投票制度可以满足阿罗所有条件的直觉基础。人们很容易找到为候选人排序这种方式的缺陷。看看生活中的例子就能知道，教师会给学生的表现打分（使用字母或数字评分标准）而不是把学生从好到坏进行排序。也许一个班级中有两个同样好的成绩全优的学生，在排序制中，教师不得不主观地把其中一个列为第一名，另一个排第二。这是不公平的。假设另一种极端的情况，所有的学生都不及格，分数都应该是F。在排序制度中，仍然有一个学生会被列在第一位，这会给人一种这是一个成绩优秀的学生的错误印象。只有在如下的情况下，排序制度才能起到好的效果，即前一位的每个学生/候选人/选项都比后一位更好，而且差别的程度是相同的。否则，排序制容易扰乱一个诚实的投票人试图传达的信息。正如阿罗诠释的，这会带来严重的问题。

如果每个选民都是诚实的，计分投票制能够准确地反映他们的意愿。让人吃惊的是，当人们"使用诡计"时，计分投票制也能良好地运作。例如，一个作者可以去亚马逊书评网，给自己的书打 5 分（当然，并不是说我会这么做。但人们听说过这样的事情）。为了把一部"被过分吹捧"的大片的分数拉低一些，一个电影迷可能会给它打零分。

如果每个人只能投一次票，这种操纵将不会有你想象中那么大的影响力。假定每个人都"使用了诡计"，给一部电影要么打允许打的最高分（在电影资料库中指 10 分），要么打最低分（1 分）。这样一来，这个调查实际上就变成了一场"好/不好"的投票。电影的评分取决于给它打 10 分的人的百分比。

这样的投票也不算太糟糕。事实上，它相当于一次认可投票。

更可能出现的情况是，一部分人诚实地进行投票，另一部分人试图"使用诡计"。只有当我认为当前的评分不正确时，我才会"使用诡计"。例如，我登录互联网电影资料库，发现《史密斯先生去华盛顿》得了满分 10 分中的 7 分。如果那个分数跟我认为它应得的分数是一致的，我就没有理由给出虚假的评分。但是如果我认为这个电影应该得 8 分，我又是一个脑筋灵活的家伙，我会给这部电影评一个 10 分来提高它的平均得分。假设我和卡普拉（Frank Capra，该片导演）的其他许多影迷有相同的想法，都给了过高的分数，这部影片的得分被拉高了。但随后的投票者会觉得现在这部电影被高估了，会有更多的人有意地给出低分，有些人甚至可能只给它打 1 分。这场"拔河比赛"的结果会使影片的得分仍处于它应有的那个平衡位置上。

在公共职位的选举中，计分投票的选民既可以诚实投票也可以策略性投票。所谓"诚实"就是给你喜欢的候选人打最高分，你最不喜欢的候选人打最低分。然后在最高分和最低分之间按喜好程度为其他候选人打分。

还有一种更有策略性的投票方式。假设你知道罗默和爱德华兹远远领先于其他候选人。他们俩中的一个将会获胜。你可以通过给两人悬殊的分数来增加自己投票的影响力。例如，给爱德华兹打最高分，给罗默打最低分，同时给其他候选人正常的分数。（在抽样投票中，杜克和霍洛威也得了最低分。）

对计分投票制进行重新评估的关键人物是沃伦·D·史密斯。史密斯 1964 年出生于克利夫兰，说话带着中西部的鼻音，具有马克·吐温式的冷幽默。他对投票理论领域的前辈们提出了大胆的质疑。史密斯在 2005 年发表的一篇文章中满不在乎地评论道："阿罗靠他在 1951 年发明的'不可能性定理'获得了诺贝尔奖，而这个定理的错误影响了整个投票制度领域 50 年。"他在其他文章中指出："阿罗的定理并不像它表面看上去的那样重要。"

这种话听上去有点像一个生物学家说进化论并没有什么了不起。史密斯的直率或许与他是投票理论的门外汉这个事实不无关系。史密斯在普林斯顿大学获得博士学位，师从富有传奇色彩的数学家约翰·霍顿·康韦（John Horton Conway）。史密斯在贝尔实验室拿到了博士后学位，此后在 NEC 研究院担任了十几年的研究科学家（他在那儿第一次体验博尔达计数法投票，这段经历很有趣）。自从 2000 年以来，史密斯在坦普尔大学的数学系工作。他最著名的成就是对计算行为的物理限制进行的研究。史密斯探究过这样的问题，譬如，是否有可能让一台电脑充分模拟物质世界的复杂性（他得出一个简单的结论"不能"）。

史密斯拥有或曾经申请过的专利权包括：用 DNA 设计的电

脑、防盗信用卡、3D 视觉处理过程和可以用来发射人造卫星的磁性弹射器。2000 年 12 月，当最高法院对当时遭受强烈争议的总统职位做出裁定时，史密斯完成了一篇文章，该文章旨在展示一种过去没有受到重视的投票制度的优越性，这种制度就是计分投票制。

史密斯起初想到的是比较不同投票制度的优点。他使用了一种被叫做贝叶斯遗憾（Bayesian regret）的测量标准。该标准得名于概率理论的先驱，18 世纪的英国数学家托马斯·贝叶斯（Thomas Bayes）。"贝叶斯遗憾"是一个统计学术语，史密斯对它的定义是"可避免的人类烦恼"。

换句话说，由于选举的结果常常不是绝大多数人满意的人选而让选民们失望，史密斯试图判断选举制度是怎样造成这种结果的。为此，他进行了一系列的电脑模拟选举。在每一次模拟选举中，每个虚拟的选民都会根据自己支持的模拟候选人分配到一定的"效用指标"（由数字表示的幸福程度）。在某些模拟选举中，效用指标完全是随意分配的。在其它一些选举中，选民和候选人被假定同时处于一个充满议题的"空间"里。选民喜欢的是那些跟他们在这些议题的观点上最接近的候选人。

史密斯方法的优点在于，它绕过了关于悖论和投票特性的没完没了的争论。史密斯并没有讨论赢家变输家的悖论有多么糟糕，以及这种情形有多么普遍，而是用电脑随机模拟出上百万种选举中可能出现的情况，并通过计算证明，排序复选制在这些模拟情况中都能产生令人满意的结果，再用这种良好的表现与其它制度相比较。史密斯的模拟试验不但包含了那些人们熟悉的悖论——出现的频率由它们的相关性决定，也包括了尚未被人们发现或命名的悖论。

史密斯研究的目的是找到一种"终极最佳"的制度,它能保证最终获胜的候选人能让最多数的人感到真正满意。每个投票处都装有一台脑波扫描仪。选民们的眼前将迅速闪过每个候选人的形象,与此同时,扫描仪会对他们大脑皮层的神经元细胞进行无损伤地探测,以确定选民看到不同候选人影像时的兴奋程度。这种方法可以自动得出所有选民对每个候选人的精确评分,最后获得最高总分的候选人胜出。可以说,这种投票方式的"贝叶斯遗憾值"为零。

但实际上,任何一种现实的投票制度的遗憾值都大于零。这说明了一个事实,每一种现实的投票制度都可能在某些时候选不出"最好的"候选人。

史密斯后来发现,他并不是第一个使用这种方法的人。只不过较早的研究并没有得出结论。这些研究发现,"最好的"实用的投票制度会随着选民数目、效用指标被分配的方式,以及模拟实验中其它细节的变化而变化。在史密斯的模拟实验中,每一个数据都是至少 1 万次随机试验的平均值。较早期的研究很少涉及到计分投票制。而史密斯做了这样的尝试。他在实验中模拟了 2 到 5 个候选人和 5 到 200 个选民。他让一些选民进行诚实的投票,另一些选民进行策略性投票。史蒂文·布拉姆斯指责他的实验存在漏洞,作为回应,史密斯还添加了一个选民的"无知"要素。他假定选民有时对候选人所知甚少,因而会"不正确地"进行投票。

史密斯进行了 144 次模拟投票实验,使用了各种不同的参数。结果表明,计分投票制在一切实用投票制中是表现最好的。

它具有最低的"遗憾值"(仅次于"终极最佳")。

史密斯的模拟投票传递的信息是,诚实投票具有惊人的价值。当选民们诚实投票时,每一种投票制度"遗憾值"都较低。并且在多数情况下,最终的结果都有大幅度的改善。下面是一张模拟投票的图表,这次模拟投票包括200个选民、5个候选人和2个意识形态的议题。黑色的横杠代表每种投票制的"贝叶斯遗憾值"。每个横杠的左侧代表每个选民诚实投票时该投票制的"遗憾数值"。右侧代表每个选民策略性投票时的"遗憾数值"。请记住,这个图表就像是高尔夫比赛中的分数:得分越低越好。

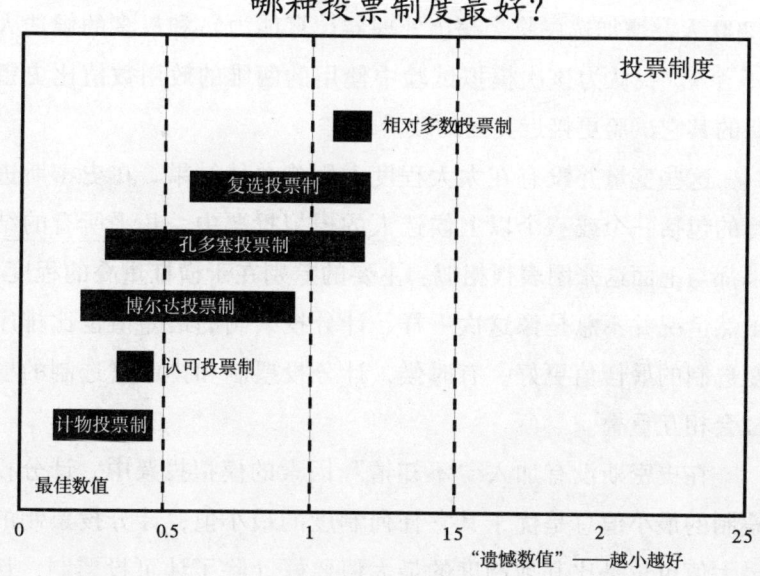

在现实中,一些人将会诚实地投票,另外一些人则会进行策略性投票。因而,每个横杠都显示了每种制度的预期"遗憾"

幅度。尤其是在分级投票制和计分投票制中，诚实投票可以造成巨大的差别。

作为比较，图表也展示了"随机赢家"的制度。在这种情形下，选票被忽略不计，获胜的候选人是被随机选出来的。显然，任何一种投票制度都比这种制度要好得多。

你每次看到一张想要让你相信某种投票制度的表格时，都应该警惕这张图是否是有意挑出来给人看的。我选择这种模拟方式，是否仅仅是为了让计分投票制显示出它的优点？我没有显示的那143次模拟投票有什么不同？

我选择上图的理由是，总体而言它是史密斯进行的最接近现实的一次模拟。它拥有计算机模拟所能处理的最多的选民（200人，增加选民将会超出处理器计算能力）和最多的候选人（5个）。我认为该次模拟试验中使用的两维的效用数值比史密斯的其它试验更接近美国的政治现实。

这些变量并没有在太大程度上影响总体结果。在史密斯进行的包括三个或三个以上候选人的模拟投票中，几乎所有的结果都与上面这张图表很相似。主要的差别在于横杠重叠的程度。虽然情况并不总是像这次一样，计分投票制的最差值也比排序复选制的最佳值更好。有时候，计分投票制和排序复选制的横杠会相互重叠。

在史密斯没有加入"不知情"因素的模拟投票中，计分投票制的最小值总是优于其它任何制度的最小值；计分投票制的最大值也总是比其他制度的最大值要好（除了认可投票制，计分投票制与认可投票制几乎不相上下）。在另几次模拟投票中，史密斯大大增加了选民"不知情"的因素，几乎把选举变成了随机投票。在这几次模拟中,虽然不同投票方式之间的差距减小了很多,总的来说,计分投票制仍然是表现得最好的。计分投票制的优越性是显而易见的。

通过试验,史密斯也发现了其它投票制度一些有趣的特点。如果大部分选民诚实投票,排序复选制的表现会比多数投票制好得多(如果所有选民都进行策略性投票——这种情况不太可能发生——这两种制度的表现会差不多)。人们诚实投票时,孔多塞投票制的表现也会有很大的改善。关于唐纳德·萨里对博尔达计数法的偏爱,这些结果至少提供了一定程度的支持。当每个人都诚实地投票时,博尔达计数法的表现比排序复选制、孔多塞投票制和认可投票制都要好(但仍比不上计分投票制)。

史密斯的模拟投票没有解决的一个问题是,怎样的投票制度才能鼓励人们诚实投票。很多人认为,博尔达计数法的选民往往会比孔多塞制或排序复选制的选民更不诚实。如果真是这样的话,博尔达计数法的平均"遗憾值"就会处于图表横杠的右侧了。

认可投票制横杠的左侧代表"完全诚实"的态度,在这种情形下,人们只认可那些他们认为超过"中间水平"的候选人。诚实的认可投票制的"遗憾值"要低于纯粹的策略性投票,后一种情况中,选民会参考民意测验的结果进行投票。

代表认可投票制和计分投票制的横杠右端的分值(即策略性投票时的得分)恰好是相同的。因为一旦进行策略性投票,这两种制度实际上是一回事。如果在计分投票制中采取策略性投票,选民会给每个候选人要么打 10 分,要么打 0 分(或评分范围内的最高或最低分)。而认可投票制也可被看作是计分投票制的策略性形式,或计分投票制中最简单的一种,认可相当于10分,不认可相当于0分(或评分范围内的最高或最低分)。

基于这样的结论,史密斯认为完整的计分投票制比认可投票制更好。他并不幻想所有的选民都会是诚实的。他说我们能够得到的诚实就已经足够了。一定有些选民会填写诚实的计分选票。为什么要丢弃有用的信息呢?进行诚实投票的人越多,我们就可以期待越好的结果。

我们不难理解,计分投票制为什么表现得这么好。计分投票比排序投票和认可投票制更能让那些诚实的选民准确地表达他们的感受。策略性投票的选票只能告诉你某个选民想要帮助哪个候选人。这就是你从策略性的计分或认可投票中得到的信息。同样重要的是,在选民们进行策略性投票时,这一信息将持续地发挥作用。最多的选民打算"策略性"帮助的候选人必定也是最多人真诚地希望他会获胜的那个人。根据策略性选票中透露的信息,人们就能判断出哪个候选人是最佳选择。在计分或认可投票制中,那个候选人将会胜出。

要判断一张策略性排序选票背后的意图,就要困难得多了。"掩埋"策略会把信息胡乱堆积在一起(例如,共和党人可能会假装喜欢共产党人甚于民主党人)。因此,如果选民有策略地填写排序选票时,博尔达计数法和孔多塞投票制的计票结果往往是没有意义的。这就是所谓的无用输入和无用输出(garbage in garbage out)。

史密斯相信,他的"贝叶斯遗憾值"能直接转化成良好的治理。史密斯宣称,如果我们注意一下代表"随机赢家"、相对多数投票制和计分投票制的横杠,会发现君主政体的世袭制最坏不过相当于"随机赢家"的选举制（君主制甚至会更好一点，因为君主们"从小就接受了统治国家的训练"）。把君主政体转换成民主政体，并采取相对多数投票制，我们大概能将"贝叶斯遗憾值"减半，但依然有很大的改善空间。史密斯最终的结论是，"把'民主政体'的投票制度转换成计分投票制，会是一个比民主政体的产生本身更大的进步。"

没有人知道是谁发明了计分投票制。这种制度并不复杂，曾多次出现在许多不同的文明和社会中。即使用谷歌搜索"计分投票制"，也找不到什么有用的线索。"计分投票"这种叫法是史密斯在2000年发表的论文中首次提出的。他认为计分投票制比人类的历史还要古老。史密斯认为，蜜蜂决定一个新的筑巢地点的办法就相当于一次计分投票。每年春天，蜂群都会派出侦察兵去勘探可能修建新巢穴的地点。当它们回到旧巢时，侦察兵通过跳舞来汇报它们的发现。舞蹈的长度和力量代表侦察兵对该地点的满意程度。

每次舞蹈后都会有新的侦查蜜蜂再次飞到该地点进行检查。它们回来后，又会跳舞汇报。这种侦查通常要进行好几次，被称赞最多的地点会吸引最多的蜜蜂过去查看，它们回巢后又会大加赞扬。最后的结果是平均满意程度最高的地点会被选为筑巢的新地址。

在蜜蜂家族的历史上，史密斯估计曾经发生过的蜜蜂"选举"差不多有10的16次方（1万兆）那么多次。找到最佳的筑巢地点对蜜蜂的生存有着重要的意义。没有哪种简单的办法能更出色地完成这项工作了，能在数百万年自然界的优胜劣汰中生存下来就是证明。根据史密斯的看法，进化历程中从未产生过排序复选制。

计分投票制解决了认可投票制中出现的很多问题（或所谓的问题）。我们看一看萨里和范·纽恩黑森所举的"平庸先生"的例子。1万个选民中有9999人认为候选人A十分出色（诚实的评分是10分），B只不过比一般水平略强（假设诚实的分数是6分），C则非常糟糕（诚实的分数是0分）。其中有一个选民恰恰打了相反的分数——B仍是6分。萨里和范·纽恩黑森担心如果没有准确的民意测验，实际结果是所有这1万个选民都认可了"平庸先生"。那将使他获得1万张选票，从而击败那个几乎获得一致喜爱的候选人A，后者只获得了9999张选票。

如果使用计分投票，只要有三个诚实的选民，就不会出现这种情形。诚实的选民将会给B打6分，而不是10分。那将足以确保平庸的B被受欢迎的A击败，就像大家期望的那样。只要有很少的一部分选民是诚实的，就可以避免产生意外的结果。

佩罗特可能当选总统的例子也与此相似。如果采用计分投票，对佩罗特持有矛盾心态的选民可以放心地给他一个中等的分数，即便这样他也不可能当选。他们不必进行策略性的计算，费力地思考认可他是否"安全"。如果佩罗特获胜，任何有理性的人都不必抱怨他的选票只是"半张选票"。选举的结果（由每个候选人获得的选民总评分统计而出）会清楚地表明为什么佩罗特会击败他的对手，以及他是怎样击败他们的。

罗伯特·韦伯设计认可投票制，部分是为了解决相似候选人的问题。但并不是每个人都相信他解决了这个问题——特别是在选民们没有获得充分信息或表现得不理性的情况下。假设最后一场选举前的民意调查显示，古德尔和奥廷格将得到大约

30%的选票，巴克利将得到40%的选票。如果每个古德尔的选民都认可奥廷格，或者每个奥廷格的选民都认可古德尔，那么自由派就会获胜。因为每个自由派都只会选他自己最喜欢的人。

当通常情况下进行策略投票的选民诚实投票时就会导致这种结果。一个古德尔的选民也许觉得古德尔可以打10分，奥廷格可以打9分，巴克利只有0分。为什么不这样投票呢？这样能阻止巴克利获胜（如果每个自由派选民都采取类似的办法），而且这样投票能表明他的立场，他支持古德尔甚于奥廷格。

如果不想完全诚实地投票，还有另一种办法。给古德尔10分，奥廷格4分，巴克利0分。如果每个自由派选民都给他们第二支持的自由派候选人至少三分之一的最高评分，巴克利就不可能获胜。这种投票方式最大程度地帮助了古德尔（甚于对奥廷格帮助），同时没有让巴克利获胜的危险。

有多少计分投票制的选民会诚实地投票？我们中的大多数人肯定在某个时候认真地考虑过，靠我自己那一票来决定一场大规模的、重要的选举的可能性是极其渺茫的。史密斯举了这样一个例子，如果你的投票决定最终结果的可能性是十亿分之一，同时你会因为投票在时间或交通上损失一块钱，那么只有当你支持的候选人获胜的价值相当于十亿元时，你去投票才是划算的。如果你把选民的花销计算在内，就不会认为他们的投票方式"自私"了。

既然如此，为什么人们还要投票？这个疑问已经为自己赢得了一个名字——选民悖论（不要把它与"投票悖论"混为一谈）。为了保持民主制度的持续运转，我们需要大批民众去投票。然而，这样做并不符合每个人自己的利益。

选民悖论类似于博弈理论家研究的其他问题。这些问题的名字包括,"平民的悲剧"、"志愿者的困境"和"不劳而获者的困境"。这些名字想说明的是,如果足够多的人自愿去做有利于他人的事,那么每个人都会从中得利……问题是那些逃避责任的人也会享受到与志愿者相同的利益。

只要选民有正常思考的能力,投票的原因就是多种多样的。对于某些人来说,投票事关罪恶感。他们已经形成了习惯,不去投票就会感到内疚。对于另一些人,投票具有象征性或近乎于精神层面的意义。投票会让他们觉得自己属于政治进程的一部分,并能由此与比自己的微小利害更重要的事物建立联系。无论出于什么原因,狭隘的个人利益在投票中几乎不起作用。如果了解这一点,选民们会把投票当作一件高尚的、得体的、正直的事情,诚实地填写选票,那或许并不像专家们(经济学家、博弈理论家)想象的那样难以置信。

史密斯在发表于 2000 年的论文中指出,大约有 10% 的选民会投出诚实的计分选票。2004 年的选举日,史密斯、道格拉斯·S·格林和雅克利娜·N·昆塔尔(Smith, Douglas S. Greene, and Jacqueline N. Quintal)对走出投票站的选民进行了民意调查,他们询问选民他们会怎样填写计分选票和认可选票。他们吃惊地发现,在调查中大多数选民显然是诚实地填写了计分选票。这也许并不能预言真正使用计分投票时人们的行为。尽管如此,只要一些人会诚实地投票,计分投票制就将比认可投票制有更大的优势。

让·科克(Jan Kok)无意中读到了史密斯关于投票理论的文章。他指出,计分(和认可)投票制可以在美国目前使用的任何一台投票机器上使用。这一点非常重要,因为投票机器价格高昂。排序复选制和孔多塞制这样的制度需要新的或改良过的投票机器。(投票与民主中心的网站声称,"美国没有任何一台投票机器可以适用于计分投票制的选举"。)

科克意识到,在认可或计分投票制中,可以将每个候选人的选举视作在允许的分数之间进行的一次"相对多数选举"。机器的额外投票检查功能可以确保选民给每个候选人只打了一个分数。计分选票的缺点是它比其他选票更长一些,因为每个候选人下方都有 X 个,而不是只有一个选项。认可投票的选项只有 2 个。如果为了达到真正的精确,计分选票的选项可以达到 100 乃至更多。为了不至过于麻烦,计分选票一般采用较小的评分幅度。如果要检查计分选票,现有的光学扫描仪(这是目前美国最常见的机器类型)不成问题。老式的拉杆投票机器则有些麻烦,或许要给每个选民分配两台或更多的机器。

史密斯建议,如果计分投票制的选民对一个候选人所知甚少,无从打分,可以允许他投"空白"票。"因为我讨厌这个候选人所以给了他 0 分!"和"我根本不了解这个候选人"之间是有(或应该有)区别的。

和互联网投票一样,计分选举的结果以平均评分为准。但空白票不会参加平均分的计算。因此,一个 0 分(或最低分)会降低候选人的评分,而一张空白票则没有影响力。

人们普遍认为,计分投票或认可投票制的选民一定会给他们没听说过的候选人打最低分。对那些得不到媒体关注或支付不起大规模电视竞选广告费用的候选人来说,这是不利的。因此,候选人想要成功,必须迎合富人的特殊利益,听命于他们。

在这种意义上，史密斯的空白投票在一定程度上起到了防止不正当竞选赞助的作用。

另一方面，你也可以说，向人们介绍自己是候选人的工作。如果某个候选人参选后仍不被人们仍所了解，那么他在很大程度上已经失职了。计分投票真正的缺点是"另类电影效应"（cult film effect）。有时候某个候选人就像一部小制作的独立电影，只受到少数观众的注意。尽管它在互联网电影资料库上获得了很高的评分，但这并不意味着它符合大众的口味。

假设我的名字被列在了竞选市长的选票上，但我不进行竞选活动，也拒绝一切媒体的采访要求。我甚至不公开谈论自己的主张。选举那天，几乎所有人都给我投了空白票，他们应该这么做。但是我的 7 个朋友（应我的请求）给我投了 10 分的满分票。这样，我得到了一个完美的 10 分平均分，我成为了最终的获胜者。

史密斯的补救办法是规定每个候选人必须得到一定比例以上的非空白投票。你也许会说 50% 是一个合适的门槛。但事实上，媒体往往会消解掉"另类电影效应"。民意调查会发现每一匹可能爆冷的黑马，接着所有的媒体都会对此人进行大量的追踪报道。到了选举日，每个人都已经听说过这个候选人并能给他评分了。

最让人惊讶的是，迄今为止似乎还没人发现计分投票制有什么致命的缺陷。对于这种投票方式的主要顾虑是它很麻烦。华盛顿州塔科马市新闻论坛的 BBS 上，有一张宣传海报指出，计分投票制"过分且没有必要的复杂"，认为"只有麻省理工学院的数学天才，才会把这么复杂的制度塞给许多甚至连支票簿都不会使用的民众"。斯蒂文·布拉姆斯对计分投票制也持类似的保留意见。布拉姆斯告诉史密斯，很多选民甚至不知道谁是副总统。这样一些人给出的分数会不会有些荒唐？

值得注意的是，"我漂亮吗?"网站的创始人詹姆斯·康和吉姆·杨选择计分投票制的理由是它的速度。他们希望网站的访问者尽可能快地给照片打分。允许访问者直接打分能大大地增加评分的人数，这样，每张照片的评分都会显得可信。——"这是一种群众智慧，"康说，"我们发现，吸引访问者最有效的办法就是尽量降低投票的难度。"

詹姆斯·康和吉姆·杨最初考虑，让访问者在电脑随机选出的两张照片中挑选自己比较喜欢的那张，获胜的照片将会赢得一定的分数。从宽泛的角度看，这种方法有些类似博尔达计数法（在真正的博尔达计数法投票中，每当选民把一个候选人排在对手之上时，该候选人就能得到一分。无疑，没有哪个"以貌取人"的选民能把网站上的数百万张照片全都进行比较。不过，许多随机访问者给许多随机照片进行排序的总的效果是类似的）。然而，当展示的两张照片的吸引力恰好大致相当时，"人们会盯着照片，不知道该怎么办"，康说，"他们会难以做出决定。"

康和杨也考虑了一种简单的"漂亮"或"不漂亮"的投票方式。这种方式是针对单独照片的。这相当于一种认可投票。这种情况下，"平均水平"的照片会使速度变慢。人们不得不思考到底该点击"漂亮"还是"不漂亮"。而计分投票的速度最快。它似乎更不需要思考。"有时人们甚至不能说出确切的数字，"康解释道，"对相貌的判断是一种感觉，人们更愿意使用横杠:'啊哈,差不多是到这儿吧。'他们把光标放在感觉恰当的位置,然后点击下去。"

的确,有人抱怨"以貌取人"网站愚蠢、肤浅、还带有性别歧视。但没有人认为它难以理解。YouTube、亚马逊和所有其它网站上的评分方式似乎也都不让人觉得麻烦。

奥林匹克运动会的裁判方式也能说明计分制比排序要更简单。裁判举起的卡片上的数字(不管怎样,在漫画上是这样表现的)就是计分投票。这些数字只是供裁判参考。分数将会被转换成排名,运动员最终的成绩取决于排名(偶尔也会产生排名改变的情况)。裁判会首先给选手一个分数,因为打分可以立刻完成。如果进行排序,裁判必须不断地调整数字,确保每个名次上只有一个运动员或候选人。当同时有很多竞争者的时候,这么做会是极端复杂的。

我猜想,认为打分"麻烦"的真正原因是数字恐惧症。打个勾是简单的,数字则是麻烦的。涉及的数字越多,似乎麻烦就越大。

如果说简单性最重要,认可投票制无疑是最佳选择。即便它的支持者如此期望,认可投票制禅学般的简单也并没有成为卖点。伯克利的叶家平的经历显示,投票制度的早期采用者最希望的事情是表达自己的意愿。在这一点上,相较于认可投票或排序投票,计分投票能提供更大的灵活性。

计分选票上分数的范围和这种选票本身的类型都有很大的差异。有些人或许更习惯给候选人打类似于成绩单上的字母分数(A、B、C、D、F),而不是数字分数。亚马逊和互联网电影资料库并不太重视数字。你只需移动光标,点击你认可的星数,就足以表明态度了。

在 2004 年的选举后民调中,史密斯和格林请选民们按满分为 100 分的标准给候选人打分。100 分大概是任何严肃的人可能提出的最大分值了。"在我们开始之前,"史密斯说,"一些自称是评论家的人告诉我们,0 到 100 的区间太大了,让选民在这么大的范围中进行选择是愚蠢的。他们认为 0 到 10 或 0 到 5 要'简单'得多,选民依然可以清楚地表达自己的愿望。"史密斯和格林发现,大多数选民给的评分都基于 10 的倍数。这间接表明了大多数人会乐于接受 0 到 10 分的评分幅度。少数选民确实是按照满分为 10 分来打分的。譬如,一个选民只给拉尔夫·纳德打了 100 分中的 1 分。

D. S. 费尔森塔尔、克劳德·希林格和迈克·奥西坡夫(D. S. Felsenthal, Claude Hillinger, and Mike Ossipoff)提出了一种三值的投票制,叫做"可评估投票制"。这种制度只有三个选项:-1、0 和 +1。从数学上说,这跟选项为 0、1 和 2 分的投票没什么两样。但一些人喜欢享受给温特格林投一张负数票所带来的精神满足。eBay 网的评分体系也与此类似,在交易完成之后,eBay 网会让网上的买家和卖家给彼此打分。三个选项分别是"肯定的"、"否定的"和"中立的"(这并不完全是可评估投票制,因为 eBay 在计算分数时会忽略中立票。因此,这实际上是包括弃权选项的认可投票制)。

史密斯引用了阿尔伯特·爱因斯坦的话:"应该尽可能简单地做每件事,但不能过于简单。"每次选举中我们所做的选择都是重要的。如果需要的话,它们值得我们稍微多付出一点努力。

你也许已经注意到了某件极不寻常的事。不可能性定理的创建是一项足以获得诺贝尔奖的成就。然而，詹姆斯·康和吉姆·杨在喝掉几杯饮料的过程中就（重新）想出了计分投票制。这说明计分投票无处不在，是流行文化天然的组成部分，与满分10分和五星级餐馆一样让人熟悉。

这样一种简单的解决方案却被历代最优秀和出色的投票理论家忽略了，究竟是怎么一回事？

第十五章 在场但不投票

在虚构的纪录片《摇滚万岁》（*This is Spinal Tap*，1984 年发行）中，同样是虚构出来的摇滚歌手奈杰尔·塔夫内尔（Nigel Tufnel，由克里斯托弗·格斯特［Christopher Guest］扮演）说，他的摇滚乐队是英国音量最大的乐队。他将之归功于他的马歇尔牌扩音器。这种扩音器音量调节的最大值达到了 11，而不是通常的 10。

"这意味着它的声音更大？它的声音更大吗？"电影制片人马蒂·迪布吉（Marty DiBergi，同样是虚构的角色，由罗伯·赖纳［Rob Reiner］扮演）问道。

"哦，当然，它要高一个音量级，难道不是吗？"奈杰尔说。

"为什么你不把 10 设为最高的音量级，让它发出更大的声音呢？"

（意味深长的停顿）"它们必须达到 11。"

在《摇滚万岁》中，虚构和现实已经混到了一起。马歇尔开始销售最大值达到 11 的扩音器音量调节面板。1990 年，马歇尔开始使用一种最大值达到 20 的新型扩音器。《摇滚万岁》中的演员们会以电影中的身份不时地参加一些音乐会。马歇尔送给"奈杰尔"（即克里斯托弗·格斯特）一台特殊的扩音器，它的音量调节值达到了无限级。

《摇滚万岁》中"11级"的笑话恰好可以概括有关计分投票制和不可能性定理的争论。问题的关键在于动态分值。每个选民都想让自己的声音听起来最响亮。策略性选民对着已经被调到最大音量的扩音器大喊大叫（同时开启了失真功能）。但由自己设定的"响度"数值是毫无意义的……是这样吗？

事实上，排序和打分制度都允许选民自由地给候选人打分。然而，人们似乎总觉得数字的评分比排序更有可能"撒谎"。自己设定的分数就更不靠谱了。

尽管如此，采用数字评分在经济哲学中有很长的历史。20世纪70年代晚期，阿玛蒂亚·森（当时住在牛津的查尔斯·道奇森的旧宅中）曾经对投票理论的历史做过粗略的概述。他发现投票理论有两个不同的源头，各有大约200年的历史。第一派是排序投票的理论，其起源可以从阿罗、道奇森一直追溯到博尔达和孔多塞。第二派理论的源头是由英国人杰里米·边沁（Jeremy Bentham，1749年—1832年）提出的功利主义哲学。

边沁是启蒙时代最重要的思想家之一，他和孔多赛支持的是同一套个人自由的理论。边沁的功利主义认为，能够保证绝大多数人幸福的选择才是社会的最佳选择。边沁宣称，应该把所有公民的幸福累加起来，作为一个整体，并由此决定采取怎样的政策。

边沁对投票方法有些兴趣，但是他并没有详细地描述如今被叫做"功利主义投票"的方法。这种方法要求选民给每个候选人打一个分数，这个分数表示他对该候选人的满意程度。把所有的分数加起来，获得最高分的候选人就是获胜者。

从理论上来说，功利主义投票制是我们所能要求的最好制度。可一旦付诸实践，就是另一种情况了。谁能保证，选民们会仅仅由于珍惜自己的荣誉就诚实地打分呢？很容易想象最后会有什么结果。这种选举将成为一场看谁能在选票上写下最大的数字的竞赛。

最简单的解决办法是把分数限制在一个固定的范围之内。我们可以做出规定，允许给出的最低分是 0 分，最高分是 10 分。任何人都不能打 11 分！这实质上就是计分投票制。可是，20 世纪 70 年代之前，这个问题的拼图一直缺少了它至关重要的一块——认可投票制。

计分投票制中的策略性选民所投出的选票相当于一张认可选票（因为策略性选民不是打最高分就是打最低分）。这并不要紧。认可投票制对于策略性选民来说是最好的制度，对诚实的选民来说也依然是一个有吸引力的选择。不用担心计分投票制中的选民会进行策略性投票。即使他们这么做了，也不会因此改变投票的结果，如果他们不这么做，那就更好。

边沁的临终遗愿是把自己的尸体保存下来，作为模型供后世的学生瞻仰。他的身体保存在伦敦大学学院的一个玻璃柜中，人们今天还可以看到它（但脑袋是用蜡做的。真正的脑袋在防腐处理的过程中被损坏了）。边沁偶尔会坐车去参加大学的聚会，登记名单上对他的记录是"在场但不投票"。

在数百年的经济学理论中，人们一直可以看到边沁的影子。"这么多年以来，在福利经济学的所有实施办法中，功利主义受到的支持最多。"阿玛蒂亚·森写道。边沁的哲学已经成了全世界世俗社会的信条（无论它表达得是否清楚）。为了证明各自政策的合理性，保守派和自由派都许诺他们会创造最大的公共利益。

尽管如此，功利主义在20世纪的学术圈中却并不那么受欢迎。在《社会选择和个人价值观》的第二章开头，我们就能隐约地找到这种暗示。阿罗写道："要知道，人与人之间效用值的比较是没有意义的。人们都知道与此有关的争议，无需在此赘言了。"

但今天的人们已经不太熟悉这一议题了。阿罗指的是莱昂内尔·罗宾斯（Lionel Robbins，1898年—1984年），罗宾斯是伦敦经济学院一位有巨大影响力的经济学家。面对日益高涨的要求采取中央计划的呼声，罗宾斯于1932年出版了《论经济学的性质和意义》，试图为市场经济进行辩护。罗宾斯对计划经济的主张予以了巧妙地驳斥。他设定了这样的前提，经济学是一种对行为的研究，而不是任何别的东西。

举例说明：我在 eBay 上销售作为收藏品的日本漫画午餐盒。我认为它值1000块钱。但最高的出价只是37美分。这个午餐盒的实际价值是多少呢？罗宾斯会说，我们必须观察人们的实际行动，而不是语言。卖家会漫天要价，买家会就地还钱。只有成交以后，我们才能了解情况。如果你出价15元，我说"成交"，这说明你更愿意口袋里装进15块钱，而不是留着那个午餐盒。而我的愿望正好相反。但我们不知道这次交易让谁更感到幸福，以及双方的幸福程度究竟有多大。幸福只是一种含糊的价值判断标准，因此罗宾斯想把它从经济学中剔除出去。在优先选择上经济学家只用考虑："我喜欢 A 超过了 B。"用经济学家的话来说,对幸福程度的比较相当于"人与人之间效用值的比较",无疑也是应该被禁止的。

慕尼黑大学的克劳德·希林格认为,对于一代西方经济学家来说,罗宾斯的这本书就是"一部关于方法论的圣经"。罗宾斯的做法是把精明的经验主义和最新的潮流结合起来。人们只会用今天的交易(它是市场经济的外在表现)来预测未来的交易。没有必要去深入探究消费者和生产者的心理。紧随潮流之处在于,罗宾斯把经济学和其它领域最新的先锋派发展联系到了一起,如心理学中的行为学派、物理学中的新量子论。罗宾斯否认存在"隐藏的变量",用它可以对经济学进行合理的、符合人们惯性思维的解释。虽然理由各异,这一时期新涌现出来的理论都喜欢采取不可知论的姿态,质疑原先被认为是理所当然的事情。

在关于集体主义的讨论中,这种新经济学的理论同样被证明是有用的。计划经济的策划者,无论是左派还是右派,争论时使用的都是实用主义的理论。左派认为,很明显,福利事业上的一镑投入对穷人的帮助要甚于一镑的额外税收对富人造成的损害。而右派的观点是,我们比人民知道得更清楚,预算应该花费在大炮而不是黄油上。罗宾斯用一种聪明的方式告诉我们,做事情不要太着急,因为没人知道究竟什么能让人幸福。

罗宾斯没有提到投票。从某个重要的方面来看,罗宾斯的办法可能不适用于投票。人们很难在交易中掩饰自己真正的喜好。除非我真的需要 15 块钱,否则我不会把我的午餐盒卖这个价。但投票不一样:它真的会变成不诚实的无底洞。一个狡猾的博尔达计数法选民有可能把纳粹分子排列在共和党人之上,但这并不意味着她会因此而生活在纳粹的统治下。事实上，作为一个策略性投票者，她一定非常确信这种事情不会发生。

阿罗非常清楚地知道，除了排序投票之外，还有别的投票办法。实际上，在《社会选择和个人价值观》一书中，他用了几页纸来论述"计分投票制"（书中使用并不是这个名称）。这是一个让他感到纠结的投票方式，但最终还是被他放弃了。

阿罗提出"让效用值 1 代表最好的选项，0 代表最差的选项"，其它选项的分数依照比例介于 0 和 1 之间。这种规定符合计分投票制的条件。"显而易见，如此狭窄的效用值范围是很不令人满意的。"阿罗写道。

假定总共有三个选项和三个投票者。其中的两个人给选项 x 打 1 分，给 y 打 0.9 分，z 打 0 分。第三个人给选项 x、y、z 的分数分别是 0.5 分、1 分和 0 分。根据以上的评分，y 的总得分值要高于 x 的总得分值。显然，z 是一个非常不受欢迎的选项，因为每个人都认为它是最糟糕的。如果将 z 从选项中除去，最终结果也不应该有什么变化。然而，根据给选项评定效用值的规定，这样做将会使前两个投票者将 x 评为 1 分，y 评为 0 分。而第三个投票者将 x 评为 0 分，y 评为 1 分。这样一来，效用值总和结果会让 x 排在 y 的前面，顺序就发生了逆转。

这段文字打击了好几代社会选择理论家探究计分投票制的热情。它给人造成了这样的印象，阿罗已经率先到达了目的地，并完成了所有的工作。他证实了计分投票制与排序投票制一样，都容易受"不相干选项"的影响。然而,克劳德·希林格从这段文字中看出了"阿罗的著作以及源自于阿罗观点的集体选择理论中的一个根本性盲点"。

如果仔细地分析,阿罗描述的逆转与我在本书前文中举的例子相比,后果远远没有那么严重。阿罗的例子中,两个"优质的"相似候选人(x 和 y)几乎势均力敌。还有一个人人都不喜欢的"糟糕的"第三候选人(z)。此时,我们最担心的是相似候选人会分散选票,导致不受欢迎的候选人当选。但在阿罗的例子中,这种情况并没有发生。计分投票制出色地通过了相似候选人可能分散选票的考验。

但阿罗的重点不在于此。起初,选民们最大限度地发挥了他们的选票的效用,确保那个糟糕的 z 不会获胜。当 z 被淘汰之后,他们面对的政治形势发生了改变。三个选民都策略性地调整了他们的选票来帮助他们最喜欢的候选人。重新打分导致相似的候选人 x 而不是之前的 y 获胜。即便没有人改变自己原先对候选人的排名,最终的结果还是发生了逆转。

确实如此。不过,三个投票者都更改了自己原先所打的分数。在计分投票制中,统计的是分数而不是排名。

因此,希林格和史密斯觉得,我们有必要针对计分投票制设计一套新的"不相干选项的独立性"标准。修改后的标准将规定,选举的结果只取决于选民给 x 和 y 打的分数,而不是任何其他的因素。计分投票制确实遵循了这一点。如果 z 被淘汰之后,选民不改变他们给 x 和 y 打的分数,最后的结果将保持不变。

阿罗举的 x、y、z 的例子真正想要说明的是,策略性投票有可能改变计分投票的结果。当然，这个例子也同样适用于排序投票。阿罗评论道，"结果的改变似乎要归咎于评分时使用的特殊的分值。但事实并非如此，只是在其它情况下，悖论没有这么明显。"在1967年的一次座谈会上，保罗·塞缪尔森重复了这种观点。他说，事实证明，阿罗式的不可能性定理是能够解释计分投票制的。

塞缪尔森得出这个结论，一定是参考了阿罗最初关于"排序投票制度的顺利运作必须以不相干选项为前提"的论证。尽管如此，只要一个小小的改变，计分投票制就能满足阿罗的所有条件了。希林格说："这些条件与计分投票制的定义之间并不存在明显的联系。"

沃伦·史密斯认为，阿罗最初提出的不相干选项的独立性并不是在任何时候都必须遵守。这就像是一种新的投票方案，它看上去好像满足了每个人的愿望，但实际上却可能导致某种严重的后果。我们通常认为，不相干选项的独立性可以防止搅局者效应。大概谁都不会反对这一点。但是读一下细则你会发现，涉及到不相干选项的独立性的内容比涉及搅局者的还要多。不相干选项的独立性的观点是，候选人A是否能击败候选人B只取决于选民对他俩的排序，但这意味着我们必须消除替候选人排序之外的一切想法。很多时候这种限制条件是不可能的。

阿玛蒂亚·森和约翰·哈萨尼（John Harsanyi，两个人都是诺贝尔奖获得者）与阿罗关系密切，这两位学者都认为对个体的效用进行比较是有必要的。森举的一个例子是尼禄焚烧罗马。暴君在烧掉腐化的罗马城后获得的快乐无论如何都不可能超过大火给民众带来的痛苦。的确，每个人都知道这一点，它体现

第十五章 在场但不投票

的就是"个体间效用的比较"。谁会说我们不该做这样的比较呢？

20世纪50年代，哈萨尼对功利主义进行了一种现代的表述，用来代替原有的罗宾斯架构。"哈萨尼的公理是抽象的，他的讨论也是在同样抽象的哲学层面进行的。"克劳德·希林格在一篇发表于2006年的论文中写道，"他没有谈论任何应用方面的问题。对于我来说，投票理论是一门实践的科学。必须给选民一个数字的范围……与其它普通的评估形式一样，不应该限制选民对选项进行许可范围之内的评分。具体来说，选民必须拥有对他同等看待的选项给出相同分数的自由。"

森认为阿罗的定理显示了"功利主义容易满足的某些条件……而在任何将社会次序建立在个人次序之上的规则下，这些条件就不可能实现"。这段话既然出自一个最权威的社会选择理论家，人们或许有必要给予评分制度更多的关注。

然而这些观点几乎没有任何明显的效果。几乎所有的投票理论都是根据排序制以及关于排序制缺陷的研究确立起来的。这就像一个人们常用来形容皮肤病的老笑话。的确，皮肤病是医学中一个重要的门类，因为"病人"从不死亡，也从不好转。"承认简单解决办法的存在，"希林格暗示说，"将会不利于这个学科本身的存在。"

在很大程度上，计分投票制仍然是社会选择理论中的"边缘存在"，只能偷偷摸摸地发表意见。史密斯2000年的一篇没有在正式杂志上发表的重要论文就是最明显的例子。史密斯把这篇文章贴到自己的主页上，还加上了计算机编码，这样别人就可以重复他的模拟试验了。这篇文章引起了广泛的注意，并由此引发了一场支持计分投票制的草根运动。然而，大部分赞同这篇文章的人或许是普通的民众，而不是学术圈内研究投票理论的人。"唐纳德·萨里总在对我进行攻击，叫我傻瓜。"史密斯干巴巴地说。（两人彼此厌恶："可以说萨里生活在一个数学的世界中，"史密斯说，"不过它跟我们所处的现实世界不一样。"）

"起初，我想把它发表在集体选择领域的专门期刊上。"克劳德·希林格这样说到他关于计分投票制的文章，"但是我的希望落空了。评审甚至连内容都没看就拒绝了我的文章。于是，我又把它投给《经纪人》杂志，那是我过去的一个学生曼弗雷德·霍勒（Manfred Holler）创办的。为了让这篇文章通过评审，霍勒和现在的编辑做出了很大的努力。他们告诉我，一些评审的报告近乎谩骂——这些意见他们并没有给我看。有一篇转发给我的评审报告让我觉得颇为有趣，它建议我最好先读一下卢斯和雷法（Luce and Raiffa）关于投票的著名入门书籍（指的是他们1957年出版的《博弈与决策》），弄清楚究竟什么是投票！"斯蒂文·布拉姆斯是一个例外："他态度友好，给了我很大的帮助。"

希林格的"功利主义投票的案例"到底还是在2005年发表了。尽管只有少量质量不一的文章介绍计分投票制，但已经为这种制度吸引了一批为数不少的支持者。迈克·奥西坡夫和福里斯特·西蒙斯（Mike Ossipoff and Forest Simmons）是网络上讨论选举方法的活跃分子，他们都支持计分投票制。"我能看出来，计分投票制（和认可投票制）具有同样的基本理念，并在此基础上进行了改善，成为历史上第一种能够准确衡量选民愿望的公平的投票方式。"盖伊·奥特维尔写道。但奥特维尔也是一个圈外人,在社会选择理论的学术圈中并没有什么地位。

"从解决社会问题的角度来看,那些专家们表面上正在进行关于集体选择的研究,实际上却完全没有起到作用。"希林格所说的"社会问题"当然就是指如何让选举变得更公平。要想解决这个问题,就必须了解阿罗定理本身的意义,以及人们对该理论的理解之间的差异。不可能性定理就像是立在薄薄的刀刃上,随时都有可能偏离真理。如果完全按照阿罗的条件来限制投票,就不可能达成理性的民主。如果放下对排序方式的执着,生活反而会容易得多。

那么,不可能性定理到底想说明什么?史密斯和希林格的答案跟一向流行的悲观解释并无多大的不同。不可能性定理所传达的信息就是不要使用排序投票制度。

"现在有两扇门,一扇门开着,通向社会选择。"希林格说,"而另一扇门……是关闭的。人们本来以为那些选择理论家会穿过打开的门,他们却偏要把脑袋往关着的门上撞。"

现实篇

第十六章 民主政体的理想状况

2000年选举的前几天,斯蒂文·布拉姆斯告诉《高等教育记事》:"在一定程度上,我希望2000年的总统选举将会产生一个让很多人失望的结果。这有助于展示我们的制度的脆弱性。"

布拉姆斯的愿望成为了现实。但这次"令人失望的选举"对认可投票和计分投票并没有多大帮助。"在问题出现以前,人们对相对多数投票制是满意的,"罗伯特·韦伯说,"到最后,要解决问题已经来不及了——而且获胜者希望不满的声音慢慢平息下去。"

意识到现有制度的缺陷就像一把双刃剑。在美国,只有蓝色的一半(指民主党人)有耐心倾听搅局者效应的解决办法。布拉姆斯问我,如果2000年的大选都不能让人们对新的投票制度产生兴趣,还有什么能做到这一点呢?他只是抛出了这个问题,自己没有回答。

盖伊·奥特维尔写过一篇详细介绍认可投票制的文章《投票的算术》,2001年3月,夏威夷大学的约翰·弗拉尼根(John Flanigan)把它的复印件寄给了美国所有的参议员和众议员。弗拉尼根的兄弟迈克曾担任过议员的助手。他提醒约翰,无论一项提议有多么好,如果不能吸引大笔捐款,国会议员通常也是不会关注的。"我们立刻就收到了来自我们自己州的参议员办公室的回信——当然是议员的助手替其回复的。"弗拉尼根说,"阿卡卡参议员的助手写的那封信十分客气。伊诺威参议员的助手读了那本小册子,并谈了自己对它的看法,承诺会向参议员提到它。"可接下来什么结果也没有。

2000年选举的结果实际上已经推动了一种投票制度的发展。这在很大程度上要归功于罗布·里奇与他创办的组织的努力,该组织的名字是"公平投票:投票和民主中心"。

里奇算是华盛顿的"珍稀人种"①,于1962年出生在华盛顿的一个政治世家中。这个家族的传统是坚持改革投票制度。里奇的叔伯祖父是乔治·H.哈利特,此人是如今已经不复存在的比例代表制同盟的主席。哈利特住在纽约,在20世纪30年代支持该市采用比例代表制,他活了足够的年岁,亲眼目睹了比例代表制运动在冷战时代是如何衰落的。

在哈弗福德学院接受了哲学教育之后,里奇开始帮助约琳·翁泽尔德(Jolene Unsoeld)竞选国会的议员席位,翁泽尔德是一个自由派民主党人,代表华盛顿州的蓝领阶层。在此期间,里奇和同一个竞选班子里的同事辛西娅·特雷尔(Cynthia Terrell,如今成了他的妻子)创建了一个名为"比例代表制公民"的团体。这似乎是比例代表制在美国大有希望的一个复兴时期。1991年,辛辛那提决定投票表决是否采用比例代表制。辛辛那提是曾经一度使用过比例代表制的城市,只不过在1955

---

① 指有政治背景的人,往往出身于政治世家。

年又放弃了。里奇和特雷尔专门赶到辛辛那提参加了投票。比例代表制没能通过这次公民表决，但这次公决促成了1992年6月一场关于比例代表制的会议在辛辛那提的召开。里奇和特雷尔跟其他几个倡导者共同创办了一个同样叫做"比例代表制公民"的全国性组织。里奇担任会长。前众议员和总统候选人约翰·安德森被任命为顾问委员会的主席。

这个组织经受过一次严峻的考验。1993年夏天，比尔·克林顿提名哈佛教授拉尼·吉尼尔（Lani Guinier）担任司法部民权司的司长。吉尼尔支持比例代表制，尤其是一种被叫做累积投票的制度。吉尼尔本人具有牙买加和犹太血统，她在文章中宣称，比例代表制能为少数民族争取更大的权力。

吉尼尔的做法激怒了一些保守派人士。克林特·波力克（Clint Bolick）在《华尔街日报》上撰文，把吉尼尔称为"配额女王"。和校园中的情形类似，一旦你被人起了一个容易记住的绰号，你就很难摆脱它了。吉尼尔其实是特别反对配额制的。当她辩称自己观点遭到歪曲时，《纽约邮报》这样评论："难以置信，一个拥有'配额女王'称号的女人说她不赞成配额制。"

与吉尼尔的论战使比例代表制受到的媒体关注或许比过去几十年间的还要多。几乎所有关于比例代表制的报道都是负面的。共和党人曾经支持比例代表制这件事早就被遗忘了。甚至民主党人也认为，克林顿又犯了自由主义的老毛病。有人猜测克林顿的新顾问戴维·格根（David Gergen，一个共和党人）会建议他尽快撤回对吉尼尔的提名。事实上，克林顿正是这么做的。

在提名风波以前，正好在疯牛病流行期间，里奇的组织开了一家牛排餐厅。"我们不得不换个名字。"他说,"因为人们会说,'哦,我知道你的目的是什么,我不喜欢它。'"该组织开始称自己为"投票和民主中心"。不久前,他们为这个名称加了一个简短的前缀"公平投票"。

新名字会引导人们把注意力放在更广泛的目标上。里奇把更多精力转移到诸如总统的直接民选、受宪法保护的投票权、普遍的选民登记和排序复选制这样的改革上。"起初我们并不重视排序复选制,"里奇回忆道,"1992年,约翰·安德森在《纽约时报》上刊登了一篇关于排序复选制和佩罗特参加总统竞选的文章。接下来,我们对排序复选制进行了更多的介绍,它们在人群中引起了共鸣。许多人说,'哦,我想为此做点什么。'到了1997年或1998年,我们发现确实可以在州立法机构的选举中采取排序复选制。1999年,从报纸的特刊上第一次了解到这种制度的18个月以后,新墨西哥州的州参议院通过了使用排序复选制的提案。"

接下来就是2000年的大选。"我认为阿尔·戈尔会输掉普选,但在选举团的投票中是占有优势的。"里奇说,"如果真的发生了这种情况,共和党人将愿意改变现有的制度,民主党人或许也会赞成,我们也许真的能看到,人们推动一项要求直接普选的宪法修正案。而我过去担心他们会推动一个相对多数投票制的宪法修正案。"

里奇的预测完全错了。戈尔在普选中获胜,却输掉了选举团的投票。这场选举成为排序复选制最好的宣传口号(对于民主党人和绿党成员来说)。如果采用排序复选制,纳德的选票(以及所有第三党的选票)将会按照选票上的次序重新分配给戈尔和布什。如果那样，戈尔很有可能已经当选了。里奇在 CNN、Fox 和 CSPAN 的访谈节目上大谈排序复选制的好处。《华尔街日报》、《洛杉矶时报》和《美国国会季刊》均大幅引用他和"投票与民主中心"其他核心成员的讲话。

"我想这样的宣传对我们是有帮助的，但它也让人们的观点变得更加对立。"里奇谈到他们使用的闪电宣传战时说，"它能帮助排序复选制在马里兰的塔科马帕克、伯克利和佛蒙特州的伯灵顿获得通过，但是如果我们想在华盛顿州的皮尔斯县、堪萨斯州以及别的什么地方取得同样的成果，就必须得到更大范围的支持。"

"投票和民主中心"过去主要依赖自由派的赞助（乔治·索罗斯［George Soros］的"开放社会学会"和斯图尔特·R. 莫特［Stewart R. Mott］的"慈善信托"是他们早期的支持者）。2000 年的宣传为它们带来了更多左派的资金，"中心"也由此稍微扩大了自己的规模。"公平投票：投票和民主中心"如今开设了自己的网站，提供大量的信息并及时对信息进行更新。网站的内容包括最近的重大新闻、中心员工的博客和一篇马皮兹公司采用排序复选制选出 CEO 的专题报道。中心已经为排序复选制争取到了一些让人印象深刻的支持。约翰·麦凯恩（John Mccain）参议员在阿拉斯加州的一次集会中赞扬了排序复选制。佛蒙特州的前州长霍华德·迪安（Howard Dean）在争取民主党提名的活动中，也表达了对于排序复选制的支持（迪安的合伙人特里·布里克斯［Terry Bouricius］如今是"公平选举中心"的工作人员）。巴拉克·奥巴马（Barack Obama）参议员在伊利诺伊州提出了一个建议采用排序复选制的议案。

排序复选制已经得到了以下团体和个人的支持：美国妇女选民同盟、拉尼·吉尼尔、塞拉俱乐部、《今日美国》和《哈佛大学日报》、阿拉斯加州的共和党、加利福尼亚州、科罗拉多州、缅因州和马萨诸塞州的改革党、绿党、自由意志党和民主党。甚至连拉尔夫·纳德尔也对排序复选制表示支持，这有点像螺旋菌向青霉素展示热情。"我赞成试试它，"2002 年纳德尔对《时代》杂志说，"但没人知道它是否会真的奏效。"

这么说似乎有点不公平。世界各地都在采用排序复选制。中心宣布 2001 年是"排序复选制最成功的一年"。国会和 12 个州都通过了采用排序复选制的立法。普通民众对采用排序复选制的诉求背后往往可以看到中心的影子。到目前为止，中心所获得的一项最重大的胜利是 2002 年旧金山的一次全民表决，这次公决通过了要求市级选举中采用排序复选制的提案。2004 年，伯克利、伯灵顿和密歇根州的芬代尔采用了排序复选制。2006 年是另一个丰收年。北卡罗来纳州的州长迈克尔·伊斯利（Michael Easley）签署了一份最终成为法律的议案，该议案规定在州和地方的选举中逐步采用排序复选制。2006 年秋天，明尼阿波利斯、加利福尼亚州的奥克兰和华盛顿州的皮尔斯县针对排序复选制的提案进行公民投票，加利福尼亚州的戴维斯对比例代表制的提案进行公民投票，中心都给予了大力支持。这四个提案都获得了通过（奥克兰的提案获得了让人印象深刻的 69% 的选票）。

在全国范围内推动排序复选制的活动已经出现了。众议员小耶西·杰克逊（Jesse Jackson）是伊利诺伊州的民主党人，他在 2004 年提出了《多数投票》法案，该法案要求所有的州都在联邦职位的选举中采用排序复选制。支持者们宣称排序复选制是一种不可避免的趋势。"公平投票中心"使用的口号是"民主的未来方式"。排序复选制被认为是时髦和体现未来趋势的（还带几分自由主义色彩）——相当于投票制度中的普锐斯车型。

伊万·施坦格（Ivan Stang）写道："所谓的异端，实际是指某个几乎所有信仰都与你相同的人。这种人是必须消灭的。"这正是许多投票理论家对待罗布·里奇和他的中心的态度。事实上，几乎每个理论家都相信排序复选制是一种真正的改善，但几乎没有人认为它是最好的投票方式。因此里奇成了众矢之的。

"从某种角度看，他们是正确的。"唐纳德·萨里说——他指的是里奇的中心和排序复选制——"在此基础上他们建立了自己的声誉"。克劳德·希林格则这么说："让我不安的是，这个问题对民主政体的运作是如此重要，但比起真正的治疗方法，人们总是更愿意相信包治百病的'万灵丹'"，他在中心的网页上指出："在支持排序复选制的辩词中，我没能找到任何理性的或有科学依据的观点。"

然后是资金的问题。里奇能得到赞助，而学者们没有。"我试图募集一些资金，但迄今为止仍没有什么进展。"沃伦·史密斯说，他一直在努力推动在公共选举中采用计分投票制。"而我们的对手——投票和民主中心，几乎每年都有50万美元来进行虚假的宣传"。

许多理论家说，里奇即是富有的里奇①，一个非盈利组织原

---

① 英文中'富有'和里奇发音相同。——译者注

本贫穷的小字辈,现在却有大笔的资金来推广一种"错误的"投票制度。即使是圆滑的斯蒂文·布拉姆斯和彼得·菲什伯恩,也不得不带有几分嫉妒地承认,里奇的中心"确实拥有其他学者所无法比拟的人力和财力资源"。

华盛顿到处都是非营利性组织的总部,其中许多都有大理石的门厅、屋顶直升飞机停机坪和带有私人淋浴间的办公室。与之相比,投票和民主中心不过是小本经营的买卖。它只是占据了郊外毫无特色的某幢商务楼的若干个狭小的办公间。中心现在大约有7个工作人员,在夏季还会增添几个实习的大学生。看起来似乎没有大量增加雇员的迹象。里奇承认他拖欠一些雇员应得的薪水。

沃伦·史密斯的计算机模拟试验显示,排序复选制并不是最好的制度,但比我们目前使用的制度要好(假如一部分选民是诚实的)。近来许多社区选举的实例证明,如果能用一次排序复选制选举代替原本需要两次的相对多数投票制选举,人们更愿意使用排序复选制。在这些例子中,排序复选制既能减少花销,又能确保最大程度的选民参与。还有什么不满的呢?

"这个周末我刚上过一个计分投票制的网站,"里奇说,"里面有一群数学狂热爱好者。他们经常会无限地夸大某些缺陷,比如'非单一性'(nonmonotonicity)。"

如果问一个理论家排序复选制有什么问题,他大概会回答你一个普通人摸不着头脑的词:"非单一性"。这个词指的是赢家变输家的悖论,以及投票过程中可能出现的类似的古怪情况。如果选民把某位候选人排得更靠前,就能增加这位候选人获胜的机会(或至少不应该减少他获胜的机会),这就叫做"单一性"。即便是简单的、传统的相对多数投票制也满足"单一性"。也就是说,给罗斯福投票永远不可能导致罗斯福落败。

与"单一性"相反的就是"非单一性"。在排序复选制下,会出现这样的情形,一个候选人可能因为太多的人给他投票而落败,或仅仅因为他的一些支持者决定呆在家里不去投票而获胜。需要注意的是,并不是所有的排序复选制选举都会发生这种情况。当主要的候选人只有两个,其他候选人都较弱时——换句话说,在一场典型的美国选举中——不会出现这样的问题。只有竞选中出现三个或更多的强有力的候选人时,悖论才会出现。于是,候选人被淘汰的次序就变得至关重要了,并且有可能发生意想不到的事。

"排序复选制的确可能触怒一些人。"里奇说。"触怒"可能还是委婉的说法。在自己的计分投票制网站中,沃伦·史密斯专门为排序复选制制作了一个"神话和谎言"的页面。它警告人们,投票和民主中心是一个"关于排序复选制的谎话的源泉",该中心的网页上全是"含混不清、毫无意义的废话"。史密斯不满的一个主要原因就是"非单一性"。

在关于投票制度的所有问题中,非单一性可能是最难被容忍的——只要你了解它的含义。但中心似乎并不认为"非单一性"是一件糟糕的事。中心的理由是,这种悖论发生的可能性微乎其微,因此不必为此担心。"在我们进行的数千场选举中,都没有发生过这样的情况,因此它并不构成问题。"里奇说。斯蒂文·希尔(Steven Hill)是中心的资深分析家,他认为"这些从数学公式中引出的悖论"不值一提。对于那些在稿纸上凭空推算的数学家们而言它们是有趣的,但它们在现实中是不可能实现的……正如我们所知的那样，一颗流星也有可能击中地球，并消灭所有的生命——但这种事几百万年也难得发生一次。

谁会害怕那个讨厌的"非单一性"？就像选举循环一样，当你想到它时，"非单一性"确实让人心烦，但（具有讽刺意味的是）你也可以根本不理睬它。在1991年的路易斯安那州的公开初选中，如果戴维·杜克的每6个支持者中，有1个人把他的选票转投给了埃德温·爱德华兹，爱德华兹就会落败。这是典型的赢家变输家悖论。据我所知，没有哪一家为结果痛惜的媒体指出过问题所在。每个人都知道出了问题。但他们不知道毛病出在哪儿。实际上，就是"非单一性"剥夺了选民的机会，他们本可以选出自己满意的人选的。

还有一个例子：2006年，秘鲁进行了一场附加的总统初选（采用的也不是排序复选制，但很可能会产生相同的结果）。至少有7次选举前的民意测验显示，洛德斯·弗洛雷斯·纳诺（Lordes Flores Nano）将在决选中击败其他候选人，或跟他们打成平手。但是弗洛雷斯在初选中仅排在第三名，失去了进入决选的机会。最后的投票是在奥兰塔·乌马拉·塔索（Ollanta Humala Tasso，他在初选中是第一名）和阿兰·加西亚·佩雷斯（Alan Garcia Perez）之间进行的。最终加西亚击败了乌马拉，当选为总统。

如果乌马拉的支持者中，有834979个（或更多）选民在初选中把选票转投给加西亚，那就足以让乌马拉在初选中落败。于是，加西亚就会进入决赛跟弗洛雷斯较量。根据民意测验的结果，加西亚会输给弗洛雷斯。因此，加西亚之所以会胜出，仅仅是因为他没有获得那834979张额外的选票。

这只是一场关于"本会是"、"本该是"和"本来有可能"的无意义的游戏吗？并非如此。人们说选票分散不公平时使用的也是同样的假设口气。只要共和党人在罗斯福或塔夫脱背后联合起来，共和党人将会获胜，而不是威尔逊。只要纳德的支持者给戈尔投票……我们喜欢那种人人都可以做事后诸葛亮的选举。只要出现这样的选举，排序复选制的赢家转输家悖论就会让很多选民觉得，错误的候选人获胜了。

"公平投票"的网站承认："没有哪一种制度是完美的。"该网站以阿罗和他获得的诺贝尔奖为例。"任何一种制度，人们都能举出一个例子来证明它很糟糕。因此，问题并不在于你是否能找到这样的例子，而在于这例子有多大的现实性。第二个问题是，你是否能找到的确产生了荒唐结果的真实例子，而不是那些建立在假设条件上，虚构出来的例子。"

这一点很容易理解（人们的确设想了许多例子，用以说明认可投票制、孔多塞投票制和博尔达计数法可能出现怎样的错误）。你很可能会说，在美国的现实选举环境中，排序复选制根本没有机会暴露出自身的缺陷。因为我们是一个两党竞争的体制。我们更应该担心的是搅局者，而不是那些难得一见的有三个或更多真正竞争者的选举。而排序复选制能有效地防范搅局者。

我们的选举只有两个主要的竞争者，原因是相对多数投票制促使各党派去制造这种情形。如果采用排序复选制——或是任何能真正解决选票分散问题的投票制度——我们会发现，支持"次要"候选人的选民要比得票所显示的多得多。有数百万人本来可能给纳德、布坎南、佩罗特、安德森等等这些人投票，他们没有给这些人投票,是因为知道这样做只会浪费自己的选票。如果使用排序复选制,选民将会把他们支持的候选人排在第一位。排序复选制还会让更多得不到主要政党提名的独立候选人参选——更多的泰迪·罗斯福和乔·利伯曼①。不久他们就会感到自己成了党的叛徒。所有这些因素作用在一起,三个主要候选人参加的竞选出现的次数必然会比现在更多。

如果按照"公平选举"网站的主张,在选举中采用比例代表制,这种影响或许会更加普遍。在采用它的地方,比例代表制有助于政治的多样化和政党数量的增加。这意味着在美国,绿党和自由意志党也有希望在国会和州立法机构赢得几个席位。那些次要的党派会有更高的曝光率,并能筹集到更多的资金。知名度的提升会使这些小党甚至敢于参加某个单一职位的竞选。竞选市长的绿党或自由意志党候选人不会像以前一样被自动地边缘化。他们有时甚至有力量与共和党和民主党候选人展开激烈的竞争。

这没什么不好。如果你认同美国自由选择的价值观,就会觉得这不但没有什么不好,而且是一种进步。不过,排序复选制意味着将会有更多的候选人参加竞选,而一旦多位有实力的候选人参选,就容易出现赢家转输家的悖论。很多批评排序复选制的学者都支持比例代表制,"公平投票"网站最初关注的也

---

① 在1912年的总统选举中,特迪·罗斯福不赞成现任共和党人总统塔夫脱的政策,而且也没能获得共和党总部的支持,于是他组织了所谓的"进步党",独立参与总统选举,大大分散了共和党的选票,导致民主党的威尔逊当选总统;2006年竞选参议员时,利伯曼在民主党的初选中落败,但是他执意脱党,独立参与竞选,最终获得连任。——译者注

是比例代表制。他们只是反对这样的观点，即用单一可转移投票选举立法机构中某个单一职位时，只采用排序复选制。① 很少有哪种工具既能够同时完成两项任务，又能把每项任务都做好。锤子可以用来敲钉子，也可以用来开牛肉罐头。但它不太可能把两件事做得一样好。

里奇不是个数学家，他自己也承认这一点。但在数学领域，有一个事实他十分清楚。200年来，渊博的学者们就什么才是最好的投票方法展开过激烈的辩论，但始终没能得出一致的结论。在投票制度的问题上，里奇具有特别的天赋和思维方式。许多学者都不理解他的行为和想法。在某种程度上，政治即人际关系。政治要求对他人感受的敏锐的洞察力。而数学与之形成了鲜明的反差，数学是少数几种对他人的想法毫不关心的科学之一。

事实上，"中心"并不像社区活动家、政客和选民那样"深刻地领会"排序复选制的精神，里奇说，"相对于比例代表制，他们似乎更愿意支持排序复选制。我认为他们很清楚比例代表制是怎么一回事。在某种程度上，它比较稳定"。

里奇并不像一些人想的那样狭隘，不能接受其它的制度。"我希望各种投票制度的支持者都能够站出来，介绍并说服人们接受他们的制度。这些年来，我一直是这么做的，'好吧，你的投票装置不适用于排序复选制，让我们试试认可投票制吧'。这么做其实很容易。"

但里奇说，他已经发现认可投票制是"没有希望的。史蒂

---

① 排序复选制是单一可转移投票的一种具体形式——译者注

文·布拉姆斯和一些人似乎不愿接受这个观点，但一个政治家立刻就能明白我的意思。想象一下，在我们当前的制度中，一个人可能实际获得了 51% 的选票，却仍然在认可投票制中落败，这难道不奇怪吗"？

中心将这一议题放在了自己的网站上，以供大家讨论。这个问题不但适用于认可投票制，也适用于计分投票制。这两种投票制都"有可能使一个被 51% 的选民支持的候选人落选。如果真出现这样的结果，这个制度就应该被放弃"。

的确，这听上去有些不可思议。不过当你仔细想一想其中的原因，就不难理解它为什么会发生了。为了让得到 51% 的选民支持的候选人肯尼迪落败，另一个候选人尼克松就必须获得超过 51% 的选民的认可。这意味着至少有 2% 的选民同时认可肯尼迪和尼克松。这就像是一辆车的保险杠上同时贴着肯尼迪和尼克松两个人的贴纸。从理论上说这是有可能的，但在政治上没有多少实际意义。

唯一勉强说得过去的一种可能性是，少数肯尼迪的支持者认为尼克松同样出色，他们诚实地给尼克松投了认可票。但没有一个尼克松的支持者给肯尼迪投票。沃伦·史密斯举了这样一个例子。51% 的选民支持候选人希特勒，49% 的选民支持候选人甘地。除了一点以外，希特勒和甘地的竞选纲领几乎完全相同——如果当选，希特勒会杀掉每一个没有给他投票的人。甘地不会杀任何人。

请注意，希特勒必定会在任何排序投票制度中获胜，因为他已经获得了 51% 的支持。但很明显，甘地对整个社会来说是更好的选择。除非甘地获胜，否则有将近一半的选民就会死掉。

史密斯认为这是排序投票制的一个根本缺陷。分级投票制只考虑有多少人喜欢 A 超过了 B，不考虑他们喜欢 A 超过 B 的程度有多强烈。如果采用认可投票制或计分投票制，至少甘地是有可能获胜的——只要一部分选民不考虑策略，完全诚实地选票。

从逻辑和道德的角度看，这个"缺陷"其实并不算什么。尽管如此，里奇有一个重要的观点。他谈论的是政治家们对这个悖论的反应。如今所有活跃的政治家和策略家都了解"最小联合"的概念。这个术语是威廉·赖克在 1962 年出版的《政治联合理论》一书中首次提出的。赖克质疑了当时流行的一个观念，即政治家必须尽可能地迎合选民的心意。赖克宣称，他们不必这么做也可以获胜，而且实际上他们也没有这么做。首先，拉票的花费巨大，如果你已经有把握获胜，就没有必要再去筹集数百万的竞选资金。同时，代价也可能是意识形态上的。每一笔大额的政治捐款都是一个标志，有一天会向你收取回报的。你的债主越少越好。

因此，候选人都愿意以安全同时尽可能小的优势取胜。在多数投票制中，最小联合尤其简单。任何人只要获得了 50% 的支持，外加 1 票，他就保证会获胜。但在实际操作中，为了防止可能的偏差，还必须有额外的 1% 到 2% 的选票。因此，今天的选举策略的一个重要内容就是研究怎样分类选民，找到那 51% 能够被说动而投票给你的人。

有一种制度改变了这个规则——它迫使政治家关注更广泛的公共利益——对于那些在现有的环境中如鱼得水的政治人物来说，接受这种新制度并不是件容易的事。

从 2005 年开始，里奇的"公平选举"中心与固执傲慢的科学家之间的矛盾变得难以调合。沃伦·史密斯创办了他自己的计分投票制中心（其格言是："争取真正的民主"）。尽管名字听起来很相似，这个"中心"其实只是一个网站（网址是 rangevoting.org）。网站的主要内容都由史密斯亲自撰写。他对计分投票制的优越性做了多方面的论证，同时对其它每一种投票制度进行了激烈的抨击。

在2006年宣传排序复选制的活动中，里奇与计分投票制的"狂热支持者"打起了笔墨官司。这些人对计分投票制的了解主要来自于史密斯的网站。"这些狂热分子干的事情就是密切关注我们创造出的真正的政治机会，然后闯入我们的辩论之中，指责我们的制度是错误的。"里奇说，"如今，我们已经在皮尔斯县成功地举办了排序复选制的宣传活动，这些计分投票制的支持者给编辑写信攻击我们。当然，他们知道这么做没什么用，只是为了激怒我们。"

这场争论的焦点在于是否要采用排序复选制，答案只有是或不是。因此，对排序复选制的批评无论多有道理，也不会对计分投票制产生直接的帮助。这无疑让排序复选制的支持者和里奇感到恼火，也让大多数民众感到无法理解。"我很想对计分投票制保持理性，但是不得不承认，我无法容忍沃伦·史密斯持续不断的行为，特别是他的疯狂传教士克莱·申觉坡（Clay Shentrup）"，里奇说。申觉坡是西雅图的一个蹩脚摇滚乐手，他肯定有资格列入对投票制度改革最激进的人物之一。2006年他在博客上使用"破梯子"的网名发表文章：

"告知每个还不知道的人，这个夏天，投票方法的问题让我非常困扰。最近我给绿党和自由党还有其他投票改革的拥护者打了很多电话,试图说服他们推进计分投票制,代替他们推行的这种糟糕透顶的排序复选制……"

里奇这边的故事是:"申觉坡在深夜给排序复选制的支持者打电话,大叫大嚷地对他们说教……从某种角度上说他是个聪明的家伙,但是我很怀疑,他在人生的某个部分是否缺乏约束。"

里奇发现计分投票制的支持者在政治上很幼稚。他认为他们最终会回到支持现状上来。这在短期无疑是正确的,2006年,无论在什么地方,都没有使用计分的投票方式。

在旧金山、北卡罗来纳州、明尼阿波利斯和其它地方,赞成排序复选制的绝大多数选民可能都不清楚,排序复选制与其它排序投票到底有什么不同。他们支持排序复选制的原因很简单,这种投票方式能让人更准确地表达他们对候选人的感受,还能有效地防止"搅局者"效应。史密斯则声称与排序复选制相比,计分投票制能更好地做到这一点。

即便你不是一个愤世嫉俗的人,也应该知道选举和选民心目中的想象有多大差距。在排序复选制和计分投票制的战争中,各政党已经形成了不同的阵营。两派都竭力讨好绿党和自由意志党(它们的资金和组织能力远远超过了这两个"中心"的任何一方)。迄今为止,排序复选制在获得第三党的支持方面遥遥领先。史密斯声称计分投票制更适合小规模的政党。

史密斯以爱尔兰和澳大利亚为例,这两个国家都采用排序复选制来选举政府中的单一职位。同时这两个国家都有着悠久的两党制的政治传统。看上去第三党的影响被有效地排除了——即便它能获得主流民意的支持。照史密斯的说法,由于所谓的"保育室效应",计分投票制对处于成长阶段的第三党更为有利。

下面的例子可以清楚地说明这一观点。史密斯说过,如果 2004 年的总统选举采用计分选票(分值从 0 到 100),他会这样打分:

拉尔夫·纳德尔、约翰·克里和戴维·科布(绿党):每人 100 分

乔治·W. 布什、迈克尔·佩罗卡(宪政党):每人 0 分

迈克尔·巴拉尼克(Michael Badaranik,自由意志党)、罗杰·卡莱罗(Roger Calero,社会主义工人党):每人 20 分

史密斯分别给克里和布什打了两人之间可能相差最大的分数。他认为纳德尔、科布与克里差不多好,甚至喜欢他们的程度甚于克里。所以他们也得到了 100 分。他喜欢佩罗卡的程度就跟布什一样低,或者更低,所以勉强给了他们 0 分。还剩下其他两个第三党候选人(巴拉尼克和卡莱罗),史密斯认为它们介于布什和克里之间,因此给他们打了 20 分。史密斯率直地给这些人打分。他的观点是,对于那些获胜希望渺茫的候选人,即使采取策略性投票也不可能帮他们胜选(即便获胜,卡莱罗也不可能就职,他出生在尼加拉瓜)。史密斯通过给巴拉尼克和卡莱罗各打 20 分来表明自己的立场,即他认为他们比某个主要候选人更好。

这就是所谓的"保育室效应"。一个次要的候选人如果能让计分投票制的选民相信，他是比两个主要候选人更合适的人选，选民就会诚实地给他打分。"小规模的第三党就像是刚出生的婴儿，"史密斯写道，"他们无法在丛林中生存……计分投票制能给他们提供保护，让他们顺利地成长，而不是在幼年时被大象踩死。"不过，"一旦他们长大成人，个子变大，身体变强了"，计分投票制"就会把他们赶出保育室"。

如果巴拉尼克或卡莱罗看上去真有可能获胜，你也许就会进行策略性的投票了。他们不再需要"保育室"的保护，人们也不会再给他们这种关照了。

如果采用认可选票制，史密斯一定不会给巴拉尼克和卡莱罗投认可票。如果采用排序复选制，史密斯会把巴拉尼克和卡莱罗列在第四和第五位（或者根本不对他们进行排序）。所以，史密斯相信计分投票制更能真实地反映选民对次要候选人的支持。反过来，对于任何想要扩大自己的吸引力并挑战主要政党的党派来说，这都是好事。

大象（和驴子）就是那两个主要政党。等待它们的是什么？里奇是个实用主义者，他积极争取有影响力的民主党人和共和党人的支持，试图让大家相信，排序复选制没有什么好担心的。史密斯讨厌民主党和共和党，他认为排序复选制最大的缺点就是对这两个党的伤害力还不够大。

尽管如此，史密斯正在试图说服这两个主要政党，在2008年爱荷华州的党团会议选举中采用计分投票制。上一代政治家里，约翰·凯利特和肯尼斯·莫特（John Kellett and Kenneth Mott）已经意识到，多数投票制在党内初选中特别容易出问题。

在一大群人中，脱颖而出的往往是那个声音最大的人——不管他讲的是否有道理。历史一再证明，获得政党提名的往往是那些固执某种意识形态的人，他们在党内拥有很高的支持率，但不太可能在全国竞选中获胜。

对于党内初选，排序复选制并不算太理想的选择。党内选举中往往有好几个强有力的候选人竞争，排序复选制容易陷入"非单一性"的悖论。史密斯认为，相较而言，计分投票制对政党初选和党团会议选举更加合适，这也是政党因为利己主义而尝试改变的具体例子。迄今为止，除了他在网站上发起的 2008 年总统候选人的模拟投票，史密斯还没有取得什么更大的进展。（史密斯将满分设为 5 分。当我写这本书的时候，巴拉克·奥巴马处于领先位置，得到了 3.34 分。约翰·麦凯恩 2.67 分，希拉里 2.20 分，斯蒂芬·科尔伯特 2.73 分。）

一个很少被承认的事实是，任何能解决选票分散问题的投票方法都会改变政党政治。选票分散增强了两党制。一旦解决了选票分散问题，事情将会发生改变——但没人知道究竟会变成怎样。

"政党结构并不是固定不变的，"肯尼斯·阿罗说，"一定程度上，政党结构由选举结构决定。因此很难确定投票方式的改革会导致怎样的后果。"

相对多数投票制是唯一一种不考虑有多少选民不喜欢某个候选人的制度。这种投票制的结果常常偏向那些相对极端、非主流的候选人。"温和派"则比较难以当选。给"温和派"加上引号，因为它是指在意识形态上正好位于其他两人之间的候选人。这位"处于中间的"候选人在意识形态上有可能是极左或极右的，但只要有人比他更极端，他就可以被称作"温和派"。

民主体制要求，选民与获胜的候选人之间能达到最佳的平衡。在一般情形下，这意味着获胜者应该是所谓的"温和派"。这并不说明民主倾向于政治上的温和态度，民主拥护的是政治现实。每个人都不可能得到他最想要的东西。当你发现其他选民的意见千差万别时，你会试图找一个能让最多数人满意的候选人，而这样的候选人通常是一个靠近"政治中间点"的人，而不是一个"极端分子"。领导人的政治立场甚至关系到他的领导能力。任何领导都无法让所有的人满意，因此有时必须做出艰难的决定。当人们认为这位领导只代表一半的选民（甚至更少）时，无疑会大大增加他做决定的难度。因此人们最容易把决定权交给"温和派"。

一个"温和派"候选人获胜的可能性有多大？我猜想大多数人的直觉反应是，一个温和派获选人既没有特殊的有利条件，也没有特殊的不利条件。但有些温和派并不是这样（比如"佩罗特总统"）。在某些选举中，温和派是唯一合理的选择（例如罗默/爱德华兹/杜克的竞选）。这完全取决于具体情况。候选人的性格、能力、经验和个人魅力就跟意识形态一样重要。最终应由选民（而不是投票制度的主观偏见）来决定，哪一个候选人身上集中了最多的优点。

凡是有抱负的新选举制度几乎都想做到这一点。但就像里奇说的那样，人们普遍认为排序复选制的结果不容易发生变化。在实践上，排序复选制有可能是最接近相对多数投票制的选举制度。假设某个候选人在多数投票制中以 51% 的得票率获胜，那么在排序复选制中，他只需 51% 选票把他排在首位就行了，而不必理会其它 49% 的选票。沃伦·史密斯指责排序复选制是没装满水的杯子。其实或许就是因为排序复选制的改革没有完成，里奇才能取得今天的成绩。

排序复选制并非总是容易被人接受。在旧金山的排序复选制的推广活动中，"两个群体极力反对它"，里奇说，"一派是政治顾问，他们已经习惯于运作两场竞选活动，而现在可能只有一场了。当竞争只在两人之间进行时，政治顾问的角色就变得尤为重要了，因为这时只有一人能够获胜。于是顾问们抛出争议性话题，分化选民，大打负面的宣传广告。另一派则是城市里的商业集团，他们盼望 12 月份的决选中进行投票的选民越少越好。他们认为较低的投票率对他们支持的候选人是有利的。他们希望能狠狠地教训那些自己讨厌的人"。

旧金山的权力结构与其它任何地方的权力结构没有什么不同（如今美国自由流动的政治顾问群体使得美国各地的政治变得像沃尔玛超市那样千遍一律）。关于政治，人们通常抱有这样一种幻想，只要我的政党能够执政，管理这个城市、这个州或者这个国家几年，情况就会大有好转。另一个政党的蠢货将不得不承认他们错得多么离谱。这种事曾经发生过、或今后有可能发生吗？至少在这个世界上是不可能的。哪怕是真实的证据，狂热的党派支持者对其视而不见，如果与自己的理念冲突，他们就拒绝相信那些运转良好的幸福社会的成功例子。

可是相对多数投票制迎合了这个幻想。它最终的解决方案是比例代表制。让我们设想一个两党制，大约一半的时间由中间偏左的政党执政，另一半时间由中间偏右的政党执政。一旦其中一个政党当选，它必然会做出一些改变，并认为这改变是有益的。所有的问题都被归咎于拖后腿的反对派。而反对党则对新的政治时代吹毛求疵，为它的过失感到高兴，时刻盘算着夺回权力。

反对派上台后，情况同样如此，这种循环将一直继续下去。但这还不是最糟的情况。拉尔夫·纳德尔坦率地说出了许多左派和右派共有的想法，当你自以为在执行上帝的使命时，往往为"坏人"掌权提供了帮助。

理想的情况是，只有真正改变了选民们的观念和心灵，才能改变这个国家的政治状况。任何有执政意愿的政党都有责任在"市场上"推销自己的政治理念，并与其它党派进行竞争。现实情形是，政党和候选人由理论家们操纵着，这些理论家认为，他们比选民更清楚地知道什么是对国家有益的。他们也知道，与相对见效快的多数投票制相比，（在灵魂深处）说服选民就如同冰河的流动一样缓慢。对于那些擅长政治表演的人而言，现有的制度要比一种能更准确地反映选民意愿的制度更令人满意。

第十七章 蓝色怪人的政变

里克·桑托勒姆把宝压在绿党候选人的身上,但他赌输了。虽然有共和党的资金支持,宾夕法尼亚州的绿党候选人卡尔·罗曼奈利(Carl Romanelli)仍缺少几千张有效的签名选票,因而没能获得候选人的资格。对桑托勒姆而言这是个坏消息。而对他最大的对头、民主党人小鲍勃·凯西来说,这就是个好消息了。"现在是下午 2 点 59 分,很快就不会有人记得罗曼奈利这个名字了。"凯西的媒体秘书拉里·斯马(Larry Smar)得意洋洋地说,"唯一的疑问是里克·桑托勒姆会不会让罗曼奈利还钱。"

桑托勒姆没那么做。他不会那么快就放弃罗曼奈利。他坚持要求罗曼奈利参加参议员候选人的电视辩论。凯西则坚持说,他要么跟桑托勒姆单独辩论,要么就不辩论。结果这场辩论是在桑托勒姆、罗曼奈利和一张空椅子之间展开的。

什么都无法挽救桑托勒姆了,共和党在 2006 年的选举中遭遇了惨败。你可以把这称作报应,或是不相干选项。如同 6 年以前乔治·W. 布什在总统竞选中获胜一样,民主党在国会中的一些关键性胜利要归功于搅局者效应。

第十七章 蓝色怪人的政变

民主党人加布里埃尔·吉福兹在亚利桑那州击败了兰迪·格拉夫，赢得了代表国会第八区的议员席位。整整一代人中，没有哪个民主党人能在这一保守的选区获胜。但取得这样的成绩不是没有代价的，为了确保格拉夫在共和党内初选中获胜，民主党为他支付的广告费用都足以买到一个国会席位了。

几次参议员的竞选中，民主党人都是因为搅局者的加入获胜，共和党人为此懊恼不已。在弗吉尼亚州，共和党的现任议员乔治·艾伦花在竞选上的费用超过了 1200 万美元。与桑托勒姆一样，人们曾经认为艾伦一定会赢得连任，并且是 2008 年总统的有力竞争者。他把一个竞选中跟着自己的人称作"猕猴"，这给他带来了麻烦。这段视频被上传到了 YouTube 上，按照媒体的说法，这个词隐含着种族歧视的态度。YouTube 的访问者将"猕猴"视频评为 4 颗星（满分是 5 颗星）。毫无疑问，这段视频要比艾伦在真实选举中的表现给人留下的印象更深。在随后的选举中，艾伦比民主党人吉姆·韦伯（Jim Webb）少得 7217 票。绿党的独立候选人格伦达·帕克（Glenda Parker）获得了大约 26000 张选票。

如果帕克没有参选，她的大部分选票本来会投给韦伯。艾伦冷静地提出，让帕克参加他跟韦伯的辩论。可想而知，韦伯对这一提议并不热心。（女性选民同盟援引了一条法规，使帕克不得不放弃辩论，即候选人必须获得 15% 的民意支持才能参加辩论。）如果帕克通过辩论、竞选广告或其它手段使自己的知名度再提高一点，她一定能从韦伯那里夺走他领先艾伦的 7218 张选票。这样一来，艾伦就会获胜，民主党人将无法得到那个参议员的席位。猜猜帕克在竞选中花了多少钱？她告诉一个记者，她获得的捐款"不到 600 元",再加上她自己几年度假的费用。

下面让我们看一看博兹曼的"蓝人"的例子。在 1999 年,斯坦·琼斯(Stan Jones)开始饮用胶质银,它被认为是"天然的"抗生素。琼斯担心千年虫对电脑的破坏可能导致整个社会的毁灭。浩劫后的幸存者一旦生病,将面临无抗生素可用的窘境。但这种含银的药剂有一种把人的皮肤变蓝的副作用。琼斯 2002 年第一次竞选美国参议员,那时他的肤色就有了明显的变化。不了解情况的人和他一起就餐时,都会认为需要立刻对他进行海姆利克氏急救①。"人们经常会问我,我的皮肤会不会永远都是这种颜色,我是不是一个死人。"琼斯说,"或许我不该用那么大的剂量,但我仍然相信,它是世界上最好的抗生素。"

与大多数第三党候选人不同,琼斯受到了媒体的广泛关注。许多报道采用了这样的标题:"怪人的最新消息:蓝精灵竞选参议员。"琼斯并不是宣传自由主义观点的理想素材。当听众的第一反应是"嗨,伙计,为什么你是蓝色的?"的时候,你很难让他们相信,一个对药品安全严格监管的政府是多余的。

到了 2006 年,琼斯已经不再服用这种神奇的药物了。他的肤色看上去也不那么可怕了。由于无法再靠"蓝色怪人"的噱头吸引人,他不得不依靠小道新闻来赢取关注。好在他的"疯狂表现"这时帮上了忙,有人在博客中写道,在一次与主要政敌的辩论中,琼斯"对新生的'由布什和其他党派领导人秘密建立的全球性共产主义政府'进行了长篇大论的猛烈抨击",并

---

① "海姆利克氏急救"是美国学者海姆里斯发明的一种简便易行、人人都能掌握的急救法。——译者注

第十七章 蓝色怪人的政变

宣称"我们的大脑都被植入了芯片"。（我没有危言耸听，他的确是这么说的……）

在接受采访时，琼斯承认没有支付所得税。他相信美国政府"要么是过于自负，要么就是与'9·11'事件有关"。那些主张建立全球性政府的家伙正在密谋用"北美联盟"取代美国。这个新的政权将采用俄共的宪法，使用的货币称作"美洲元"。

你或许会认为，这是一种疯子才会有的阴谋论。但这还不是最让人吃惊的。2006年的选举日，有一个大多数美国人从未听说过的神秘人物左右着世界上最强大国家的政治力量的对比。这个人就是斯坦·琼斯。

为了争取到美国参议院的多数席位，除了已有的45个席位，民主党还需要再得到6个席位。桑托勒姆在宾夕法尼亚州拿到了一席，艾伦在弗吉尼亚拿到了一席，罗德岛、俄亥俄和密苏里州也各有一席入账。只差蒙大拿州的一个席位了。这个州又被称作"辽阔天空"州，该州丑闻缠身的共和党参议员康拉德·伯恩斯（Conrad Burns）仅以2847票的劣势败给了民主党的乔恩·特斯特（Jon Tester）。斯坦·琼斯则一共获得了10324票。可以肯定地说，琼斯大部分的选票都是从伯恩斯那里得来的。琼斯的加入让保守的共和党人在一个非常保守的州里落败。民主党在蒙大拿州的胜利让他们一共获得了51个席位，成为了参议院的多数党。少数党领袖哈里·里德（Harry Reid）由此变成了多数党领袖（里德能在1998年当选为参议员，同样是因为另一个自由派搅局者的帮忙）。

科学与政治之间存在着巨大的差异。与我交谈时，肯尼斯·阿罗就此评论过。"作为一个科学家，你可以说'噢，我去年说的话是错的!'"他解释说,"在科学上承认自己的错误被认为是有气度、不落伍、聪明的表现。政治上这么做却只会给人留下糟糕的印象。"

没有多少人在支持某项政治变革时,心里是有十足把握的。现实很少是黑白分明的。没有什么东西是确定的……也许数学除外。

沃伦·史密斯对计分投票制有效性的证明几乎和数学证明一样令人信服。但问题是,在政治实践中,计分投票制会有怎样的表现?这个世界上或许没有人能够预言使用一种投票制度的全部后果。

不管怎样,从已有的记录看,计分投票制比其它大多数投票方式表现得更好。它被互联网广泛采用,它的认可投票方式在文艺复兴时期的威尼斯和联合国运作得很不错。这些实例有助于驱散人们对任何意外的不良后果的担忧。

美国选举已经成了孔多塞对于民主政体运作模式的理论的"试验场"。独立战争以来,这个国家对投票方式进行了各种修改,一直没有停止过。大平原和西部各州的城镇曾使用过一些相对不出名的投票方式,例如累积投票制和巴克林投票制(一种排序制,具有类似于认可制的特点)。今天,排序复选制在美国正经受着严峻的考验。而支持计分(和认可)投票制的理论比以往任何时候都更有说服力。早该让它在现实中接受考验了。我想甚至是计分制的批评者也会支持这一点。如果计分制像他们想象的那样糟糕,他们应该能找到真实的数据来证明这一点。(可以先在某个社区试用计分制,如果不成功,可以重新使用相对多数投票制,或者是排序复选制和别的投票方式。)如果计分投票制真像它的支持者认为的那样好,我们将会学到一些更有价值的东西。"作为个体,我们几乎没有办法抵御现代社会中某些固有的缺陷,"盖伊·奥特维尔写道,"设法找到真正健全的选举制度或许是最有力的解决办法。"

我肯定,一定会有一些美国社区愿意迈出探索的第一步的。

术语表

☒ 亚当斯
☐ 布什
☒ 克莱
☐ 德怀特

认可投票制

与我们熟悉的多数投票制（plurality vote）相似，不同的只是你可以投票给多个候选人。和大多数投票制度一样，得票最多的候选人获胜。认可投票制是一种简单的投票方式，它能避免出现搅局者和选票分散的现象。

博尔达评分法

2 亚当斯
3 布什
1 克莱
4 德怀特

又称偏好投票制，投票者按自己的喜好对所有的候选人排序：排成1，2，3…这样的序列。排名将会被转换成对应的分数。在一场有4个候选人参加的选举中，排在第1位相当于3分，第2位2分，第3位1分，第4位（末位）0分。每个候选人得到的分数会被累加起来，得分最多的候选人获胜。这种投票方式得名于法国数学家吉恩·查尔斯·德·博尔达（1733—1799）。博尔达评分法是一种易于操作的投票方式。它主要用于体育赛事的计分——但也容易引起争议。

相似候选人

支持者为同一群选民的政治立场相似的候选人。在多数投票制（plurality vote）中，两个高支持率的相似候选人往往会分散选民的选票，让支持率不那么高的候选人赢得选举。

孔多塞循环

也称孔多塞悖论。法国社会学家孔多塞（1743–1794）提出的一种投票时可能出现的颇为让人头疼的现象。在只有两个主要候选人的竞选中，有可能出现这样一种循环的结果：候选人甲击败了乙，乙击败了丙，丙又击败了甲。那么谁是获胜者呢？这一有趣的悖论促进了投票理论的发展。严格来说，在实际的意义上这一理论或许被高估了。孔多塞循环在真正的选举中很少发生过。

亚当斯
克莱
布什

孔多塞投票制

亚当斯
布什
克莱
德怀特

主要是指在有两个主要候选人参加的选举中，最终的获胜者应该击败其他所有的候选人。该种方式由孔多塞提出，它的最大特点是让选民填写从高到低排列候选人次序的选票，通过计算决定最后的胜者。孔多塞投票制符合一般常识的原则使它受到了一些在线团体的欢迎，不过也有孔多塞投票制选出明显不是最佳人选的候选人的例子。

孔多塞获胜者

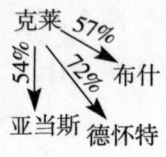

是指在由两个主要候选人参加的选举中获得大多数人支持的候选人。孔多塞投票制的目的就在于选出孔多塞获胜者——如果的确有这样一个获胜者的话。

累积投票制

40	亚当斯
20	布什
40	克莱
0	德怀特

每个投票者都有一定数量的表决票（比如说100张），可以根据自己的心意在所有的候选人中分配这些选票。每个投票者都必须把他手中的票数全部投出，得票最多的候选人当选。累积投票制是一种比例代表投票制，一般用于选举立法团体。进行有效的累积投票需要充分了解政党的力量。实际上，政党通常会告诉他们的支持者们怎样投票，以确保该党得到最多的席位。

不可能性定理

它是现代投票制度的基础理论。经济学家肯尼斯阿罗认为没有一种排序投票制能满足一系列常识性要求。因此所有的排序投票制都存在缺陷。由于不可能性定理的提出，某些学者得出了民主存在致命缺陷的结论。但不可能性定理并不包括得分投票制（例如认可投票［approval］和计分投票［range voting］）。

排序复选制

指每个投票者按自己的喜好将候选人排序。如果将某个候选人排在第一位的选票超过半数，他将直接获胜。否则，支持率最低的候选人（最少投票者将他排在第一位的候选者）将被淘汰，将被淘汰者排在第一位的选票将被重新分配到该选票第二顺位的候选人那里。这种淘汰和重新分配的过程将一直持续下去，直到某个候选人的得票超过半数为止。这一过程就像是进行一连串的复赛，每轮复赛淘汰一个支持率最低的选手。在一场典型的美国选举中，"第三党"的选票最终将归入选民们认为更能接受的主要党的候选人那里。当出现3个或3个以上有实力的候选人时，排序复选制有时会产生难以预料的奇怪结果。

2 亚当斯
3 布什
1 克莱
4 德怀特

多数投票制

这是一种几乎运用于所有美国选举中的投票方式："一人一张选票"。但这种方式容易导致选票分散。

☐ 亚当斯
☐ 布什
☒ 克莱
☐ 德怀特

比例代表制

民主制度的一个原则是政党（或其它团体）在立法团体中的代表应与它在全体选民中的规模成正比。然而比例代表制和许多与它对立的投票制度并不能保证这一点。取得合适的代表比例需要一种专门设计的投票方式，例如单一可转移投票制（single transferable vote）或累计投票制（cumulative vote）。

计分投票制

|9| 亚当斯
|1| 布什
|10| 克莱
|0| 德怀特

投票者在 0 到 10 分的区间（或任何其它规定的数字范围）为候选人评分。得到最高平均得分的候选人获胜。人们有时会把计分投票制和累积投票制弄混（累积投票中，候选人需要统计获得的总票数）。计分投票广泛应用于网上调查，很少在公共选举中使用。然而电脑分析显示它也许是所有的投票制度中最好的。

单一可转移投票制

|2| 亚当斯
|3| 布什
|1| 克莱
|4| 德怀特

它是最为流行的比例代表投票制度，在全世界得到广泛应用。投票者按照他们的喜好对候选人排序。支持率低的候选人相继被淘汰，将他们排在首位的选票被转移到其它候选人的名下，以确保没有选票被"浪费掉"。对投票者而言，单一

可转移投票制比另一种比例代表投票方式——累积投票制——要方便。最终只有一个候选人获胜的单一可转移投票制又称为排序复选制。

搅局者

指比较不重要的候选人,但他们能从有可能获胜的候选人那里分走足够多的选票,让他们落败。在一个两党竞争的体系中,搅局者效应是选票分散最常见的表现形式。

选票分散

它是多数投票制最大的缺陷。一群观点相近的选民更可能把他们的选票分别投给两个或更多政治上接近的候选人,而不是把票投给其中一个人。选票分散会减小任何一个受它影响的候选人获胜的机会。本书中的大部分投票方式都旨在防止出现选票分散。

投票循环

见孔多赛循环

提示

有许多关于投票制度改革的很好的网站。其中最值得一看、内容最全面的的两个可以在公平投票网（Fair Vote）中找到：它们分别是投票与民主中心（www.fairvote.org）和计分投票中心（www.rangevote.org）网。

想了解认可投票制可查询下面两个网站，一个是认可投票市民联盟（www.approvalvoting org），另一个是认可投票美国公民联盟（www.approvalvoting org），它是由政治行动委员会创立的。

选举人制度改革协会网，它最初的创始人可以追溯到查尔斯·道奇森那里，该网站主要介绍比例代表投票制以及相关问题。网址 www.electoral-reform.org.uk。

选举维基百科（wiki.electorama.com/wiki/Main_Page），该网站详细介绍了各种计分投票方式以及它们的特点。它比前几个网站更关注投票的具体程序。

叶家平（Ka-Ping Yee）的选举网站（zesty.ca/voting）也是我要强烈推荐的。叶设计出一种能将不同投票制的结果转化成彩色图形的巧妙方法。这也许是理解排序复选制的"赢家变输家"的悖论或者博尔达的反搅局者效应的细节的最好方法。

给政治家写信似乎有些不切实际。你可以首先写给那些对排序复选制表示赞成的政治家。他们意识到多数投票制存在着问题,并愿意改变这种情况。告诉他们你关心投票制度的改革。他们的办公室会安排工作人员阅读你的信件,这样的信件能让投票制度的改革引起更多的关注。排序复选制的三个最有影响力的支持者是:

州长霍华德·迪恩 民主党全国委员会主席

地址 430 S. Capitol St. SE_ Washington,DC 20003

个人网页 www. democrats. org/page/petition/chairman

参议员约翰·麦凯恩

地址 241 Russell Senate Office Building Washington, D. C. 20510—0303

个人网页 mccain. senate. gov/index. cfm? fuseaction = Contact. Ho me

参议员巴拉克·奥巴马

地址 713 Hart Senate Office Building Washington,DC 2 0510

个人网页 obama. senate. gov/contact/index. php

参考文献

阿特沃特,李与布鲁斯特,托德(Adams, James R., and Adams, Ernest W):《投票周期几何学》,《理论政治学》杂志(*Journal of Theoretical Politics*) 2000 年 12 月,131 – 153 页。

阿曼达,S. M. (Amadae, S. M.):《资本主义民主的理性化:理性选择与自由主义的冷战根源》(*Rationalizing Capitalist Democracy: The Cold War Origins of Rational Choice Liberalism*) 芝加哥:芝加哥大学出版社(University of Chicago Press),2003

阿奇伯德,兰德尔·C. (Archibold, Randal C.):《金钱与诋毁的游戏,亚利桑那的选举是如何吸引人们注意力的》(*In Cost and Vitriol, Race in Arizona Draws Notice*)《纽约时报》(*New York Times*),2006 年 9 月 11 日。

阿罗,肯尼斯·J. (Arrow, Kenneth J.):《社会选择与个人价值》(*Social Choice and Individual Values*)(第二版)纽黑文和伦敦:耶鲁大学出版社(Yale University Press) 1951 年首次出版。1963 年的版本增加了一个新的章节,介绍了对于该课题的后续研究成果。

阿特沃特,李与布鲁斯特,托德(Atwater, Lee, and Brewster, Todd):《阿特沃特·李的最后一次选举》,(Lee Atwater's Last Campaign)《生活》杂志(Life)1991年2月,58 - 67页。

贝克,丹尼尔·B.(Baker, Daniel B.)编辑:《政治引述》(Political Quotations)底特律:盖尔研究出版社(Gale Research),1990年。

鲍曼,克里斯托弗(Baughman, Christopher):《埃德温·爱德华兹为他生命的第二个阶段做好了准备:联邦监狱的生活》(Edwin Edwards preparing for next stage of his life: Federal prison)《巴吞鲁日辩护报》(Baton Rouge Advocate),2002年10月。

本德,斯蒂夫,布莱克,詹姆斯·T.和杨·戴安娜(Bender, Steve, Black, James T., and Young Dianne):《漫画人先锋》(Crusader Cartoonists)《南方生活》杂志(Southern Living),1997年4月。

柏格森,埃布拉姆(伯克)(Bergson, Abram [Burk]):《福利经济学部分理论的重新阐释》(A Reformulation of Certain Aspects of Welfare Economics),《经济学季刊》(Quarterly Journal of Economics),1938年,310 - 334页。

布莱克,邓肯(Black, Duncan):《集体决定的基本原则》(On the Rationale of Group Decision - making)《政治经济》杂志(Journal of Political Economy)1948年,23 - 34页。

布莱克,邓肯(Black, Duncan):《委员会和选举的理论》(The

Theory of Committees and Elections),剑桥大学出版社（Cambridge University Press），1958 年。

布莱克，邓肯（Black, Duncan）编辑，伊恩·麦克莱恩、阿利斯泰尔·麦克米伦、博特·L. 门罗（Iain McLean, Alistair McMillan, and Burt L. Monroe）合著：《比例代表制的数学方法：布莱克，邓肯关于刘易斯 卡罗尔研究成果的评述》（A Mathematical Approach to Proportional Representation: Duncan Black on Lewis Carroll），波士顿/多德雷赫特/伦敦：克鲁瓦学术出版社（Kluver Academic Publishers），1996 年。

布鲁门萨尔，马克思（Blumenthal, Max）：《不相信纳德尔的攻击者》（Nader's Dubious Raiders），奥尔特新闻网（Alternet），2004 年 6 月 25 日。

布鲁门萨尔，马克思（Blumenthal, Max）：《共和党的肮脏伎俩》（Republican Dirty Tricks），奥尔特新闻网（Alternet），2004 年 10 月 15 日。

布鲁门萨尔，拉尔夫（Blumenthal, Ralph）：《德克萨斯局势明朗的竞选变成了一场混战》（Clear‑Cut Race Shifting Into Texas‑Size Free‑for‑All），《纽约时报》（New York Times），2006 年 9 月 22 日。

布鲁门萨尔，西德尼（Blumenthal, Sidney）：《永远的选举：政治顾问的真实生活》（The Permanent Campaign: Inside the World of Elite Political Operatives），波士顿，灯塔出版社（Beacon Press）1980 年。

勃姆，乔治·A. W.（Boehm, George A. W.）：《对于温特格林的狂热反对》（One Fervent Vote against Wintergreen），私

人油印出版物，1976年。

伯力克，克林特（Bolick, Clint）：《克林顿的定额录用制皇后》（*Clinton's Quota Queens*），《华尔街日报》（*The Wall Street Journal*），1993年4月30日。

鲍恩，霍华德（Bowen, Howard）：《论投票与经济资源分配的关系》（*The interpretation of voting in the allocation of economic resources*），《经济杂志季刊》（*Quarterly Journal of Economics*），1943年，27-49页。

布雷迪，约翰·约瑟夫（Brady, John Joseph）：《坏孩子：李阿特沃特的生活和政治》（*Bad Boy: The Life and Politics of Lee Atwater*），马萨诸塞州雷丁市：艾迪生·韦斯利出版社（Addison Wesley）2006年。

布拉姆斯，斯蒂文·J.（Brams, Steven J.）：《认可投票：更好的投票方式》（*Approval Voting: A Better Way to Select a Winner*），麻省理工学院，校友联盟网站，alum. mit. edu/ne/whatmatters/200211/index. html，2006年。

布拉姆斯，斯蒂文·J.与费斯伯恩，皮特·C.合著（Brams, Steven J., and Fishburn, Peter C）：《认可投票》（*Approval Voting*）《美国政治科学评论》杂志（*American Political Science Review*）1978年9月831-847页。

布拉姆斯，斯蒂文·J.与费斯伯恩，皮特·C.合著（Brams, Steven J., and Fishburn, Peter C）：《认可投票》，波士顿：伯克豪斯出版社（Birkhauser），1983年。

布拉姆斯，斯蒂文·J.与费斯伯恩，皮特·C.合著（Brams, Steven J., and Fishburn, Peter C.）：《投票程序》，社会选择

和福利手册（Handbook of Social Choice and Welfare）第一卷，K. J. 阿罗、A. K. 森、K. 铃村健一（K. J. Arrow, A. K. Sen, and K. Suzumura）编辑，波士顿北霍兰/艾斯维尔出版社（North Holland/Elsevier），2002 年。

布拉姆斯，斯蒂文·J. 与费斯伯恩，皮特·C.（Brams, Steven J., and Fishburn, Peter C）：《从理论到实践：认可投票并非彻底的胜利》（Going from Theory to Practice: The Mixed Success of Approval Voting）。美国政治科学协会（American Political Science Association）会议，2003 年发言稿。

布拉姆斯，斯蒂文·J. 与黑格，保罗（Brams, Steven J., and Hager, Paul）：《奥斯卡奖为什么不能选出"最好的电影"》（Why the Academy Awards may fail to pick the 'best picture' again），2002 年。www.cs.indiana.edu/~hagerp/ampas_nyu.htm

布拉姆斯，斯蒂文·J. 和梅里尔，S. 三世（Brams, Steven J., and Merrill, S., III）：《如果采取认可投票，罗斯·佩罗会赢得 1992 年的总统选举吗？》（Would Ross Perot Have Won the 1992 Presidential Election Under Approval Voting?），附录：政治科学与政治学（Political Science and Politics）1994 年，39-44 页。

布朗，斯蒂芬·J. 和塞维尔，M. 雷姆斯（Brams, Steven J., and Sanver, M. Remzi）：《认可投票和优选制的混合投票系统》，www.nyu.edu/gsas/dept/politics/faculty/brams/approval_preference.pdf，2006 年。

布劳恩，斯蒂芬和瓦塔贝蒂安，拉尔夫（Braun, Stephen, and Vartabedian, Ralph）：《新奥尔良议会和联邦工程师协会的矛盾造成了溃堤》(*Levees Weakened as New Orleans Board, Federal Engineers Feuded*),《洛杉矶时报》2005年12月25日。

马克(Brewer, Mark):《米奇,共和党和纳德尔合伙偷走了选票》(*Mich. GOP rips ballot by backing Nader's bid*),《底特律新闻报》(*The Detroit News*) 2004年10月1日。

布里奇斯,泰勒(Bridges, Tyler):《糟糕的赌注:路易斯安那州赌博业的兴起,埃德温·爱德华兹州长竞选失利》(*The Rise of Gambling in Louisiana and the Fall of Governor Edwin Edwards*),纽约:法勒·斯特劳斯&吉鲁出版社(Farrar Straus & Giroux),2001年。

布罗德斯基,乔西(Brodesky, Josh):《霍夫曼的对手认为他在全国的初选中得到了共和党的支持》(*Huffman's foes in primary blast national GOP support*),《亚利桑那每日星报》(*Arizona Daily Star*),2006年9月6日。

布罗迪,约翰和迈克,鲍勃(Brodie, John, and Mack, Bob):《和李·阿特沃特的近距离接触,一个顾家的男人》(*Up Close and Personal with Lee Atwater, Homebody*),《窥探杂志》(*Spy*) 1990年5月。

布多夫,凯利(Budoff, Carrie):《桑托勒姆把凯西称作"恶棍"》(*Santorum calls Casey a'thug in residency flap*),《费城每日新闻》(*Philadelphia Daily News*),2006年5月20日。

布坎南,帕特和纳德尔,拉尔夫(Buchanan, Pat, and Nader, Ralph):《纳德尔,拉尔夫:保守派的代言人》(*Ralph Nader: Conservatively Speaking*),《美国保守主义》杂志

(*The American Conservative*),2004年6月21日。

布尔诺·德·梅奎塔,布鲁斯和斯普赛尔,肯尼斯(Bueno De Mequita, Bruce, and Shepsle, Kenneth):《威廉·D. C.》,华盛顿特区:国家学术出版社(Washington, D. C. : National Academy Press), newton. nap. edu/html/biomems/wriker. html, 2001年。

卡布雷拉,马里萨(Cabrera, Marisa):《奥斯卡奖的归属:比例投票能选出真正的优胜者》(*Oscars Insight: Proportional Voting System Makes for Wide-open Nomination Pick*),公平投票杂志(*Fair Vote*) 研究报告,2006年。

卡罗尔,刘易斯(Carroll, Lewis):《爱丽丝漫游奇境》和《镜中世界》(*Alice's Adventures in Wonderland and Through the Looking Glass*),纽约:1992年克诺夫出版社(New York: Knopf) 1865年和1871年的重印版。

卡罗尔,刘易斯(Carroll, Lewis)著,马丁,加德纳(Martin Gardner)编辑:《猎捕蛇鲨指南》(*The Annotated Hunting of the Snark*),纽约:诺顿出版社(Norton) 2006年。

卡斯蒂,约翰·L.和德波利,沃纳(Casti, John L., and DePauli, Werner):《哥德尔:逻辑的生命》(*Godel: A Life of Logic*),马萨诸塞州坎布里奇:帕尔修斯出版社(Perseus),2000年。

钱皮恩,艾莉森,布罗菲(Champion, Allison Brophy):《阿伦,韦伯终于开始讨厌格伦达·帕克了》(*Glenda Parker a third wheel to Allen, Webb*),《卡皮伯之星-阐述者》杂志(*The Culpepper Star Exponent*),2006年9月8日。

克拉克森，弗雷德（Clarkson, Fred）：《罗伊·摩尔会动摇布什的民意基础吗？》（Will Roy Moore crack the Bush base?），沙龙杂志（Salon, May），2004年5月4日。

科恩，杰夫（Cohen, Jeff）：《纳德尔的'草根'竞选……讨好共和党》（Courtesy of GOP），共同的梦想网站（CommonDreams. org），2004年7月20日。

科恩，莫顿·N.（Cohen, Morton N.）：《刘易斯 卡罗尔：传记》（Lewis Carroll：A Biography），纽约：克诺夫出版社（Knopf），1995年。

科恩，爱德华（Cohn, Edward）：《佩罗，改头换面后的崭新形象》（Perot, Revised），美国远景出版社（The American Prospect），2000年1月3日。

柯林斯，盖尔（Collins, Gail）：《毒蝎之舌：流言、名人和美国政治》（Scorpion Tongues：Gossip, Celebrity, and American Politics），纽约：威廉 莫罗出版社（William Morrow），1987年。

科尔默，乔斯普·M.和麦克莱恩，伊恩（Colmer, Josep M., and McLean, Iain）：《选举大师：认可投票和有效多数的原则》（Electing popes：Approval balloting and qualified – majority rule），《跨学科史学期刊》（The Journal of Interdisciplinary History），1998年29期，1–22页。

Davis, Richard H. (2004). "The anatomy of a smear campaign." Boston Globe, March 21, 2004。

考克斯，盖里·W.（Cox, Gary W）：《维多利亚时代英国内阁及其政党发展》（The Cabinet and the Development of Political Parties in Victorian England), 纽约：剑桥大学出版社（Cambridge University Press），1987 年。

达恩顿，罗伯特（Darnton, Robert）：《孔多塞和美国的法国时尚》（Condorcet and the Craze for America in France），节选自《富兰克林和孔多塞：美国哲学社会的两幅画像》（Franklin and Condorcet: Two Portraits from the American Philosophical Society），费城：美国哲学社会出版社（American Philosophical Society），1997 年。

达斯盖普达，帕萨和马斯金，埃里克（Dasgupta, Partha, and Maskin, Eric）：《最公平的选举》（The Fairest Vote of All），《科学美国人》杂志（Scientific American），2004 年 3 月。

戴维斯，理查德·H.（Davis, Richard H.）：《什么是选举中的抹黑策略》（The anatomy of a smear campaign），《波士顿环球报》（Boston Globe），2004 年 3 月 21 日。

戴维斯，威廉·C.（Davis, William C）：《布雷肯里奇：政治家，士兵，象征》（Breckinridge: Statesman, Soldier, Symbol），巴吞鲁日：路易斯安那州立大学出版社（Louisiana State University Press），1974 年。

德格雷兹，阿尔弗雷德（De Grazia, Alfred）：《选举制度的数学起源》（Mathematical Derivation of an Election System），伊西斯杂志（Isis），1953 年 6 月，42 – 51 页。

德罗伊，伦尼（De Rooy, Lenny）：《伦尼的爱丽丝在仙境中》，www. alice – in – wonderland. net. 2005 年。

德梅尔，弗兰克和普罗特，查尔斯（DeMeyer, Frank, and Plott, Charles）：《数票循环的概率》（The Probability of a Cyclic

Majority),《计量经济学》(Econometrica), 1970 年 38 期, 345 – 354 页。

多尔蒂,约瑟夫·W. (Doherty, Joseph W.):《隐藏的网络:政治顾问构成了政党的基础》(The Hidden Network: Political consultants form party infrastructure),《竞选与选举》杂志(Campaigns and Elections), 2006 年 8 月, 39 – 42 页。

多伦,吉迪恩和克罗尼克,理查德(Doron, Gideon, and Kronick, Richard):《可转移单票制:社会选择功能的一个荒谬的例子》(Single transferable vote: An example of a perverse social choice function),《美国政治科学》杂志(American Journal of Political Science), 1977 年 21 期, 303 – 311 页。

多特森,钱德(Dotson, Chad):《从右开始:是选民数据库的胜利吗?》(From the Right: The Voter Vault Victory?),《竞选与选举》杂志(Campaigns and Elections), 2006 年 5 月。

杜博斯,克兰西(DuBos, Clancy):《挑战雷蒙德 斯特罗瑟》(Getting Down with Raymond Strother),《葛比特周报》(Gambit Weekly), 2003 年 5 月 20 日。

达格兹,帕特(Duganz, Pat):《竞选参议员,琼斯的无畏选择》(Jones not blue about odds of winning Senate seat),《蒙大拿凯明报》(Montana Kaimin), 2006 年 11 月 8 日。

艾兹尔,托马斯·B. (Edsall, Thomas B.):《建设红色的美国:新保守主义联盟以及为获得永久权力的努力》(Building Red America: The New Conservative Coalition and the Drive for Permanent Power),纽约:基础书籍出版社(Basic Books), 2006 年。

伊斯特里奇，苏珊（Estrich, Susan）:《威利 霍顿和我：选举中的政治学》 (*Willie Horton & Me: The Hidden Politics of Race*)，《华盛顿邮报》杂志（*Washington Post Magazine*），1989 年 4 月 23 日。

菲维尔，乔治·R.（Feiwel, George R.）编辑:《阿罗和经济政策理论的基础》(*Arrow and the Foundations of the Theory of Economic Policy*)，贝辛斯托克：麦克米兰出版社（Macmillan Press），1987 年。

菲维尔，乔治·R.（Feiwel, George R.）编辑:《阿罗和经济政策理论的基础》(*Arrow and the Ascent of Modern Economic Theory*)，贝辛斯托克：麦克米兰出版社（Macmillan Press），1987 年。

菲尔德，斯科特·L.和格罗夫曼，伯纳德（Feld, Scott L., and Grofman, Bernard）:《谁害怕糟糕的孔多塞循环？36 次选举中的例子》(*Who's Afraid of the Big Bad Cycle? Evidence From 36 Elections*)，《理论政治》杂志（*Journal of Theoretical Politics*），1992 年，第四期，231–237 页。

菲尔森塔尔，D. S.（Felsenthal, D. S.）:《认可投票和否定投票的结合》(*On combining approval with disapproval voting*)，《行为科学》杂志（*Behavioral Science*），1989 年 34 期，53–60 页。

芬莱，罗伯特（Finlay, Robert）:《文艺复兴时期威尼斯的政治学》(*Politics in Renaissance Venice*)，纽约新布鲁斯维克：拉特格斯大学出版社（Rutgers University Press），1980 年。

菲斯伯恩，皮特·C.和斯蒂文·J.布拉姆斯（Fishburn, Peter

C, and Steven J. Brams):《优选投票制的矛盾》(Paradoxes of Preferential Voting),《数学杂志》(Mathematics Magazine), 56 期, 207–214 页。

加文, 帕特里克·W. (Gavin, Patrick W.):《美国民主: 它还能被修复吗?》(American Democracy: Can it be repaired?),《华盛顿评论者》杂志 (Washington Examiner), 2006 年 8 月 3 日。

吉尔, 约翰·G. (Geer, John G.): 《卑鄙, 野蛮, 粗暴》(Nasty, brutish and short),《洛杉矶时报》(Los Angeles Times), 2006 年 4 月 23 日。

杰特纳, 乔恩 (Gertner, Jon):《政治逐渐成为了个人事务》(The Very Personal Is the Political),《纽约时报》(New York Times), 2004 年 2 月 15 日。

吉伯德, 阿伦 (Gibbard, Allan):《操纵投票: 不出意料的结果》(Manipulation of Voting Schemes: A General Result),《计量经济学》(Econometrica) 1973 年 41 期, 587–601 页。

戈尔曼, 马克和卡米恩, 莫顿 (Gorman, Mark, and Kamien, Morton):《投票的悖论: 概率计算》(The Paradox of Voting: Probability Calculations),《行为科学》杂志 (Behavioral Science), 1968 年 7 月 13 日, 306–316 页。

格林, 乔舒亚 (Green, Joshua):《躲在幕后的人: 卡尔 罗夫》(Karl Rove in a Corner),《大西洋月刊》(The Atlantic Monthly), 2004 年 11 月。

吉尼尔, 拉尼 (Guinier, Lani):《吉尼尔, 拉尼对媒体的挑战》(Lani Guinier's Challenge to the Press),《号外》杂志 (Extra),

1993 年 11 月/12 月。

古斯塔夫森，梅拉尼，苏珊（Gustafson, Melanie Susan）：《妇女和共和党，1854－1924 年》（Women and the Republican Party, 1854－1924），尚佩恩：伊利诺伊大学出版社（University of Illinois Press），2001 年。

古特曼，莱拉（Guterman, Lila）：《当投票不再合理时》（When Votes Don't Add Up），《高等教育年鉴》（Chronicle of Higher Education），2000 年 11 月 3 日。

豪尔沙尼，约翰·C.（Harsanyi, John C）：《福利经济学和风险理论的主要作用》（Cardinal Utility in welfare economics and the theory of risk－taking），《政治经济》杂志（Journal of Political Economy）61 期，434－435 页。

海夫林，金伯利（Hefling, Kimberly）：《民意调查：尽管有第三者的介入，凯西仍领先于桑托勒姆，竞争达到了白热化》（Poll: Casey leads Santorum despite third candidate; race tightens），美联社（Associated Press），2006 年 8 月 15 日。

赫伯特，鲍勃（Herbert, Bob）：《如今的投票：不可能，荒谬，让人讨厌》（Impossible, Ridiculous, Repugnant），《纽约时报》（New York Times），2005 年 10 月 6 日。

希尔，斯蒂文（Hill, Steven）：《固定的选举：胜者全得的投票制度在美国的失败》（Fixing Elections: The Failure of America's Winner Take All Politics），纽约，伦敦：劳特里奇出版社（Routledge），2002 年。

西林格，克劳德（Hillinger, Claude）：《民主与理性共同选择的可能性》（On the possibility of democracy and rational collective choice),慕尼黑大学,经济学院研讨论文(Department of Economics Discussion paper) 2004 年 21 期 ssrn. com/abstract = 608821

西林格,克劳德(Hillinger, Claude):《集权选举的例子》(*The Case for Utilitarian Voting*),《经济学人》(*Homo Oeconomicus*) 23 期,295 - 321 页。

西林格,克劳德(Hillinger, Claude):《经济,政治和社会思想中的科学和意识形态》慕尼黑大学 ssrn. com/abstract = 945947

霍格,克拉伦斯·吉尔伯特和小哈里特,乔治·赫维(Hoag, Clarence Gilbert, and Hallet, George Hervey, Jr):《比例代表制》(*Proportional Representation*) 纽约:麦克米兰出版社(Macmillan),1926 年。

胡克,S(Hook, S) 编辑:《人类价值和经济政策,论文集》(*Human Values and Economic Policy: A Symposium*),纽约大学出版社(New York University Press),1967 年。

霍威尔,乔治(Horwill, George):《比例代表制,它的危险和缺点》(*Proportional Representation: Its Dangers and Defects*),伦敦:乔治·爱伦和爱文出版社(G. Allen & Unwin),1925 年。

霍特林,哈罗德(Hotelling, Harold):《竞争中的稳定》(*Stability in Competition*),《经济杂志》(*The Economic Journal*),1929 年 39 期,41 - 57 页。

亨博特,马克(Humbert, Marc):《希拉里·克林顿的严厉指责》(*Hillary Clinton Using Harsher Rhetoric*),《华盛顿邮

报》(Washington Post), 2006 年 1 月 19 日。

凯利特, 约翰和莫特, 肯尼斯 (Kellett, John, and Mott, Kenneth):《总统初选:衡量公众的选择》(Presidential Primaries: Measuring Popular Choice), 政治 (Polity) 第 9 章, 528 – 537 页。

凯利, 基蒂 (Kelley, Kitty):《家庭:布什王朝的真实故事》(The Family: The Real Story of the Bush Dynasty), 纽约: 道布尔迪出版社 (Doubleday), 2004 年。

基尔, 保罗 (Kiel, Paul):《绿党的竞选活动得到了共和党人的资助》(GOP Donors Funded Entire PA Green Party Drive), TPM Muckraker. com, 2006 年 8 月 2 日。

吉斯兰克, 保罗 (Kislanko, Paul):《修建玻璃屋》(Building a Glass House), football. kislanko. com/BCSglass. html, 2005 年。

克拉里奇, 艾丽卡 (Klarreich, Erica):《选举中的决定:我们使用了错误的投票机制吗?》(Election Selection: Are we using the worst voting procedure?), 科学新闻杂志 (Science News), 2002 年 11 月 2 日。

莱文, J. 和纳尔巴夫, 巴里 (Levin, J., and Nalebuff, Barry):《计票方式介绍》(An introduction to vote – counting schemes),《经济远景》杂志 (Journal of Economic Perspectives), 1995 年第 9 期, 3 – 26 页。

莱文, 哈里·G. (Levine, Harry G.):《拉尔夫 纳德尔, 疯狂的轰炸机》(Ralph Nader as Mad Bomber), www. hereinstead. com/Ralph – Nader – As – Mad – Bomber. html,

2004年。

莱恩斯，马乔里（Lines, Marjorie）：《认可投票与战略分析：一个威尼斯人的例子》(Approval Voting and Strategy Analysis: A Venetian Example)，《理论和决定杂志》(Theory and Decision)，1986年20期，155-172页。

莉莎，瑞安（Loosemore, Sandra）：《乔治·阿伦在竞选中的隐患》(George Allen's Race Problem: Pin Prick)，《新共和党杂志》(New Republic)，2006年5月8日。

卢斯摩尔，桑德拉（Loosemore, Sandra）：《如果它还能用，就不用修改，花样滑冰计分系统分析》(If It Ain't Broke, Don't Fix It: An Analysis of the Figure Skating Scoring System)，www.frogsonice.com/skateweb/obo/score-tech.shtml，1997年。

卢斯，R. 邓肯和拉法，霍华德（Luce, R. Duncan, and Raiffa, Howard）：《游戏和决定》(Games and Decisions)，纽约：威利出版社（Wiley），1957年。

莱尔，莎拉（Lyall, Sarah）：《刘易斯·卡罗尔恋人的孙女整理的作品》(Grandaughter of Lewis Carroll's Muse Puts Collection Up for Sale)，《纽约时报》(New York Times)，2001年4月19日。

麦肯齐斯，达拉（Mackenzie, Dana）：《表现最好的人可能会输》(May the Best Man Lose)，《探索》杂志（Discover），2000年11月。

马金尼斯，约翰（Maginnis, John）：《沉重的负担》(Cross to Bear)，巴吞鲁日：达克霍思出版社（Darkhorse Press），

2000 年。

梅塞尔，L. 桑迪（Maisel, L. Sandy）编辑：《美国的政党和选举》（*Political Parties and Elections in the United States*），百科全书第一卷（*An Encyclopedia*, vol. 1），纽约：格兰德出版社（Garland），1991 年。

马尔乔，哈尔（Malchow, Hal）：《新政治目标》（*The New Political Targeting*），华盛顿：《竞选和选举》杂志（*Campaigns and Elections*），2003 年。

马丁，巴里（Martin, Barry）：《南卡罗来纳州飘舞的旗帜》（*Flag Waving in the Palmetto State*），《南方人》杂志（Southerner）www.southerner.net，1999 年。

马丁，贾斯汀（Martin, Justin）：《纳德尔：改革者，搅局者，还是偶像？》（*Nader: Crusader, Spoiler, Icon*），纽约：基本书籍出版社（Basic Books），2002 年。

麦科伊，约翰（McCoy, John）：《波士顿公园的乙醚纪念牌》（*The Ether Monument, Boston Public Gardens*），mccoy.pair.com/personal/ether.html，1997 年。

麦克吉文，蒂姆（McGivern, Tim）：《你愿意投票给纳德尔吗？》（*Register And Support Ralph?*）《证据周刊》（*Weekly Alibi*）www.alibi.com，2004 年 8 月 20 日。

迈克尔维，理查德（McKelvey, Richard）：《正式投票模式中的全球非可迁性的一般条件》（*General Conditions For Global Intransitivities in Formal Voting Models*），《计量经济学》（*Econometrica*）47 期，1085–1112 页。

麦克莱恩，伊恩（McLean, Iain）：《博尔达和孔多塞的理论：

三个中世纪的要求》(*The Borda and Condorcet Principles：Three Medieval Applications*)，《社会选择和福利》杂志 (*Social Choice and Welfare*)，1990 年第 7 期，99 – 108 页。

麦克莱恩，伊恩 (McLean, Iain).：《澳大利亚的选举改革和 2 个比例代表制的概念》(*Australian electoral reform and two concepts of representation*)，美国政治科学协会（APSA）周年纪念会议论文，2002 年 10 月。

麦克莱恩，伊恩（McLean, Iain）：《独立的合理性》(*The Reasonableness of Independence*)，纳菲尔德大学政治论文 (Nuffield College Politics Working Paper)，牛津：牛津大学出版社 (University of Oxford)，2003 年。

麦克莱恩，伊恩和休伊特，菲奥娜（McLean, Iain, and Hewitt, Fiona）翻译兼编辑：《孔多塞，社会选择和政治理论的基础》(*Condorcet, Foundations of Social Choice and Political Theory.*)，奥尔德肖特：爱德华·埃尔加出版社 (Edward Elgar)，1994 年。

麦克奎格，琳达（McQuaig, Linda）：《选举的选择：贪婪，欲望和新资本主义》(*All You Can Eat：Greed, Lust and the New Capitalism*)，纽约：企鹅出版社 (Penguin)，2001 年。

梅里尔，塞缪尔（Merrill, Samuel）：《让多人选举更加民主》(*Making Multicandidate Elections More Democratic*)，普林斯顿：普林斯顿大学出版社（Princeton UniversityPress），1998 年。

米勒，约翰·J. 和庞鲁热，拉米士（Miller, John J., and Ponnuru, Ramesh）：《共和党的自由主义麻烦》(*The GOP's*

Libertarian Problem),国家在线评论(National Review Online),2001年3月19日。

米勒,马克 克里斯平和艾尔马斯,贾里德(Miller, Mark Crispin, and Irmas, Jared):《布什想要隐瞒的事实:他的选举团队支付给南森·斯普劳尔数百万美元》(*Team Bush Paid Millions to Nathan Sproul – and Tried to Hide It*),《巴尔第摩纪事报》(*Baltimore Chronicle*),2005年7月5日。

米勒,尼古拉斯·R.(Miller, Nicholas R):《投票几何学,理论发展》(*The Geometry of Voting Cycles: Theoretical Developments*),公共选择学会(Public Choice Society)2001年会论文。

穆尼,克里斯(Mooney, Chris):《布什的基督教国家》(*W.'s Christian Nation*),《美国远景》杂志(*The American Prospect*),2003年6月1日。

穆尔,格洛佛(Moore, Glover):《密苏里的争论》(*The Missouri Controversy*),列克星敦:肯塔基大学出版社(University of Kentucky Press),1953年。

穆尔,詹姆斯和斯莱特,韦恩(Moore, James, and Slater, Wayne):《布什的智囊,卡尔·罗夫是怎样让乔治·W.布什当选总统的》(*Bush's Brain: How Karl Rove Made George W. Bush Presidential*),纽约:威利出版社(Wiley),2003年。

摩根斯坦,奥斯卡(Morgenstern, Oskar):《奥斯卡与约翰·冯诺依曼在博弈论上的合作》(*The Collaboration Between Oskar Morgenstern and John von Neumann on the Theory of*

Games)，《经济文献》杂志 1976 年 14 期，805 – 816 页。

莫里斯，迪克（Morris, Dick）：《白宫内的秘密：90 年代的总统选举》（Behind the Oval Office: Winning the Presidency in the Nineties），纽约：兰登书屋（Random House），1997 年。

迈尔森，罗杰·B. 和韦伯，罗伯特·J.（Myerson, Roger B., and Weber, Robert J）：《投票平衡理论》（A Theory of Voting Equilibria），《美国政治学评论》（American Political Science Review），1993 年 87 期，102 – 114 页。

纳格尔尼，亚当（Nagourney, Adam）：《竞选广告的新面貌，别太客气了》（New Campaign Ads Have a Theme: Don't be Nice），《纽约时报》（New York Times），2006 年 9 月 27 日。

南森，E. J.（Nanson, E. J.）：《选举方法》（Methods of election），维多利亚皇家学会会报与记录（Transactions and Proceedings of the Royal Society of Victoria），1882 年 19 期，197 – 240 页。

涅米，理查德和韦斯伯格，赫伯特（Niemi, Richard, and Weisberg, Herbert）：《投票悖论概率的数学解决方法》（A Mathematical Solution for the Probability of the Paradox of Voting），《行为科学》杂志（Behavioral Science），1968 年 13 期，317 – 323 页。

诺亚，蒂莫西（Noah, Timothy）：《罗伊·摩尔法官讲话了》（Judge koy Moore Speaks!），《石板》杂志（Slate）2004 年 3 月 11 日。

奥基夫，埃里克（O'Keefe, Eric）：《德克萨斯州没有多大的机会》（Lone Star Long Shot），《雪茄迷》杂志（Cigar Aficionado),2005年11月28日。

奥本海默,乔(Oppenheimer, Joe):《民主和公正:评格里,麦凯的民主辩论词》(Democracy and Justice: A Review of Gerry Mackie's Democracy Defended),《社会司法研究》杂志(SocialJustice Research)的评论文章,2004年。

奥图尔,詹姆斯(O'Toole, James):《绿党的希望破灭了:为凯西而战》(Green Party hopeful is out; win for Casey),《匹兹堡岗位报》(Pittsburgh Post-Gazette),2006年10月4日。

奥特维尔,盖伊(Ottewell, Guy):《投票中的数学》(The Arithmetic of Voting),1977年。

皮斯卡托尔,布莱尼(Pescatore, Brittney):《仔细研究你的对手》(The Greatest Opposition Research of All Time),《竞选与选举》(Campaigns & Elections),2006年9月13日。

波尔克,詹姆斯·K.(Polk, James K.),迈洛·M.奎夫(Milo M. Quaife)编辑:《日记》(Diary),芝加哥:麦克勒格出版社(McClurg),1910年。

庞珀,杰拉德·M.(Pomper, Gerald M.):《总统选举》(The Presidential Election),新泽西查塔兰:查塔兰书屋(Chatham House),1993年。

普利,埃里克(Pooley, Eric):《谁是迪克·莫里斯》(Who Is Dick Morris?),《时代》周刊(Time),1996年9月2日。

波斯纳,杰拉德(Posner, Gerald):《公民佩罗》(Citizen Perot),纽约:兰登书屋(Random House),1977年。

波特,德娜(Potter, Dena):《福尔韦尔为克林顿做的辩护,撒旦的发言》(Falwell defends Clinton-Satan remark),《芝加哥

太阳时报》(Chicago Sun - Times), 2006年9月26日。

庞德斯通，威廉 (Poundstone, William)：《囚犯的困境》(Prisoner's Dilemma)，纽约：道布尔迪出版社 (Doubleday), 1992年。

公共广播电台 (Public Broadcasting Service)：《卡尔 罗夫 - 缔造者》(Karl Rove - the Architect), 电视节目、录像以及文字记录来自 www. pbs. org/wgbh/pages/frontline/shows/architect, 2005年。

普尼克，乔伊斯 (Purnick, Joyce)：《选举观察家对选民投票心理的分析》(Data Crunchers Try to Pinpoint Voters' Politics),《纽约时报》(New York Times), 2004年4月7日。

拉斯金，杰明 (Raskin, Jamin)：《选票交换的重新兴起》(The Return of Vote - Pairing),《石板》杂志 (Slate), slate.com/id/2108641/, 2004年10月25日

里吉斯 (Regis) 编辑：《谁得到了爱因斯坦的工作？》(Who Got Einstein's Office?), 马萨诸塞雷丁：爱迪生 - 韦斯利出版社 (Addison - Wesley), 1987年。

路透社 (Reuters)：《奥斯卡奖之后的争论，为什么断臂山没有获奖》(The post - Oscars debate：Why Brokeback lost), 2006年5月6日。

里奇，鲍勃和劳力克拉斯，吉姆 (Richie, Rob, and Naureckas, Jim)：《拉尼，吉尼尔："配额女皇"还是被人误解的女皇》(Lani Guinier：'Quota Queen' or Misquoted Queen?),《号外》(Extra), 1993年7/8月刊。

莱德，安德里亚 (Rider, Andrea)：《与一名种族主义者不相称的

行为》(Conduct Unbecoming a Racist), 《窥探》杂志 (Spy), 1991年9月。

莱克, 威廉·H. (Riker, William H.):《投票悖论以及国会关于投票修正案的规定》(The Theory of Political Coalitions),《美国政治学评论》(American Political Science Review), 1958年52期, 349–366页。

莱克, 威廉·H. (Riker, William H.):《政治联盟理论》(The Theory of Political Coalitions), 纽黑文: 耶鲁大学出版社 (Yale University Press), 1962年。

莱克, 威廉·H. (Riker, William H.):《阿罗的定理以及投票悖论的实例》(Arrow's Theorem and Some Examples of the Paradox of Voting), 摘自《政治科学中的数学应用》(Mathematical Applications in Political Science) 第一卷。南方卫理公会大学, 阿诺德基础出版社 (Arnold Foundation), 1965年。

莱克, 威廉·H. (Riker, William H.):《自由主义与平民主义, 民主理论和社会选择理论之间的冲突》(Liberalism against Populism: A Confrontation Between the Theory of Democracy and the Theory of Social Choice), 自由人出版社 (Freeman), 1982年。

莱克, 威廉·H. (Riker, William H.):《操纵政治的艺术》(The Art of Political Manipulation), 纽黑文, 伦敦: 耶鲁大学出版社 (Yale University Press), 1986年。

罗迪, 丹尼斯·B. (Roddy, Dennis B.):《2004年的总统选举, 选民登记处的工作人员披露违规内幕》(Campaign 2004: Voter registration workers cry foul),《匹兹堡岗位报》(Pittsburgh Post-Gazette）2004年10月20日。

莱尔森，詹姆斯（Ryerson, James）：《小路上的苏格拉底》（Sidewalk Socrates），《纽约时报》杂志（The New York Times Magazine），2004年12月26日。

萨尔，约翰（Saar, John）：《共和党的调查人员都是'诈骗'老手》（GOP Probes Official as Teacher of Tricks），《华盛顿邮报》（Washington Post），1973年8月10日。

萨里，唐纳德·G.（Saari, Donald G.）：《4年级的经验》（A Fourth Grade Experience），www. math. uci. edu/~dsaari/fourthgrade. pdf，1991年。

萨里，唐纳德·G.（Saari, Donald G.）：《投票基本方式》（Basic Geometry of Voting），柏林、海德堡、纽约：斯普林格出版社（Springer），1995年。

萨里，唐纳德·G.（Saari, Donald G.）：《混乱的选举！》（Chaotic Elections），《美国数学会》杂志（American Mathematical Society），2001年。

萨里，唐纳德·G.和冯·纽文海森，吉尔（Saari, Donald G., and Van Newenhizen, Jill）：《认可投票制，部分列名投票制中的不确定性》（The Problem of Indeterminacy in Approval, Multiple, and Truncated Voting Systems），《公共选择》（Public Choice），1988年59期，101-120页。

萨里，唐纳德·G.和冯·纽文海森（Saari, Donald G., and Van Newenhizen, Jill）：《认可投票制真有那么可怕吗？对布拉姆斯、菲斯伯恩和梅里尔的回应》（Is Approval Voting an Unmitigated Evil?: A Response to Brams, Fishburn, and Merrill），

《公共选择》杂志（*Public Choice*），1988 年 59 期，133 - 147 页。

塞缪尔森，保罗（Samuelson, Paul）：《艾布拉姆·伯格森》（*Abram Bergson*），摘自《自传记回忆录》（*Biographical Memoirs*）2004 年 83 期，23 - 34 页，华盛顿：国家科学学术出版社。

萨特斯维特，马克（Satterthwaite, Mark）：《不受选举方式的影响，阿罗的条件》（*Strategyproofness and Arrow's Conditions*），《经济理论》杂志（*Journal of Economic Theory*），1975 年 10 月，187 - 217 页。

斯卡皮内托，丹尼尔（Scarpinato, Daniel）：《格拉夫在共和党初选中领先，"加比需要我，并得到了我的帮助"领先者如是说》（*Graf leads GOP；"Gabby wanted me, has me," front-runner says*），《亚利桑那星日报》（*Arizona Daily Star*），2006 年 9 月 13 日。

森，奥玛尼塔（Sen, Amaryta）：《多数决定制中的可能性定理》（*A Possibility Theorem on Majority Decisions*），《计量经济学》（*Econometrica*），1996 年 34 期，491 - 499 页。

森，奥玛尼塔·K.（Sen, Amaryta）：《公共选择和社会福利》，霍登迪出版社 1970 年。

森，奥玛尼塔（Sen, Amaryta）：《帕里提安自由主义的不可能性》，《政治经济学》杂志 1970b 78，152 - 7 页。

森，奥玛尼塔（Sen, Amaryta）：《社会选择理论》，《数学经济学第一卷》（肯尼斯·J. 阿罗和迈克尔·D. 英特里利盖托编辑）阿姆斯特丹：诺斯霍兰出版社 1981。

森，奥玛尼塔与帕特内克，普兰萨特合著（1969）：《多数决定实现理性选择的必要和充分条件》，《经济理论杂志》，1969 1，18 – 202。

苏比克，马丁（Shubik, Martin）：《奥斯卡·摩根斯坦，精神导师和朋友》（Oskar Morgenstern: Mentor and Friend），《博弈论国际》杂志（International Journal of Game Theory），1978 年，131 – 135 页。

舒尔特，伊丽莎白（Shulte, Elizabeth）：《当一百万人给社会主义投票时》（When 1 Million Voted for Socialism），社会主义工作者（Socialist Worker），2004 年 10 月 1 日。

西弗莱，迈卡·L.（Sifry, Micah L.）：《他们的职业是战斗，美国选举中的第三党》（Spoiling for a Fight: Third – Party Politics in America），纽约：劳特里奇出版社（Routledge），2002 年。

史莱克曼，迈克尔（Slackman, Michael）：《说话小心点，候选人。这是选民的要求》（Watch Your Mouths, Candidates. The Voters Certainly Do），《纽约时报》（New York Times），2005 年 4 月 13 日。

斯莱特，韦恩（Slater, Wayne）：《斯特里霍恩把希望寄托在民主党捐助人身上》（Strayhorn gambles on Democrat donors），达拉斯早间新闻（The Dallas Morning News），2005 年 7 月 29 日。

斯莱特，韦恩（Slater, Wayne）：《斯特里霍恩获得了民主党的资金》（Strayhorn gets Democratic cash），达拉斯早间新闻（The Dallas Morning News），2006 年 1 月 27 日。

斯密斯，莎伦（Smith, Sharon）《国会的纷争：该在哪里投票》（*Battle over ballot spot leads to Capitol brouhaha*），爱国者新闻（The Patriot - News），2006年8月19日。

斯密斯，沃伦·D.（Smith, Warren D.）：《计分投票制》（*Range voting*），math. temple. edu/ ~ wds/homepage/works. html，2002年。

斯密斯，沃伦·D.（Smith, Warren D.）：《直接民主》（*Direct Democracy*），math. temple. edu/ ~ wds/homepage/works. html，2005年。

斯密斯，沃伦·D.（Smith, Warren D.）：《阿罗、吉伯德、萨特斯维特与杨的投票不可能性理论》（*The Voting Impossibilities of Arrow, Gibbard & Satterthwaite, and Young*），math. temple. edu/ ~ wds/homepage/works. html，2005年。

斯密斯，沃伦·D.（Smith, Warren D.）：《蚂蚁、蜜蜂和计算机都认为计分投票制是最好的单一胜者选举制度》（*Ants, Bees, and Computers agree Range Voting is best single - winner system*），math. temple. edu/ ~ wds/homepage/works. html，2006年。

斯密斯，沃伦·D.、奎因特尔，杰奎琳·N. 和格林，道格拉斯·S.（Smith, Warren D., Quintal, Jacqueline N., and Greene, Douglas S.）：《如果2004年总统选举使用计分投票制或认可投票制，结果会怎样?》（*What if the 2004 U. S. presidential election had been held using Range or Approval voting?*）math. temple. edu/ ~ wds/homepage/works. html，2005年。

索尔加德，保罗和兰兹克罗拉，保罗（Solgard, Paul, and Landskroener, Paul）：《地方投票系统改革，克服法律障碍》（*Municipal Voting System Reform: Overcoming the Legal Obstacles*），明尼苏达本奇和巴出版社（Bench & Bar of Minnesota），2002年10月。

斯帕林，戴维·L.（Sperling, David L.）：《加强选举安全，网上投票》（Booting Up for Safety），《威斯康辛资源杂志》（*Wisconsin Resources Magazine*），2003年12月。

斯坦福，菲尔（Stanford, Phil）：《州长竞选中的戏剧性事件》（*Finally, a dash of drama in guv's race*），《波特兰论坛报》（*The Portland Tribune*），2006年8月28日。

斯特罗瑟，雷蒙德（Strother, Raymond）：《上升之路，一个保守分子开创了政治顾问这个新的职业》（*Falling Up: How a Redneck Helped Invent Political Consulting*），巴吞鲁日：路易斯安那州立大学出版社（Louisiana State University Press），2003年。

苏帕，皮特（Suber, Peter）：《自我修正的悖论，对逻辑、法律、至高权威和变化的研究》（*The Paradox of Self-Amendment: A Study of Logic, Law, Omnipotence, and Change*），纽约：兰氏书屋（Lang）www.earlham.edu/~peters/writing/psa. 1990年。

塔巴罗克，亚历山大（Tabarrok, Alexander）：《总统佩罗，投票理论的基本原理在1992年的总统选举中得到了充分体现》（*President Perot or fundamentals of voting theory illustrated with the 1992 election*），《公共选择》杂志（*Public Choice*），

2001 年 106 期，275-297 页。

塔巴罗克，亚历山大和斯佩克特，李（Tabarrok, Alexander, and Spector, Lee）：《博尔达计数法能避免内战吗?》（Would the Borda count have avoided the Civil War?），《理论政治》杂志（Journal of Theoretical Politics），1999 年 11 期，261-288 页。

托德亨特，艾萨克（Todhunter, Isaac）：《概率论历史，从帕斯卡到拉普拉斯》（A History of the Mathematical Theory of Probability From the Time of Pascal to That of Laplace），纽约：G. E. 斯特切特出版社（G. E. Stechert），1931 年重印版（1865 年第一版）。

特尼普西德，汤姆（Turnipseed, Tom）：《李·阿特沃特和他的追随者得到的教训》（What Lee Atwater Learned and the Lesson for his Proteges），《华盛顿邮报》（Washington Post），1991 年 4 月 16 日。

沃利·J. 詹恩（Walley, J. Zane）：《法官罗伊·摩尔，美利坚上尉》（Judge Roy Moore: Captain America），Worldnetdaily. com，2003 年 8 月 21 日。

沃德，杰弗里·C.（Ward, Geoffrey C.）：《亚当·鲍威尔和马尔科姆·X.》（Adam Powell and Malcolm X.），《美国遗产》杂志（American Heritage），1992 年 7 月/8 月刊。

韦伯，罗伯特·J.（Weber, Robert J）：《投票制度的比较》（Comparison of Voting Systems），考尔斯基础研讨论文（Cowles Foundation Discussion Paper），纽黑文：耶鲁大学出版社（Yale University），1977 年。

韦伯,罗伯特·J.(Weber, Robert J.):《认可投票制》(*Approval Voting*),《经济远景》杂志(*Journal of Economic Perspectives*),1995年。

威廉姆斯,戴维(Williams, David):《孔多塞及其现代性》(*Condorcet and Modernity*),剑桥:剑桥大学出版社(Cambridge University Press),2004年。

威尔森,伍德罗(Wilson, Woodrow):《国会政府》(*Congressional Government*),波士顿:霍顿,米夫林出版社(Mifflin),1885年。

图书在版编目(CIP)数据

选举中的谋略与博弈/为什么选举不是公平的/
(美)庞德斯通(Poundstone,W.)著;刘国伟译.
—北京:中央编译出版社,2011.11
ISBN 978-7-5117-1096-3

Ⅰ.①选…
Ⅱ.①庞… ②刘…
Ⅲ.①选举制度-研究
Ⅳ.①D034.4

中国版本图书馆 CIP 数据核字(2011)第 222518 号

选举中的谋略与博弈

出 版 人	和 龑
责任编辑	叶 芳
责任印制	尹 珺
出版发行	中央编译出版社
地　　址	北京西城区车公庄大街乙 5 号鸿儒大厦 B 座(100044)
电　　话	(010)52612345(总编室)　(010)52612339(编辑室)
	(010)66161011(团购部)　(010)52612332(网络销售)
	(010)66130345(发行部)　(010)66509618(读者服务部)
网　　址	www.cctpbook.com
经　　销	全国新华书店
印　　刷	北京金瀑印刷有限责任公司
开　　本	880 毫米×1230 毫米　1/32
字　　数	268 千字
印　　张	12.5
版　　次	2011 年 11 月第 1 版第 1 次印刷
定　　价	39.00 元

本社常年法律顾问:北京大成律师事务所首席顾问律师　鲁哈达
凡有印装质量问题,本社负责调换。电话:(010)66509618